现代职业教育研究前沿论丛

丛书主编：王振洪　朱永祥

U0883031

浙江省哲学社会科学规划课题“高职院校优秀教学团队建设与管理研究”（课题编号：18NDJC083YB）研究成果

高职院校专业教师团队建设与管理研究

——以装备制造大类专业为例

邵建东◎著

華中科技大學出版社
http://www.hustp.com
中国·武汉

图书在版编目(CIP)数据

高职院校专业教师团队建设与管理研究:以装备制造大类专业为例/邵建东著.—武汉:华中科技大学出版社,2021.5
ISBN 978-7-5680-7114-7

Ⅰ.①高…　Ⅱ.①邵…　Ⅲ.①高等职业教育-师资队伍建设-研究　Ⅳ.①G715

中国版本图书馆CIP数据核字(2021)第085737号

高职院校专业教师团队建设与管理研究
——以装备制造大类专业为例　　　邵建东　著
Gaozhi Yuanxiao Zhuanye Jiaoshi Tuandui Jianshe yu Guanli Yanjiu
——yi Zhuangbei Zhizao Dalei Zhuanye Weili

策划编辑:张　毅
责任编辑:张　娜
封面设计:廖亚萍
责任监印:徐　露
出版发行:华中科技大学出版社(中国·武汉)　电话:(027)81321913
武汉市东湖新技术开发区华工科技园　邮编:430223
录　排:华中科技大学惠友文印中心
印　刷:武汉开心印印刷有限公司
开　本:710mm×1000mm　1/16
印　张:16.5
字　数:339千字
版　次:2021年5月第1版第1次印刷
定　价:68.00元

本书若有印装质量问题,请向出版社营销中心调换
全国免费服务热线:400-6679-118　竭诚为您服务
版权所有　侵权必究

总序

职业教育是国家教育体系中不可或缺的重要一翼。伴随着现代化建设进程的加快，职业教育不断壮大。时至今日，我国已经建成了世界上规模最大的职业教育体系，党的十八大报告中提出的“加快发展现代职业教育”更是将职业教育由“大”变“强”作为共同愿景上升到了国家战略的高度，表明了我国加强现代职业教育的决心和信心。职业教育不仅大有可为，更应当大有作为。作为其中重要的理论支持，职业教育科学研究也应当大有可为、大有作为。

一个领域的研究水平往往代表着这个领域的发展水平，作为教育学中的“后生”，我国职业教育研究的历史并不算长，但研究热情之高、总体趋势之好、形式内容之丰富都是前所未有的。一大批职业教育人将职教研究作为追求的方向与目标，积极回应和破解职业教育改革发展中的现实问题、重点问题、难点问题，积极探索中国特色职业教育的发展路径，取得了一批高水平、有影响、可借鉴的研究成果，推动了职业教育的发展。

但同时也应该看到，职业教育研究的总体成就与其他学科领域相比仍有差距，在国际舞台上的声音还不够响亮。职业教育尚有许多理论问题和实践问题需要通过深入的科学研究来进一步厘清和解决。在这样的时代需求中，“现代职业教育研究前沿论丛”的主编单位——浙江省现代职业教育研究中心应时而谋、顺势而生。该研究中心的前身为金华职业技术学院高职教育研究所，作为浙江省成立最早的高职教育研究机构之一，多年来致力于专深的职教研究。为适应新常态、谋求新作为、实现新发展，2012 年 5 月，金华职业技术学院联合浙江省教育科学研究院成立了浙江省现代职业教育研究中心。2013 年 1 月，中心获批成为“浙江省哲学社会科学扶持型研究基地”；2015 年 2 月，中心正式成为“浙江省哲学社会科学重点研究基地”，是浙江省目前唯一依托高职院校的省级哲学社会科学重点研究基地。浙江省现代职业教育研究中心成立虽然只有几年时间，但以金华职业技术学院高职教育研究所为起点，则有十余年的发展历史，依托国家示范性高职院校建设项目，中心取得了丰硕的成果。作为职业教育的实践者、思考者和记录者，中心始终紧扣改革主题，专注现代职业教育研究，不断发挥在职教研究领域中的先导作用，产生了一定的知名度和影响力。

现代职业教育的快速发展需要强有力的科学研究做支撑,而“现代”两字凸显出发展职业教育的时代性,赋予职业教育新目标和新内涵,同时给职业教育研究提出了新命题和新要求。身处五年发展的关键时期,职业教育即将进入一个全新的发展阶段,职业教育研究不仅要因势而动、积极求变,更要有的放矢、精准发力,围绕新常态下职业教育的新议题展开一系列的思考和探索,用职业教育理论来说明和阐释职业教育实践,用职业教育实践来丰富和发展职业教育理论,使两者互为补充、齐头并进。这既是现代职业教育发展的现实要求,也是广大职业教育人的责任担当。浙江省现代职业教育研究中心正是抱着这样的初衷出版“现代职业教育研究前沿论丛”,作为中心的一员,我深感快慰。

丛书由中心主任王振洪和朱永祥共同主编,旨在通过优秀成果的集中展示反映当前职业教育的研究水平,可谓是职业教育研究者的一次集体行动。丛书的研究选题关注目前职业教育中的一些热点难点问题,基本代表了现阶段职业教育的理论前沿,其成果将陆续呈现给读者。期待未来能有更多的职业教育研究者加入这一集体行动中来,将先进思想通过“现代职业教育研究前沿论丛”落地生根,为职业教育走向未来注入新理念、新智慧和新方法,使更多人因此认识职业教育、认可职业教育、推崇职业教育!

借此机会,把这套丛书推荐给广大职业教育的支持者、改革者和实践者,同时瞩望浙江省现代职业教育研究中心继往开来、砥砺奋进、乘势而上,取得新的更丰硕的研究成果!

是为序,更为盼。

亚洲职业教育学会(AASVET)原会长

中国职业技术教育学会原副会长兼学术委员会执行主任

华东师范大学职业教育与成人教育研究所原所长、教授、博士生导师

浙江省现代职业教育研究中心学术委员会主任

石伟平

2016 年 7 月于上海

序

中国高等教育的发展，要从外延式发展转变为内涵式发展，内涵式发展包括了课程、教学、教师、学生。其中，课程是内涵式发展的本体，教学是内涵式发展的途径，而教师是内涵式发展的操作者，将课程通过教学传授给学生，培养学生的创新精神与能力，因而教学团队的建设与管理是内涵式发展的关键。

职业教育的内涵要比普通大学复杂，专业教师团队必须是“双师型”的。可能是原有的教师队伍到有关的职业部门进行实践，也可能是职业部门选拔人才进入高职院校任教，由此成为推动内涵式发展的基础力量。这是高职院校专业教师团队建设与管理的特点与难点。

邵建东教授长期在一所国家示范性高职院校从事教学和科研工作，具有丰富的实践经验和理论修养。他的博士学位论文顺利通过答辩，答辩委员会给予高度的评价。本书是他在博士论文基础上修改而成。相信这本专著的出版，对于推动高等教育内涵式发展必将起到积极的作用，对从事高等教育的管理者和教师都有启发引导的作用。

是为序。

潘懋元

2021 年 3 月 11 日

目录

第一章 绪　论

一、选题依据

（一）研究缘起

十多年来，无论是普通本科高校还是高职院校都已经意识到教师团队建设的紧迫性和重要性。为贯彻落实《关于全面提高高等职业教育教学质量的若干意见》（教高〔2006〕16 号）和《关于实施高等学校本科教学质量与教学改革工程的意见》（教高〔2007〕1 号）等文件精神，2007 年，教育部印发《关于组织 2007 年国家级教学团队评审工作的通知》（教高司函〔2007〕136 号），启动了国家级教学团队评审工作，要求各省级教育厅根据地域分布和行业现状，在全国高校中建立 1000 个结构合理、教学效果明显、在师资队伍建设等方面可以起到示范作用的国家级教学团队。基于高职教育类型特征的考虑，2008 年，教育部从"双师"结构的团队组成、专兼结合的制度保障、团队带头人、人才培养、社会服务等五个方面对高职院校国家级教学团队提出基本要求，将其作为提高教学质量的一项重要举措，并连续三年遴选了一批国家级教学团队。之后，国家示范校、优质校、三年行动计划都把教学团队作为重要建设内容，但没有专门遴选建设。

2019 年 1 月 24 日，国务院颁布《国家职业教育改革实施方案》（国发〔2019〕4 号），明确提出建设 50 所高水平高等职业院校和 150 个骨干专业（群），探索组建高水平、结构化教师教学创新团队。2019 年 6 月 5 日，教育部印发《全国职业院校教师教学创新团队建设方案》（教师函〔2019〕4 号），启动了国家级职业教育教师教学创新团队遴选工作，计划用 3 年时间培育和建设，打造 360 个满足职业教育教学和培训实际需要的高水平、结构化的国家级教师教学创新团队，辐射带动全国职业院校加强高素质"双师型"教师队伍建设，为全面提高复合型技术技能人才培养质量提供强有力的师资支撑。当年 7 月，经各高职院校自主申报、省级教育行政部门与全国行业职业院校教学（教育）指导委员会审核推荐、专家会议遴选，教育部教师工作司确定首批国家级职业教育教师教学创新团队立项建设单位 120 个（涉及工业机器人应用与维护、人工智能技术与应用、航空装备技术与应用、汽车运用与维修、物联网技术、幼儿保育与学前教育等 15 个重点产业领域和民生紧缺领域的专业），国家级职业教育教师教学创新团队培育建设单位 2 个。此次首批国家级教师教学创新团队遴选与以往不同，具体表现在两个方面。一是专门面向职业教育领域开展教师队伍建设专项活动，旨在打造一批高水平职业教育教师教学创新团队，示范引领高素质“双师型”教师队伍建设，深化职业院校教师、教材、教法“三教”改革。而之前国家级教学团队评审主要面向的是本科高校，高职院校只有119个教学团队入选国家级教学团队。二是明确了专业教师团队的概念。此次首批国家级教师教学创新团队遴选建设主要依托某个具体专业，且明确了专业范围，覆盖工业机器人应用与维护、人工智能技术与应用、航空装备技术与应用、汽车（含新能源汽车）运用与维修、物联网技术等15个重点专业领域。而之前的国家级教学团队评选的范围较广，专业教学团队、专业群教学团队、课程教学团队、课程群教学团队、教研室教学团队等概念不一。如2008年国家级教学团队评审以专业教学团队为主，其中高职院校40个（专业教学团队34个、专业群教学团队3个、教研室教学团队2个、系列课程团队1个）；2009年国家级教学团队评审以课程教学团队为主，仅5个为专业教学团队，其余均为课程、核心课程、课程群、课程组教学团队；2010年国家级教学团队评审以专业教学团队为主，其中高职院校40个（专业教学团队35个、课程教学团队1个、专业课程教学团队3个、系列课程组教学团队1个）。

2019年8月30日，教育部等四部门印发《深化新时代职业教育“双师型”教师队伍建设改革实施方案》，提出要“实施职业院校教师素质提高计划，分级打造师德高尚、技艺精湛、育人水平高超的教学名师、专业带头人、青年骨干教师等高层次人才队伍……实施现代产业导师特聘岗位计划，建设标准统一、序列完整、专兼结合的实践导师队伍，推动形成‘固定岗＋流动岗’、双师结构与双师素质兼顾的专业教学团队”。2019年10月16日，教育部办公厅等十四部门印发《职业院校全面开展职业培训　促进就业创业行动计划》，提出要“培养一大批能够同时承担学历教育和培训任务的教师，适应‘双岗’需要的教师占专业课教师总数60%”。在国家一系列政策引导下，高职院校教师团队建设面临新的挑战，也将迎来新一轮的发展契机。

1. 教师团队是高素质技能型人才培养的关键因素

职业教育与普通教育具有同等重要的地位，是服务经济社会发展需要，面向经济社会发展和生产服务一线，培养高素质劳动者和技术技能人才并促进全体劳动者可持续职业发展的教育类型。随着我国进入新的发展阶段，产业转型升级和经济结构调整不断加快，人民对美好生活向往的要求越来越高，各行各业对技术技能人才的需求越来越紧迫，职业教育的重要地位和作用越来越凸显。培养大批高素质技能型人才，传承技术技能，对打造中国经济升级版，建设人力资源强国和创新型国家，创造更大人才红利，促进就业和改善民生，满足人民群众生产生活多样化的需求，实现中华民族伟大复兴的中国梦都具有重要意义。

尤其是，制造业是立国之本、兴国之器、强国之基，没有强大的制造业，就没有国家和民族的强盛。当前，正处于新一轮科技革命和产业变革的加速期，面临第四次的工业革命契机，世界各国纷纷制定了应对举措，如《美国先进制造业国家战略计划》《德国工业4.0战略》《英国工业2050战略》等。我国也紧紧抓住国际产业分工格局重塑这一重大历史机遇，第一时间印发了《中国制造2025》，描绘了实现制造业强国的战略愿景。随着制造强国战略的深入推进，新时代制造业面临动能转化、提档升级的重大变革，制造过程智能化、制造质量精密化是必然趋势，而这背后离不开制造类高素质技能型人才的强力支撑。高职院校作为技术技能人才培养的主要阵地，担负着高素质技能型人才培养的社会重任。提高技术技能人才培养与制造业转型升级之间的契合度，服务国家产业转型升级的战略需求，创新高素质技能型人才培养模式，是摆在高职院校面前艰巨而迫切的任务。从教育教学的角度考虑，高素质技能型人才的培养是一项系统性的教育工作，离不开教学改革、课程教材和基地平台的建设等。事实上，最根本的是离不开高水平的教师团队。当下，技术技能的交叉复合、课程的项目化和模块化教学趋势对教师的分工协作提出了更高更新的要求。而高职院校教师数量普遍不足，且面临较大的职业压力，如果单纯依靠教师个体的力量，则很难实现高职院校办学水平的整体提升。迫切需要以教师团队建设为抓手，合理统筹，增强实力，为高素质技能型人才培养提供坚实保障。

2. 教师团队建设是高职教育内涵发展的核心要义

近年来，国家高度重视职业教育发展，出台了《国家职业教育改革实施方案》（国发〔2019〕4号）、《职业学校校企合作促进办法》（教职成〔2018〕1号）、《现代职业教育体系建设规划（2014—2020年）》（教发〔2014〕6号）、《关于加快发展现代职业教育的决定》（国发〔2014〕19号）等一系列政策文件，为职业教育发展构建了良好的政策制度框架。就高职教育而言，在经历了规模扩张的外延式发展后，逐步向质量提升的内涵式发展转变。2006年，《教育部与财政部联合发布关于实施国家示范性高等职业院校建设计划，加快高等职业教育改革与发展的意见》（教高〔2006〕14号），启动了国家示范性高职院校建设计划。2019年，《教育部　财政部关于实施中国特色高水平高职学校和专业建设计划的意见》（教职成〔2019〕5号，以下简称《双高计划》），开启了高水平高职学校和高水平专业（群）建设的新征程。2019年12月10日，教育部、财政部公布中国特色高水平高职学校和专业建设计划第一轮建设单位名单，56个高水平学校建设单位（各2个专业群）和141个高水平专业群建设单位（各1个专业群）入围。该计划是职业教育持续深化改革的重大项目，涵盖加强党的建设、打造技术技能人才培养高地、打造技术技能创新服务平台、打造高水平专业群、打造高水平双师队伍等十项内涵建设的改革任务。其中教师团队建设不仅是打造高水平双师队伍的核心要义，也是影响技术技能人才培养高地打造、校企合作水平提升、服务发展水平提升等其他改革任务的核心要素。毋庸置疑，无论是示范校建设，还是当前的《双高计划》，贯穿的主线都是内涵建设和质量发展，都非常强调师资队伍特别是教师团队对于人才培养质量提升的重要意义。因此，在高职教育内涵发展背景下，高职院校应该充分意识到教师团队的重要性，并将之摆在学校内涵发展更为重要的位置，着力培育与专业定位相适应的高水平教师团队，助力高职院校高水平高质量发展。

3. 装备制造大类专业是高职院校建设的重点领域

普通高等学校高等职业教育（专科）专业目录共分为农林牧渔、土木建筑、装备制造、电子信息、交通运输、财经商贸等 19 个大类。与其他专业大类相比，装备制造大类专业具有很强的代表性。一是专业点多面广。装备制造大类专业涵盖机械设计制造、机电设备、自动化、铁道装备、船舶与海洋工程装备、航空装备和汽车制造等 7 个类别，共 65 个专业。高职院校比较普遍开设的是机械制造与自动化、数控技术、模具设计与制造、机电一体化技术、汽车检测与维修技术、新能源汽车技术、工业机器人技术等专业，具有一定的普适性。根据高等职业教育质量年度报告专栏公布的材料统计，2019 年发布质量年报的 1352 所高职院校中，有 900 所院校设置了装备制造大类相关专业，占 58.7%。[①] 另外，2019 年，经各省级教育行政部门备案的高职专业和教育部审批同意新设的国家控制高职专业共计 744 个，专业点 58 085 个，[②]其中装备制造大类专业点有 7899 个（见表 1-1），占 13.6%。二是专业建设水平较高。装备制造大类专业整体发展水平比较高，除了原来全国机械职业教育教学指导委员会主管的陕西工业职业技术学院、无锡职业技术学院、浙江机电职业技术学院、广西机电职业技术学院、包头职业技术学院、河南工业职业技术学院、河北工业职业技术学院和四川工程职业技术学院等“八大老校”具有较好的发展基础和领先优势，其他许多高职院校在装备制造大类专业方面也获得了较好的发展。《双高计划》高水平专业群申报材料统计显示，在专业群 1 中，装备制造大类的专业群申请数为 47 个，占比 20.43%；在专业群 2 中，装备制造大类的专业群申请数为 53 个，占比 23.77%；装备制造大类的专业群申请总数为 100 个，总占比为 22.08%，远远超过其他专业大类的比例，详见表 1-2。最终，正式入围“双高”建设名单的 253 个高水平专业群（56 个高水平学校建设单位各 2 个专业群、141 个高水平专业群建设单位各 1 个专业群入围）中，有 55 个是装备制造大类专业群，占

① 高等职业教育质量年度报告[EB/OL]. https://www.tech.net.cn/column_rcpy/index.aspx，2020-02-23.

② 教育部关于公布 2019 年高等职业教育专业设置备案和审批结果的通知[Z]. 教职成函〔2019〕1 号，2019-01-10.

21.7%。总体来看,装备制造大类专业发展基础较好,发展潜力较大,具有很强的代表性和作为典型案例进行研究的价值。

表 1-1 2019 年高职院校装备制造大类相关专业点设置情况统计表

序号	专业类别	专业	专业点数量
1	机械设计制造类	机械制造与自动化	487
2		机械设计与制造	272
3		数控技术	687
4		精密机械技术	15
5		特种加工技术	6
6		材料成型与控制技术	48
7		金属材料与热处理技术	9
8		铸造技术	3
9		锻压技术	0
10		焊接技术与自动化	166
11		机械产品检测检验技术	32
12		理化测试与质检技术	35
13		模具设计与制造	409
14		电机与电器技术	9
15		电线电缆制造技术	7
16		内燃机制造与维修	4
17		机械装备制造技术	15
18		工业设计	114
19		工业工程技术	16
20	机电设备类	自动化生产设备应用	27
21		机电设备安装技术	4
22		机电设备维修与管理	163
23		数控设备应用与维护	78
24		制冷与空调技术	51
25		光电制造与应用技术	10
26		新能源装备技术	27

续表

序　　号	专业类别	专　　业	专业点数量
27	自动化类	机电一体化技术	1106
28		电气自动化技术	728
29		工业过程自动化技术	63
30		智能控制技术	193
31		工业网络技术	14
32		工业自动化仪表	11
33		液压与气动技术	7
34		电梯工程技术	118
35		工业机器人技术	634
36	铁道装备类	铁道机车车辆制造与维护	9
37		铁道通信信号设备制造与维护	3
38		铁道施工和养路机械制造与维护	1
39	船舶与海洋工程装备类	船舶工程技术	35
40		船舶机械工程技术	10
41		船舶电气工程技术	14
42		船舶舾装工程技术	3
43		船舶涂装工程技术	1
44		游艇设计与制造	10
45		海洋工程技术	6
46		船舶通信与导航	3
47		船舶动力工程技术	8
48	航空装备类	飞行器制造技术	39
49		飞行器维修技术	12
50		航空发动机制造技术	5
51		航空发动机装试技术	4
52		航空发动机维修技术	3
53		飞机机载设备制造技术	0
54		飞机机载设备维修技术	0
55		航空电子电气技术	11
56		航空材料精密成型技术	11
57		无人机应用技术	252
58		导弹维修	2

续表

序号	专业类别	专业	专业点数量
59	汽车制造类	汽车制造与装配技术	218
60		汽车检测与维修技术	918
61		汽车电子技术	273
62		汽车造型技术	2
63		汽车试验技术	3
64		汽车改装技术	16
65		新能源汽车技术	459
合计			7899

资料来源：根据高等职业教育专业设置备案结果平台数据检索统计（http://www.zjchina.org/mspMajorIndexAction.fo）。

表 1-2　2019 年《双高计划》申报的高水平专业群所属专业大类统计表

序号	专业大类	专业群 1	占比 1/(%)	专业群 2	占比 2/(%)	总数量	总占比/(%)
1	农林牧渔大类	22	9.57	15	6.73	37	8.17
2	资源环境与安全大类	6	2.61	7	3.14	13	2.87
3	能源动力与材料大类	13	5.65	5	2.24	18	3.97
4	土木建筑大类	14	6.09	8	3.59	22	4.86
5	水利大类	4	1.74	2	0.90	6	1.32
6	装备制造大类	47	20.43	53	23.77	100	22.08
7	生物与化工大类	9	3.91	6	2.69	15	3.31
8	轻工纺织大类	7	3.04	7	3.14	14	3.09
9	食品药品与粮食大类	5	2.17	8	3.59	13	2.87
10	交通运输大类	31	13.48	26	11.66	57	12.58
11	电子信息大类	21	9.13	30	13.45	51	11.26
12	医药卫生大类	13	5.65	8	3.59	21	4.64
13	财经商贸大类	17	7.39	24	10.76	41	9.05
14	旅游大类	9	3.91	7	3.14	16	3.53
15	文化艺术大类	6	2.61	6	2.69	12	2.65
16	新闻传播大类	0	0.00	3	1.35	3	0.66
17	教育与体育大类	3	1.30	4	1.79	7	1.55

续表

序　　号	专业大类	专业群 1	占比 1/(%)	专业群 2	占比 2/(%)	总数量	总占比/(%)
18	公安与司法大类	1	0.43	1	0.45	2	0.44
19	公共管理与服务大类	2	0.87	3	1.35	5	1.10
合计		230	100	223	100	453	100

资料来源：根据《双高计划》申报的建设方案统计。

因而，综合考虑，高职院校装备制造大类专业教师团队建设是一个非常值得探讨和研究的课题。本书以教师团队为研究对象，聚焦装备制造大类专业，尝试分析影响专业教师团队建设的内外部因素，分享专业教师团队建设的成功经验，探索高水平专业教师团队的建设策略，从而为高职院校高水平专业教师团队建设提供理论思考和发展范式。

（二）研究问题

十多年来，笔者围绕高职院校师资队伍和专业教学团队建设做了一些初步探索，查阅学习了大量相关研究成果，到一些兄弟院校做了实地考察交流学习，主持或主要参与了“高职‘双师结构’专业教学团队及其整合培育研究”（全国教育科学规划教育部重点课题）、“高职院校优秀教学团队建设与管理研究”（省哲学社会科学规划课题）、“高职院校专业教学团队的组织特征与培育研究”（省哲学社会科学规划课题）、“高职院校专业教学团队目标集聚与支持系统改进研究”（省新世纪高等教育改革研究项目）、“高职教师专业化发展的困境与对策研究”（省教育厅项目）、“适应高技能人才培养的高职院校兼职教师队伍建设研究”（省科技厅课题）、“高职院校兼职教师有效管理的实践与研究”（国家社会科学基金）等省级以上课题近 10 项；在《教育研究》《教育发展研究》《中国高教研究》《高等工程教育研究》《中国高等教育》等刊物发表了《论高职院校学习型教学共同体的构建》《增强高职教育吸引力：教师发展的视角》《高职院校教师校本研修的特点、模式与管理》《高职“双师结构”专业教学团队及其整合培育》《高职院校专业教学团队的短板及修复》《高职院校“企业引进教师”：问题表征及破解策略》《高职院校专兼职教师互动合作及实施策略》等论文 10 余篇，并结合学校工作，参与制定了一些制度文本，取得了较好的成效。在研究过程中，也逐渐发现高职院校各个专业教师团队的教师，除了教学以外，还需要承担科研、社会服务等工作。各个专业除了要建设教学团队外，还要考虑如何建设科研团队、社会服务团队，以及如何有机整合起来，统筹建设专业教师团队。

这样，笔者就把研究焦点集中到专业教师团队上来，试图通过对专业教师团队的整体研究，深化对专业教师团队的总体认识，分析专业教师团队建设存在的问题，探索专业教师团队建设的有效路径。经过初步的访谈和对相关研究资料的分析，发现高职院校各专业大类教师团队的来源、组成、结构、功能定位、能力要求、专业发展等都存在很大差异。如果从表面研究高职院校的专业教师团队，会导致泛泛而论，不能深入分析各专业大类教师团队的特点和差异，进行有针对性的研究；如果对高职院校19大类专业教师团队都进行研究，逐一分析，又恐怕难以面面俱到，只能浅尝辄止。为了深入分析高职院校专业教师团队的特性和内外部影响因素，剖析高职院校专业教师团队建设过程中存在的主要问题，进而提出有针对性和操作性的对策，需要进一步限定研究的范畴。考虑到制造业在国民经济发展中的重要地位、制造业技术技能人才的紧缺形势以及高职院校普遍设置装备制造大类专业且希望做大做强做特等情况，在学位论文开题专家组老师的指导下，笔者进一步把研究问题聚焦到"高职院校装备制造大类专业教师团队"上来。

因此，本书基本的研究问题是以装备制造大类专业为例对高职院校专业教师团队建设问题进行探讨。探讨高职院校如何通过加强专业教师团队建设，提升专业教师团队整体实力以及所在专业的办学水平，包括提升技术技能人才培养质量、应用技术研究能力、社会服务能力等。本书的研究问题可以分为以下三部分：

1. 高职院校装备制造大类专业教师团队的内涵特征和现状分析

具体的研究问题：高职院校以装备制造大类专业为单位的教师团队具有哪些特征？与课程教学团队、专业教学团队等相比有哪些差异？高职院校装备制造大类专业教师团队的现状如何？不同区域高职院校、不同类别高职院校、不同专业教师团队的建设动因、建设环境、建设策略的差异特征以及与建设成效的关系如何？

2. 高职院校装备制造大类专业教师团队建设受到哪些内部和外部因素的影响

具体的研究问题：高职院校装备制造大类专业教师团队建设存在哪些问题？面临怎样的困境？背后的深层次原因是什么？中国制造业发展与技术技能短缺对高职院校装备制造大类专业教师团队提出怎样的要求？政府相关政策、区域相关产业等如何影响高职院校专业教师团队建设？高职院校自身组织（包括学校层面和院系层面）如何影响专业教师团队建设？

3. 高职院校如何建设高水平的装备制造大类专业教师团队

具体的研究问题：高职院校专业教师团队如何应对社会经济发展以及产业转型升级，需要采取哪些对策加强教师团队建设，提升专业教师团队整体实力以及所在专业的办学水平，从而进一步提高技术技能人才的培养质量和社会服务能力等？

（三）研究意义

1. 理论意义

一是有助于探寻和把握专业教师团队建设的基本规律。当前，关于高职院校专业教师团队建设的研究缺乏基础、本质的理论探讨分析。为避免对此问题就事论事的研究局限，本研究聚焦于装备制造大类专业教师团队，基于大量问卷调查和深度访谈的资料，尝试厘清高职院校专业教师团队建设的基本概念、存在的问题、应然状态、类型、影响因素、建设路径和管理机制等基本问题，深化对教师团队问题的研究。二是有助于丰富和完善高职教育的理论成果。从成果数量来看，我国关于高职院校专业教师团队的研究主要始于2007年，截至2020年7月，相关研究文献共750篇左右，其中大部分侧重于教学团队研究。可见，高职院校专业教师团队方面的研究远远落后于如火如荼的高职教育发展现状的研究。

2. 实践意义

当前，高职院校相关研究中，宏观层面大多关注体制机制、产教融合、校企合作研究；中观层面关注专业建设、人才培养模式改革、师资队伍建设；微观层面则关注课程改革、教学改革、资源库建设等话题。专业教师团队建设作为师资队伍建设中的重要内容，在一定程度上决定技术技能人才培养的质量，却较少受到研究者的关注。本书在以往研究的基础上，进一步聚焦与国家发展战略密切相关的装备制造大类专业教师团队建设，通过深度挖掘，从宏观的外部政策制度、行业企业到微观的内部运作，努力探寻高职院校装备制造大类专业教师团队高水平发展和学生技术技能培养的有效对策，具有较强的实践指导价值，有助于提高专业教师团队建设的针对性和有效性，切实提升教师团队整体实力。同时，本书的研究成果能为高职院校其他类别专业教师团队建设提供参考，对有效解决高职教育改革过程中存在的问题、提升高职院校办学水平和人才培养质量都具有重要的现实意义。

二、核心概念

（一）高职院校

高职院校通常是指我国承担高中（普通高中教育和中职教育）后高等职业教育的高等职业院校，包括公办和民办高等职业院校，专科层次的高等职业院校和本科层次的高等职业院校。2019年全国教育事业发展统计公报显示，高职（专科）院校有1423所。另有已经开展本科层次职业教育试点的22所学校（截至2020年8月），包括江西软件职业技术大学、泉州职业技术大学、广东工商职业技术大学、广州科技职业技术大学、海南科技职业大学、西安信息职业大学等全国首批15所试点学校，2020年6月更名为大学的运城职业技术大学、辽宁理工职业大学、上海中侨职业技术大学、南京工业职业技术大学、新疆天山职业技术大学、浙江广厦建设职业技术大学等6所学校，以及2020年6月升格的湖南软件职业学院（本科）。基于民办高等职业院校和本科层次高等职业院校的专业教师团队都有相应的特殊性，本书主要聚焦专科层次的公办高等职业院校。

（二）装备制造大类专业

在本书中，装备制造大类专业是普通高等学校高等职业教育（专科）专业目录所列的19大类之一，涵盖机械设计制造、机电设备、自动化、铁道装备、船舶与海洋工程装备、航空装备和汽车制造等7个专业类别，共65个专业，其中机械设计制造类涵盖的专业最多，有19个。为增强研究的代表性，本书选择机械制造与自动化、铁道机车车辆制造与维护、飞行器制造技术、汽车制造与装配技术、机电一体化技术等5个相关类别具有代表性的专业作为研究对象。

（三）专业教师团队

近年来，有关高职院校教师团队的概念较多，有科研团队、科研（技）创新团队、教师教学创新团队、教学团队、专业教师团队等。

科研团队是技术创新和人才培养的重要载体，为了协作开展研究需要，由相关教师以学科、专业或项目组为单位组建而成，有时因研究需要也可以让一部分学生参与其中。各个高校或多或少都有科研团队，相关研究也很多。

科研（技）创新团队主要是由省科技厅或学校牵头遴选的，代表全省或学校科技创新最高水平的优秀科技教师群体。省级科研（技）创新团队主要在研究型大学和重点研究机构。比如自2009年以来，浙江省共遴选了130个省重点科研（技）创新团队，其中，2009年和2010年分别遴选了50个团队，2011年遴选了30个团队。金华职业技术学院、江苏财经职业技术学院、吉林交通职业技术学院等一些比较重视科研的高职院校，近些年专门制定科研（技）创新团队管理办法，遴选建设了一批校级科研（技）创新团队。

教师教学创新团队是一个较新的概念。2019年1月，《国家职业教育改革实施方案》提出，要分专业建设一批高水平、结构化的国家级职业教育教师教学创新团队。2019年6月，教育部关于印发《全国职业院校教师教学创新团队建设方案》的通知，明确提出要聚焦战略性重点产业领域和民生紧缺领域专业，分年度、分批次、分专业遴选建设国家级职业院校教师教学创新团队，示范引领各地各校因地制宜做好省级、校级团队整体规划和建设布局，按计划、分步骤建成一批覆盖骨干专业（群）、引领教育教学模式改革创新、推进人才培养质量持续提升的教师教学创新团队。这些团队一般要求专业结构和年龄结构合理，涵盖公共基础课、专业基础课、专业核心课、实习指导教师和企业兼职教师，骨干成员一般有15至20人且相对稳定。

关于高职院校教学团队也有诸多称谓和表述。根据团队结构和组成人员的不同，高职院校教学团队大致可以分为课程教学团队、课程群教学团队、专业教学团队和专业群教学团队等四种类型。它们之间有部分包含与被包含关系，不同类型教学团队的人员组成结构、范围、团队主要职责与功能等有较大差异，相互之间的关系如图 1-1 所示。为了更好地理解教学团队的概念,我们需要对几个相关概念做简要分析。课程教学团队是指由执教相同或相近的课程,主要以课程为载体,通过课程建设、改革和教学完成相应的人才培养任务的教师群体。课程教学团队是比较单一的教学团队,最初主要由同一教研室(或教研组、课程组)有相同学科背景的教师组成。课程群教学团队是指由若干个相近学科背景的课程教学团队组成的教师群体,一般在某个相同的院系,共同支撑若干个相近的专业。专业教学团队是指以某个具体的专业为单位,由专业带头人、专业课(专业基础课和专业核心课)教师、行业企业兼职教师、相对固定的公共基础课教师等组成,为实现共同的专业建设和高素质技术技能人才培养等目标,彼此知识技能互补、能协同高效完成所在专业教育教学工作的教师群体。专业群教学团队是指由若干个相近学科背景的专业或同类别(如机械设计制造类、电子信息类等)专业教学团队组成的教师群体,一般在某个相同的院系,有时就是整个院校的教师队伍(如果这个院校的专业都基于相近的学科背景)。

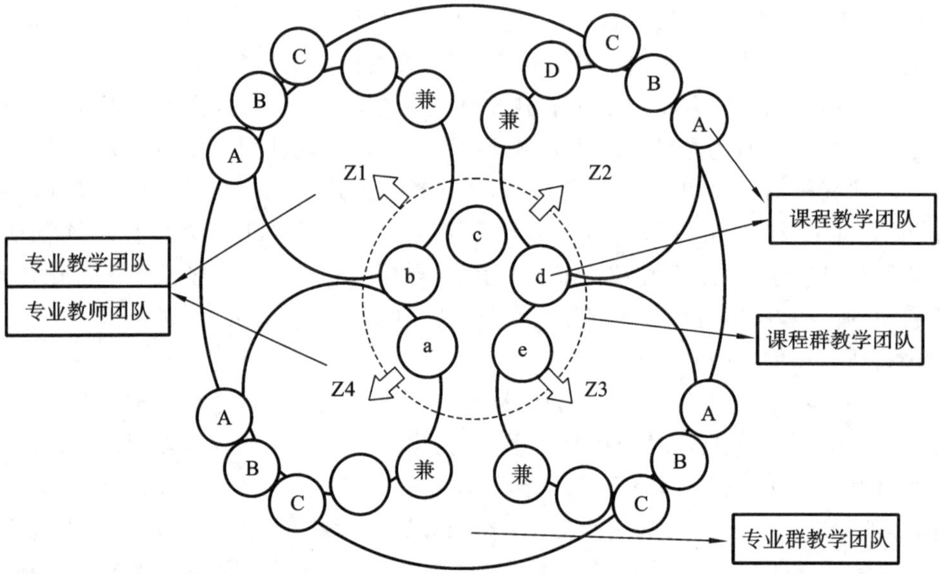

图 1-1　专业教师团队与各类教学团队的关系图①

---

① 以某高职院校的机械制造与自动化专业群教学团队为例,该专业群教学团队包含机械制造与自动化专业教学团队(Z1)、模具设计与制造专业教学团队(Z2)、电气自动化技术专业教学团队(Z3)、机电一体化技术专业教学团队(Z4)。中间虚线圆圈代表由机械识图与制图课程教学团队(a)、材料应用与处理课程教学团队(b)、CAD/CAM 软件应用课程教学团队(c)、机械加工工艺设计课程教学团队(d)、电工电子技术应用课程教学团队(e)等组成的机械制造与自动化课程群教学团队。A、B、C 代表英语、高等数学、计算机文化基础等公共课程;D(模具装配与调试)、E(数控编程与操作)表示相关专业特有的课程。“兼”代表各专业聘请的兼职教师。其中,Z1、Z2、Z3 和 Z4 等四个专业教学团队与专业教师团队人员组成相同。

专业教师团队在本书中是指以某个具体的专业为单位，由专业带头人、专业课（专业基础课和专业核心课）教师、行业企业兼职教师、相对固定的公共基础课教师等组成，为实现共同的专业建设和高素质技术技能人才培养等目标，彼此知识技能互补、能协同高效完成所在专业的人才培养、科学研究和社会服务等工作的教师群体。需要特别强调的是本书中的“专业教师团队”更为清晰的表述应该是“某某专业的教师团队”，而不是“专业教师”的“团队”。高职院校专业教师团队区别于普通本科院校教师团队，有跨界、双师素质、双师结构、多个工作场所、承担多种职能、教师发展对设备依赖较大（要求高、更新快、投入大）等主要特征。某个具体专业的教师团队与专业教学团队人员组成相同，但其成员的工作不仅仅只是局限于课程教学和人才培养，还要承担专业教育教学改革、课程建设、科学研究以及为企业提供技术服务、员工培训等方面的任务①。

学校每个专业都有相对应的专业教师团队，所有专业教师团队合在一起就是学校的专兼职教师队伍。一直以来，专业是高职院校建设的重点基层组织，与专业对应的专业教师团队自然成为高职院校教育教学改革的重点。因为课程、课程群的概念相对较微观，无法与行业进行对接，而专业群教学团队又过于宽泛和分散，因而，本书的研究对象不是课程教学团队、课程群教学团队、专业群教学团队，也不仅仅是专业教学团队，而是聚焦于专业教师团队。

（四）高水平

高水平高职学校和高水平专业，离不开高水平专业教师团队的支撑。《全国职业院校教师教学创新团队建设方案》秉承国家示范、分级创建，校企合作、专兼结合，择优培育、严把质量的原则，从六个方面明确了国家级职业院校教师教学创新团队建设的立项条件：一是团队师德师风高尚，二是团队结构科学合理，三是团队负责人能力突出，四是教学改革基础良好，五是专业特色优势明显，六是保障措施完善健全。这为本书提供了重要参考依据。结合立项原则和条件以及专业教师团队的主要功能或职责，本书从以下四方面界定高水平的专业教师团队：一是教育教学水平高，一方面，专业教师团队在课程、教材、资源库、技能竞赛、教学成果奖等方面的建设具有较高的行业认可度，如参与专业教学标准、行业标准和产品标准的制定，另一方面，团队中的教师能够适应新形态的教学方法、思路和理念，具有较强的信息化教学能力；二是教研科研水平高，这是专业教师团队综合能力的集中彰显，如具有高级别、代表性的科研成果或项目；三是社会服务能力强，主要表现在促进应用技术研究成果的转化，帮助企业解决实际生产技术问题、提高生产效益，开展

① 前些年，高职教育界有些学者和老师（包括笔者），没有规范地界定相关概念，似乎把“专业教学团队”作为一个约定俗成的称谓，在论及专业教学团队时，也会涉及科研与社会服务等内容。

企业员工技能培训鉴定服务等方面；四是团队组成结构化，团队成员的年龄、职称、学科专业、技术专长等结构科学合理，即人员、素质、技术的多元结构，既能针对所在专业的课程体系和人才培养方案，较好地培养技术技能人才，又能协同攻关为相关企业解决综合性的技术难题，还可以面向社会开展相应专业领域的技术技能培训等。

三、研究现状

随着高职教育改革的不断深入，高职院校教师发展，以及教学团队、教师团队、教师队伍建设等问题日渐引起人们的关注。其中，研究高职院校教师发展的文章特别多，仅中国知网就有7300多篇篇名包含“高职院校”和“教师”两个关键词的文章。目前，研究高职院校各类团队的文章相对少些，中国知网中篇名包含“高职院校”和“团队”两个关键词的文章有700篇左右，相关的研究成果相对较为零散，无论理论上还是实践上都还没有形成系统性的研究成果。笔者主要围绕高职院校教学团队、科研团队、社会服务团队、教师团队等相关研究领域做简要综述，并以此为高职院校装备制造大类专业教师团队建设研究奠定理论基础。

（一）关于高职院校教学团队的研究

人才培养是高校最重要的职能，相应的，教学团队是高校最受关注的研究领域。中国知网里篇名包含“教学团队”的文章4200多篇，包含“专业教学团队”的文章830多篇；万方数据库里篇名包含“教学团队”的文章6100多篇，包含“专业教学团队”的文章1150多篇。通过对相关研究成果的梳理分析发现，当前关于高职院校教学团队的研究成果已较为丰富，主要集中在内涵界定、建设内容、建设问题、建设路径、建设成效等方面，较好地回答了“是什么”“建什么”“怎么建”“如何评”等问题。

1. 关于高职院校教学团队的内涵界定研究

教学团队源于20世纪50年代美国的“小组协同教学制（team teaching）”。所谓小组协同教学是由两个或两个以上的教师及若干助理人员共同组成教学团队（teaching team），以某个主题或学科的教学为中心，突破学科的限制，教师们发挥各自的专长合作开展教学，帮助学生进行有效学习的教学方法。[①] Mckenzie J 提出的教学提升小组具有教学团队的意义，即由优秀教师组成的小组，在各自的学科范围

① 吕改玲.我国高校教学团队建设研究[D].武汉：中南民族大学，2008：4.

内，以及在大学的不同学科之间，共同努力，提高教学水平。[①]

我国学界最早提出“教学团队”概念是在 2003 年，主要是研究基础教育的教师在探索“协同教学”和教师合作教学问题时附带提及的，当时并未赋予其实质意义和内涵。[②] 直到 2007 年，伴随着国家级教学团队的遴选建设，学界才开始对高职院校教学团队进行研究，并对其内涵进行界定。一是教学团队的“结构说”。孙秋高(2010)从微观的角度提出了高职院校课程教学团队的概念，将之定义为以课程为载体、以课程建设和改革为目标建立起来的专兼结合的教学团队。[③] 徐庆国(2011)[④]、季舒鸿(2012)等[⑤]认为，双师结构的教学团队是提高高职教育教学质量的重要内容，应该专兼结合，表现为教师来源的二元结构。邵建东等(2012)根据人员组成情况，将教学团队分为师资教学团队、专业教学团队和课程教学团队三种类型。[⑥] 二是教学团队的“目的说”。邓小妮(2014)认为，专业教学团队是指以专业为单位、以共同的精神追求为支撑、以配合默契的相互协作为根本，为实现共同的专业建设目标和人才培养目标而组成的专业教师的聚合体，并创造性地提出了高职院校专业“双带头型”教学团队的概念。[⑦] 王利爽、阳荣威(2017)认为，专业教学团队是以提高教学水平为目的，以课程与专业为基础，以专业教授与各领域专家为主导，由能力互补、科学分工、团结协作的教师与教学管理工作者构成的教学队伍。[⑧] 三是教学团队的“功能说”。胡柏翠、周良才(2010)将高职院校教学团队定义为以先进的职教理念为指导，以开发、设计和实施专业(群)人才培养方案为中心，以校企合作为工作平台，为完成某个教学目标而明确分工协作，相互承担责任的少数知识技能互补的个体所组成的团队，并认为一个高水平、高效率的专业教学团队应具有目标明确、成员结构合理、分工协作、绩效显著的特征。[⑨] 邵建东、王振洪(2012)根据高职院校人才培养、社会服务、教育教学改革等对教学团队的全新要求，认为“双师结构”专业教学团队具有专业指向性、组成多元性、研究多维性、行为整合性、

---

① Mckenzie J. Enhancing university teaching with teaching enhancement teams[J]. Innovations in Education and Training International，1998，35(2)：140-149.

② 钱艳. 浅谈协同教学在中、重度弱智儿童教学中的运用[J]. 现代特殊教育，2003(02)：39-40.

③ 孙秋高. 构建高职院校课程教学团队的研究与探索[J]. 中国高教研究，2010(03)：90-91.

④ 徐庆国. 高职高专“双师结构”专业教学团队构建策略[J]. 中国高等教育，2011(21)：36-38.

⑤ 季舒鸿，高查清. 高职“双师结构”教学团队：内涵与建设要素[J]. 职业技术教育，2012，33(04)：49-53.

⑥ 邵建东，王振洪. 高职“双师结构”专业教学团队及其整合培育[J]. 高等工程教育研究，2012(03)：167-171.

⑦ 邓小妮. 高职院校专业“双带头型”教学团队基本范畴辨析[J]. 职业技术教育，2014，35(10)：55-58.

⑧ 王利爽，阳荣威. “双一流”建设背景下“C9 联盟”高校师资队伍及结构调查研究[J]. 大学教育科学，2017(06)：32-37.

⑨ 胡柏翠，周良才. 高职院校优秀教学团队建设的目标定位与策略[J]. 职业技术教育，2010，31(23)：78-81.

发展互动性等组织特征。[①] 此外，何静(2009)[②]、刘勇兵(2009)[③]、冯邦军(2016)[④]等对基层教学组织、教研室和专业教学团队的关系进行了分析，认为教研室是高职院校教学管理和教学研究组织的基层单位，专业教学团队是提高教师教学能力、开展教学研究、培养师资队伍的重要集体，它们在高职教育人才培养过程中都发挥了重要的作用，进一步理清了专业教学团队与教研室、课程建设小组以及学校其他群体或团队之间的关系。

2. 关于高职院校教学团队的建设内容研究

"建什么"是高职院校教学团队建设的核心问题，我国大部分学者均从国家和政府相关文件要求出发阐述教学团队建设内容，在高校教学团队建设内容研究方面，较为系统，也较为成熟。基于对2007年教育部和财政部联合印发的《关于实施高等学校本科教学质量与教学改革工程的意见》(教高〔2007〕1号)的政策解读，徐达奇(2006)认为，教学团队最重要的任务就是教学工作，建设基点是专业建设、课程建设、教学基地建设。[⑤] 任晓光(2008)指出，教学团队建设应以课程建设为重点，以学科专业建设为导向，以人才培养为目的，最终实现资源共享、聚集优势力量，形成有一定影响力的教学研究队伍，涵盖课程建设、实验室建设、实习实训基地建设、教材建设和师资队伍建设五个方面。[⑥] 陈世平、彭瑶、谭伟(2008)认为，教学团队建设涵盖专业建设、课程建设、教学基地建设和教学管理建设四个方面。[⑦] 俞祖华、赵慧峰、刘兰昌(2008)从内部结构、外部支持环境和教学建设进行阐述，指出内部结构建设包括团队成员、团队目标、团队精神建设，外部支持环境建设包括资源、评价体制、激励约束机制建设，教学建设包括教育教学改革、教学手段现代化、实践基地建设。[⑧]

在高职院校教学团队建设内容研究方面，2006年教育部印发《关于全面提高高等职业教育教学质量的若干意见》(教高〔2006〕16号)，提出结合职业教育特点，强调打造双师型结构师资，尤其是打造专任教师和兼职教师相结合的专业教学团队，

---

① 邵建东，王振洪. 高职"双师结构"专业教学团队及其整合培育[J]. 高等工程教育研究，2012(03)：167-171.

② 何静. 高职院校基层教学组织的改造[J]. 机械职业教育，2009(03)：34-36.

③ 刘勇兵. 高校教学团队特征及建设目标分析[J]. 职教论坛，2009(S1)：232-235.

④ 冯邦军. 高职院校教研室与教学团队建设探究[J]. 科教导刊(中旬刊)，2016(03)：35-36.

⑤ 徐达奇. 地方工科院校的发展与定位[J]. 中国高等教育评估，2006(03)：17-19.

⑥ 任晓光. 高等学校高绩效教学团队建设初探——以北京石油化工学院化工原理教学团队建设为例[J]. 国家教育行政学院学报，2008(05)：43-45.

⑦ 陈世平，彭瑶，谭伟. 高校教学团队的建设与管理[J]. 重庆工学院学报(社会科学版)，2008(06)：152-154+157.

⑧ 俞祖华，赵慧峰，刘兰昌. 本科高校教学团队建设的理论与实践探索[J]. 鲁东大学学报(哲学社会科学版)，2008(02)：90-96.

以此提高教育教学质量,促进高职院校改革发展。[①] 马宁(2009)认为,教学团队建设包含两部分内容,一是打造结构合理、可持续发展的教学团队;二是建立科学、规范的团队运行管理机制。[②] 马慧萍(2014)基于教学团队制度建设,认为其内容应该涵盖人才培养、师资建设、教学研究、绩效评价、社会服务五个方面。[③] 谢昆、向朝春、陈立万(2015)认为,教学团队培育和建设要点包括结构合理的团队组成、情智双高的团队带头人、定位明确的团队目标,如此才能在统一的团队建设目标上逐渐形成合力,最终打造一支高水平的教学团队。[④] 此外,周建松(2011)[⑤]、王亚南和邵建东(2019)[⑥]、耿秀荣(2011)[⑦]、刘祥柏(2009)[⑧]等人专门研究了高职院校专业带头人的建设机制、专业化、身份认同、能力模型构建、角色定位、培养与管理等问题。

3. 关于高职院校教学团队的建设问题研究

关于高职院校教学团队建设问题的研究,是笔者 10 多年来关注的重点。2010 年,笔者在《高职院校专业教学团队建设的困境及对策》中指出,高职院校专业教学团队建设面临缺乏明确定位、共同愿景和有效激励机制等困境。[⑨] 2011 年,笔者在《学习型组织视阈下的高职院校专业教学团队建设》中指出,专业教学团队建设普遍面临组织管理结构存在缺陷、教学团队缺乏共同愿景、教学团队责权利不明确、教师缺乏自我超越精神的问题。[⑩] 在《高职院校专兼职教师互动合作及实施策略》中,笔者从专兼结构的角度阐释了专业教学团队的问题,一是合作平台不够完备,二是合作意识还较缺乏,三是合作领域不够宽泛,四是合作管理不够完善。[⑪] 2013 年,笔者在《高职院校教学团队建设的误区及对策》中指出,高职院校专业教学团队建设面临着注重队伍建设、忽视团队建设,注重兼职教师、忽视专兼一体,注重教师个体、忽视团队整体,注重教师发展、忽视学生成长等误区。[⑫] 此外,杨菊仙(2011)认为,基层教学组织应具备能力养成、系统集成、市场需求、自主学习的价值取向,

---

① 教育部. 关于全面提高高等职业教育教学质量的若干意见[Z]. 教高〔2006〕16 号.

② 马宁. 高职院校国家级教学团队建设的实践研究[J]. 教育与职业,2009(27):29-31.

③ 马慧萍. 高校教学团队制度建设研究[J]. 河南教育学院学报(哲学社会科学版),2014,33(02):70-73.

④ 谢昆,向朝春,陈立万. 地方高校应用型教学团队建设要点和途径[J]. 教育与职业,2015(23):53-55.

⑤ 周建松. 高职院校专业带头人建设机制研究[J]. 高等工程教育研究,2011(06):150-154.

⑥ 王亚南,邵建东. 高职院校专业带头人专业化的制度制约及优化路径[J]. 高等工程教育研究,2019(02):147-153.

⑦ 耿秀荣. 高职高专院校专业带头人的角色定位与培养[J]. 高教论坛,2011(04):20-21+30.

⑧ 刘祥柏. 论高职院校专业带头人的培养与管理[J]. 教育科学,2009,25(04):90-93.

⑨ 邵建东. 高职院校专业教学团队建设的困境及对策[J]. 金华职业技术学院学报,2010,10(06):8-11.

⑩ 邵建东. 学习型组织视阈下的高职院校专业教学团队建设[J]. 教育与职业,2011(18):59-60.

⑪ 邵建东,王振洪. 高职院校专兼职教师互动合作及实施策略[J]. 中国高教研究,2011(01):70-72.

⑫ 邵建东. 高职院校教学团队建设的误区及对策[J]. 中国高教研究,2013(04):99-101.

但当前面临着基层教学组织的式微、割裂、跛足问题。[①] 邓小妮、邓院方(2015)认为,当前高职院校专业教学团队建设主要存在结构不合理、缺乏可持续发展与建设的机制和动力、对高职院校绩效的影响较弱、缺乏专业带头人四方面的问题,并强调专业"双带头型"教学团队建设理应成为创新高职院校基层教学组织的重要途径。[②] 张旭光(2017)通过调查,发现专业教学团队建设面临着团队制度不健全、团队观念比较淡薄、团队发展相关政策欠缺等问题,以至于无法发挥专业教学团队对现阶段的教学模式和人才培养模式产生根本性的变革。[③] 任志华、孙晓颖(2018)将专业教学团队的建设困境划分为主管部门维度、高校维度以及教学团队维度,并系统阐述了不同维度存在的问题。[④] 马力(2018)基于教学发展的需求认为当前专业教学团队建设普遍面临激励机制缺乏、考核机制不完善、教师认识不清等挑战,应朝着建立长效机制,发挥制度激励和制度规制等作用的方向努力完善。[⑤]

4. 关于高职院校教学团队的建设路径研究

"如何建"是大多数研究的出发点和落脚点。国外大多研究基于实证调研和案例分析的结果,提出了提高专业教学团队建设成效的具体建议。如麦克唐纳(Macdonald)和沃尔什(Walsh)通过实证研究,认为教学团队的有效运行需要校方的政策和资金的支持,长期目标和近期目标相结合。[⑥] Mckenzie J 认为,教学团队提升中重要的问题是,选择优秀的教师,对团队提供足够的支持,以及形成一种重视和奖励良好教学的环境。[⑦] Gladman A 的研究表明,良好的教学伙伴关系是有效建设团队教学的一个关键方面,合作伙伴比单独一个教师更能照顾学生的需要。[⑧]

国内不同的学者基于不同视角提出了各自的看法,研究对策更具针对性。第一类是结合工作实践的建议。如徐平利(2007)提出重构高职教育双师型教学团队的新思路,即工学互动组合。[⑨] 盛阳荣(2009)结合典型案例分析,对高职院校"双

---

① 杨菊仙.高校基层教学组织创新的价值取向与途径策略[J].江苏高教,2011(06):79-81.

② 邓小妮,邓院方.组织视域下高职院校专业"双带头型"教学团队建设[J].职业技术教育,2015,36(11):63-66.

③ 张旭光.基于校企合作平台的高职教学团队建设与发展[J].黑河学院学报,2017,8(01):114-115.

④ 任志华,孙晓颖.高校专业教学团队建设多维视角探析[J].中国成人教育,2018(22):95-98.

⑤ 马力.基于教学发展的教学团队建设长效机制研究[J].北华大学学报(社会科学版),2018,19(5):138-142.

⑥ Macdonald I, Walsh M. Educating engineering academics in the work place through teaching communities[J]. International Conference on Engineering Education,2001(8):17-22.

⑦ Mckenzie J. Enhancing university teaching with teaching enhancement teams[J]. Innovations in Education and Training Internationa,1998,35(2):140-149.

⑧ Gladman A. Team teaching is not just for teachers! Student perspectives on the collaborative classroom[J]. Tesol Journal,2014(7):130-148.

⑨ 徐平利.工学互动组合:重构高职教育双师型教学团队的新思路[J].教育发展研究,2007(03):71-73.

师”结构教学团队建设进行了深入思考，一是强化“双师”结构教学团队的“团队”意识，二是提升“双师”结构教学团队的建设内涵，三是建立“双师”结构教学团队建设的长效机制。[①] 陶亦亦、胡清(2009)从多元课程模块出发，研究了基于多元课程模块的教学团队的特质和动因，提出了具体的组建路径，即以通识教育课程构建基本层教学团队，以职业技术基础课程构建支持层教学团队，以职业技术能力课程构建核心层教学团队，以特色课程构建互动层教学团队。[②] 邵建东(2010)提出了解决专业教学团队建设困境的基本策略：一是做好团队建设规划，逐步优化团队结构；二是集聚团队成员目标，提升团队整体水平；三是建立有效激励机制，激发团队成员潜能；四是改进团队支持系统，完善团队建设环境。[③] 邵建东(2013)基于高职院校专业教学团队内涵和类型的分析，提出了专业教学团队建设的具体路径，即确立团队建设的科学理念、注重团队成员的互动合作、改进教学团队的支持系统和凝练富有特色的团队文化。[④] 王凤珍(2014)从“双师型”教学团队建设面临的问题出发，提出了完善教师“双向流动、互通互用”制度、提高教师的课程开发能力、培养专业带头人、注重校企一体化过程中培养团队骨干、实施“双师型”教学团队建设攻坚计划、倡导营造良好用人环境的实践举措。[⑤] 谭杰(2015)提出了教学团队建设与教师能力提升的具体措施，一是积极组建团队式基层课程组织；二是努力构建研究、检查、竞赛的长效机制；三是促进科研教学的有机融合；四是制定科学合理的评价体系、绩效考核体系。[⑥] 朱建柳(2016)提出了高职院校专业教师职业能力提升的实践路径。[⑦] 陈兰云、郑朝灿、邵建东(2017)从构建路径与管理创新两个方面，系统阐述了高职课程教学团队具体的实施路径。[⑧] 李小燕、查道林(2018)认为，制度与机制是一流教学和科研团队建设的基石、黏合剂、助推器和防火墙，应加大制度供给的力度、完善顶层设计方面的制度建设和建设长效高效的团队运行机制。[⑨] 周建松(2018)强调，要将着力打造高水平专业教学团队作为教师队伍建设的重中之重，构

---

① 盛阳荣. 基于典型案例的高职院校“双师”结构教学团队建设思考[J]. 中国高教研究，2009(06)：92-93.

② 陶亦亦，胡清. 基于多元课程模块的高职院校教学团队建设[J]. 职业技术教育，2009，30(05)：56-57+69.

③ 邵建东. 高职院校专业教学团队建设的困境及对策[J]. 金华职业技术学院学报，2010，10(06)：8-11.

④ 邵建东. 高职院校教学团队建设的误区及对策[J]. 中国高教研究，2013(04)：99-101.

⑤ 王凤珍. 高职院校“双师型”教学团队建设途径探究[J]. 教育探索，2014(06)：106-108.

⑥ 谭杰. 教学团队建设与教师能力提升方式探析[J]. 教育与职业，2015(13)：76-78.

⑦ 朱建柳. 高职院校专业教师职业能力模型建构及其应用[D]. 上海：华东师范大学，2016.

⑧ 陈兰云，郑朝灿，邵建东. 高职院校课程教学团队构建与管理创新[J]. 黑龙江高教研究，2017(08)：103-106.

⑨ 李小燕，查道林. 制度与机制：一流教学和科研团队建设的抓手[J]. 中国高等教育，2018(Z2)：58-59.

建良好机制，强化专业教学团队的专业化和职业化。[①] 王亚南(2018)从影响专业教学团队最关键的因素专业带头人出发，廓清了专业带头人的能力构成，并基于能力模型的构建探究了专业带头人能力发展的基本路径。[②]

第二类是基于多元视角的分析。如黄玉飞(2009)从考核管理的视角，提出了高校专业教学团队建设的发展策略：一是将专业教学团队的遴选评审制度扩展为组建评优制度；二是改革校内管理体制，建立健全专业教学团队的资源支持制度；三是改变重个人业绩的绩效考核为个人业绩与团队业绩并重的绩效考核；四是实行多级动态管理，建立和完善专业教学团队的竞争激励制度。[③] 赵亚平、顾志良(2011)从组织理论构建、管理和发展的角度，提出了基于团队角色理论构建专业教学团队、基于木桶理论管理专业教学团队和基于团队发展理论提升专业教学团队的对策。[④] 张强、乔海曙、陈志强(2011)从博弈论视角提出，支持教学团队建设，需要一方面强化支撑，加强高校管理体系建设，另一方面注重政策导向，注重教学在财政性教育拨款中的指挥棒作用。[⑤] 蒋瑞红(2012)提出了专业教学团队文化特性塑造的策略：一是营造合作氛围，建设团队合作文化；二是建立科学激励机制，促进团队创新文化发展；三是加强制度建设，规范文化的发展；四是加强团队反思，提升文化内涵。[⑥] 邓小妮、邓院方(2015)基于组织视域的思考，认为高职院校应提供专业"双带头型"教学团队成长条件，建立专业"双带头人"动态管理机制。[⑦] 徐旦(2015)基于团队生命周期理论，提出职业院校教学团队生命周期模型，构建了团队生命周期理论视域下职业院校教学团队的组织结构。[⑧] 陈远刚、符森(2016)从文化培育的角度，认为专业教学团队建设路径可以从以下几个方面着手：一是确立主体间交往与合作的主导价值导向；二是重塑专业教学团队文化生态系统；三是构建教师专业成长共同体，促进团队成员专业发展；四是完善专业教学团队建设的政策制度，保障团队文化正向发展。[⑨] 壮国桢、邱晓红(2017)基于分布式领导理念，分别从

---

① 周建松.基于高水平目标的高职院校教师队伍建设方略[J].高教探索，2018(12)：92-96.

② 王亚南.高职院校专业带头人能力模型构建及发展研究[D].上海：华东师范大学，2018.

③ 黄玉飞.高校教学团队的考核与管理研究[J].中国大学教学，2009(02)：70-72.

④ 赵亚平，顾志良.高校教学团队建设的理论思考与实践探索[J].现代教育管理，2011(10)：76-78.

⑤ 张强，乔海曙，陈志强.高校教学团队建设博弈分析——加大教学投入的视角[J].高等教育研究，2011,32(06)：78-83.

⑥ 蒋瑞红.高校教学团队的文化特性分析与塑造[J].宁波大学学报(教育科学版)，2012,34(01)：95-98.

⑦ 邓小妮，邓院方.组织视域下高职院校专业"双带头型"教学团队建设[J].职业技术教育，2015,36(11)：63-66.

⑧ 徐旦.职业院校教学团队组织结构的构建——基于团队生命周期理论的视角[J].教育发展研究，2015,35(09)：78-84.

⑨ 陈远刚，符森.高校教学团队文化培育的机遇、挑战与路径探析[J].中国成人教育，2016(10)：107-109.

共同愿景、互融机制、领导共同体、任务导向和绩效优先阐述了具体的发展路径。①

5. 关于高职院校教学团队的建设成效研究

如何评价教学团队的建设成效，国外在这方面的研究较为客观，既有肯定也有反思。前者主要从教师和学生教育教学的成效进行评价，如 Rebecca 等指出，团队教学在高等教育中具有促进学生学习的价值；②Jack 认为，团队教学可能确实比传统的课堂安排更有效。③ 而有的学者提出了相反的观点，如 Krammer M 等认为，尽管团队成员的自我选择有助于建立和谐的教学团队，但并不一定能提高协作教学的质量；④Liebel G 等的研究也表明，在教学团队有效运行支撑要素中，教师数量的增加，团队教学通常伴随着较高的人员成本。⑤

而国内学者对于专业教学团队建设成效与评价的研究较少。都光珍(2009)指出要建立科学的评价机制，评价机制要围绕教学团队的内涵与特征，立足于学校人才培养的定位和要求来设计。⑥ 金湖庭、江锦祥、柴勤芳(2010)根据高职院校专业教学团队自身特点和发展规律，以业绩为核心，建立了教学团队的动态评价指标体系，涵盖团队组成、团队带头人、教学工作、教学研究、教材建设、社会服务等六个一级评价指标，团队结构、团队素质、团队荣誉、专业技能和科研能力、教学能力、综合能力、教学内容与形式等十五个二级评价指标。⑦ 巩海霞、唐飞、涂俊梅(2012)通过问卷调查以及对调查数据进行因子分析，认为团队管理、团队互动、团队氛围、团队发展、外界环境、团队学习等六个因素对教学团队绩效具有较大的影响。⑧ 徐旦

---

① 壮国桢，邱晓红. 分布式领导：高职院校教学团队建设的基本路径[J]. 职业技术教育，2017，38(08)：67-71.

② Rebecca S Anderson，Bruce W Speck. “Oh what a difference a team makes”：why team teaching makes a difference[J]. Teaching and Teacher Education，1998，14(07)：671-686.

③ Jack R. Fraenkel. A comparison of achievement between students taught by a teaching team and students taught in traditional classes on a standardized examination in United States history[J]. The Journal of Educational Research，1967，61(01)：43-46.

④ Krammer M，Rossmann P，Gastager A，Gasteiger-Klicpera B . Ways of composing teaching teams and their impact on teachers’ perceptions about collaboration[J]. European Journal of Teacher Education，2018，41(04)：463-478.

⑤ Liebel G，Burden H，Heldal R. For free：continuity and change by team teaching[J]. Teaching in Higher Education，2017，22(01)：62-77.

⑥ 都光珍. 加强教学团队建设的思考[J]. 国家教育行政学院学报，2009(01)：27-29+65.

⑦ 金湖庭，江锦祥，柴勤芳. 高职院校专业教学团队动态评价指标体系的建立[J]. 职业技术教育，2010，31(11)：80-82.

⑧ 巩海霞，唐飞，涂俊梅. 高职院校教学团队绩效影响因素研究[J]. 黑龙江高教研究，2012，30(10)：103-106.

(2015)基于 Lawler-Porter 综合激励模型构建了职业院校教学团队绩效评价模型。[①] 谢文德、徐琳(2016)从团队效能发挥的角度,提出需要满足三个要素:清晰的共同目标、相互依存性和共同的规范性。[②] 谢平芳(2016)从绩效评价角度,分析了专业教学团队绩效评价与教师个体绩效评价的差异,提出高职院校应明确思路,就专业教学团队工作设立独立的考评体系,注意评价过程和评价结果并重,公开绩效考核的制度、过程和结果,设定绩效评价方法和指标时坚持定性与定量相结合,有利于团队内部关系和谐发展。[③]

6. 关于高职院校高水平(优秀)教学团队的研究

高水平(优秀)是对教学团队建设的性质、要求、目标的界定。其一,高水平(优秀)教学团队的内涵界定方面,田恩舜(2008)提出了高水平教学团队建设的四个关键要素,即团队基础设施建设、团队规范建设、团队能力建设、团队文化建设,并指出要保证教学团队建设成效,必须要遵循学术权力和行政权力合理配置、教学与科研相结合、团队建设与教学建设相结合、规范管理与改革创新相统一的原则。[④] 徐玲(2011)明确了高水平(优秀)教学团队的内涵和特征,一是明确的发展目标,二是鲜明的团队精神,三是合理的梯队结构,四是丰富的教学成果,五是精湛的专业技能。[⑤] 王红玫、王志蔚(2011)认为,有效的团队目标、卓越的领军人物、和谐的团队文化、良好的外部条件和多维的绩效评价体系是高职院校优秀教学团队建设的五个关键因素。[⑥]

其二,高水平(优秀)教学团队建设的背景内容方面,董伟武(2014)研究指出,高校优秀教学团队建设源于本科教育政策性、客观性、本质性、主体性和内在性的多重需要。[⑦] 李鲜玲、张大田(2014)认为,高职院校优秀教学团队建设内容涵盖制定清晰合理的教学目标、创建良好的团队文化、组建合理的团队结构、确立合适的教学团队带头人、提供有力的教学团队建设保障五个方面。[⑧]

其三,高水平(优秀)教学团队建设的对策建议方面,郭英德(2011)从坚持教学与科研双向互动、规范课程设置、编写新型教材、建设教学资源、改革教学理念、提

---

① 徐旦.基于 Lawler-Porter 综合激励模型的职业院校教学团队绩效评价[J].职业技术教育,2015,36(22):44-48.

② 谢文德,徐琳.基于团队效能的高校教学团队建设研究[J].高教探索,2016(S1):120-121.

③ 谢平芳.高职专业教学团队绩效管理问题与解决途径[J].教育与职业,2016(17):57-59.

④ 田恩舜.建设高水平教学团队 切实提高教学质量[J].中国高等教育,2008(Z3):20-22.

⑤ 徐玲.以提升本科教学质量为目标的高水平教学团队建设研究[J].吉林省教育学院学报,2011,27(11):29-30.

⑥ 王红玫,王志蔚.高职优秀教学团队建设的五个关键因素[J].职业教育研究,2011(07):61-62.

⑦ 董伟武.高校优秀教学团队建设的多重需要探究[J].当代教育理论与实践,2014,6(03):53-55.

⑧ 李鲜玲,张大田.高职院校优秀教学团队建设[J].教育与职业,2014(36):67-68.

升教学方法、攻克科研难题等方面深入分析了国家级优秀教学团队的建设经验。[①] 张智、潘久政、姜运隆(2011)认为，校企共建优秀教学团队是高职院校发展的必然趋势，要合理选拔团队成员，改革绩效评价机制，优化教学资源，增强校企亲和力，强化团队创新能力，增强团队可持续发展能力。[②] 胡柏翠、周德强、周良才(2011)基于制度建设的内涵与作用，提出了高职院校优秀教学团队建设的针对性举措，即制定与教学团队建设相配套的制度，创造良好外部政策环境；建立教学团队自身建设制度，实现团队内部有效管理；加强教学团队制度文化建设，为教学团队提供有力保障。[③] 房喻等(2012)认为，高水平教学团队应适应创新人才培养需求，构建新的教学体系；适应新教学体系需求，构建高素质的综合性教师团队；科研与教学相结合，提升教学团队教学水平。[④] 董伟武、罗宗火(2012)厘清了高校优秀教学团队孵化的实然与应然状态，分别从理念、主体、结构、运行机制等不同视角探讨高校优秀教学团队孵化所需要的内外部条件，并以系统论的思维提出了高校优秀教学团队的革新之路。[⑤] 文春晖、李维、任国良(2013)基于空谈博弈的分析框架，从完善分配协调各方利益、完善内部管理制度、建立科学的聘任制度、建立人才培训机制、建立保障机制五个方面，提出了独立学院高水平教学团队的建设路径。[⑥] 吴志娟(2013)认为，优秀专业教学团队建设可以从三个方面着手：一是以开展学术研讨沙龙为活动平台，提高教学团队的科研能力；二是以精品课程建设和教改课题研究为项目平台，加大教育教学研究力度，提高团队成员的教学合力；三是以国家出台的若干人才培养规划为依托，加快教师进修深造步伐，培养高水平的师资队伍。[⑦] 李秋新、蓝士英(2018)认为，优秀教学团队建设需要关注师资队伍、学术交流、学术研究三项工作，并将此作为优秀教学团队建设的关键环节。[⑧] 严云洋、胡荣林等(2019)认为，有心、有意、有为、有舍、有得是一个优秀教学团队的基本要素，可以从选择和培养优秀的团队领导、吸引出色的团队成员、定位合理的共同愿景、形成良好的沟通机

---

① 郭英德. 教学与科研的双向互动——国家级优秀教学团队建设经验谈[J]. 中国大学教学，2011(11)：58-62.

② 张智，潘久政，姜运隆. 高职院校优秀教学团队的培育与打造[J]. 教育与职业，2011(32)：98-99.

③ 胡柏翠，周德强，周良才. 高职院校优秀教学团队建设的制度保障[J]. 职业技术教育，2011，32(11)：62-65.

④ 房喻，陈亚芍，胡道道，等. 建设高水平教学团队 不断提升课程教学质量[J]. 中国大学教学，2012(01)：49-52.

⑤ 董伟武，罗宗火. 高校优秀教学团队孵化论析[J]. 中国成人教育，2012(07)：15-19.

⑥ 文春晖，李维，任国良. 独立学院高水平教学团队建设——基于空谈博弈的一个分析框架[J]. 湖南科技大学学报(社会科学版)，2013，16(05)：171-174.

⑦ 吴志娟. 基于马克思主义大众化的高职院校优秀教学团队建设[J]. 教育与职业，2013(23)：77-78.

⑧ 李秋新，蓝士英. 有特色优秀教学团队建设研究——以江苏理工学院“中国古代文学”教学团队为例[J]. 江苏理工学院学报，2018，24(06)：77-79.

制、培育和谐的团队文化、建立健全相关的运行制度着手推进优秀专业教学团队建设。[①]

(二)关于高职院校科研团队的研究

为了加强高职院校的内涵建设,提升科研队伍的创新能力和竞争实力,促进高职院校科研工作的可持续发展,许多高职院校开始整合各类人才资源建设科研团队。具备集体智慧的科研团队不仅有利于保障高职的技术研发和应用,对于教师的专业发展也具有重要意义。近年来,越来越多的学者开始对高职院校科研团队进行研究。目前,学界针对高职院校科研团队展开的研究主要聚焦于以下三个方面。

1. 关于高职院校科研团队的内涵与意义研究

厘清高职院校科研团队的内涵是研究高职院校科研团队的首要任务。目前关于高职院校科研团队的名称尚未统一,主要有"科研团队""创新团队""科技创新团队""科研创新团队"等。孙本杰(2007)认为,科技创新团队是以科学研究与技术开发为工作内容,由技能互补、研究方向相同,并愿为共同的目标和目的而相互承担责任的科研人员组成的群体。[②] 晋琳琳(2010)指出,创新团队是一种进行知识探索的科研组织形式,它可以更好地依靠团队内部成员间的资源共享以及优势互补实现创新成果的不断产出。[③] 肖鑫鑫(2015)综合各学者的观点,结合事物的两面性,从正反两方面分析高职院校合作型科研团队的四个鲜明特征:知识的高度运用性和科研项目的风险性,科研目标的明确性和实施控制的复杂性,团队成员的高度协作性和团队绩效评价的困难性,团队成员的高度信任性和校企信息的不对称性。[④] 韦清(2015)提出面向协同创新的科研团队,并认为面向协同创新的科研团队的优化组织模式可分为四类:基于项目的团队模式、基于共同体的团队模式、基于实体的团队模式、基于联盟的团队模式。[⑤] 蔡小红(2017)介绍了高职院校科技创新团队的建设背景、意义和目标,并指出高职院校科技创新团队是由学科内及跨学科的知识和技术互补的、愿意为共同的科研目标而相互协作的以高职院校教师为主组成

---

① 严云洋,胡荣林,朱全银,等.地方应用型本科院校优秀教学团队建设思考[J].大学教育,2019(05):43-45.

② 孙本杰.地方高校创新团队建设的思考[J].中国成人教育,2007(17):33-34.

③ 晋琳琳.高校科研团队知识管理系统要素研究:来自教育部创新团队的实证分析[J].管理评论,2010,22(05):29-34+55.

④ 肖鑫鑫.论高职院校合作型科研团队的特征及其类型创新[J].教育与职业,2015(13):40-42.

⑤ 韦清.协同创新视阈下高职院校科研团队组织模式研究[J].金华职业技术学院学报,2015,15(03):11-14.

的群体。[①]

高职院校的科研现状决定了加强科研团队建设成为必然。王凤华、乔朋涛、杨芳、李靖靖(2010)认为,科研创新团队对教师发展、专业建设、人才培养等方面都具有重要作用,它是高职院校加强内涵建设,加快专业建设、课程建设步伐,深化教学科研等活动的基本条件和保障,是高职院校科研走向持续发展之路的内在动力和不竭的源泉。[②] 薛鹏(2012)认为,高职院校的科研团队是提高技术产能、创新技术的重要组织载体,也是高职院校科研文化的具体体现形式,对高职院校的发展具有重要的现实意义。[③] Willegems V 等人对九个教师科研团队中的十名教师进行了为期一年的研究,教师科研团队为教师提供了更好的学习环境,同时教师作为理论与实践之间的中介者角色,对于科研团队的发展具有重要作用。[④] 李玉龙、刘佳宁、王丽新(2019)认为,分类别、分层次培养和建设教学改革与科技创新团队,是高职院校不断激发科研活力、释放创新潜能、改革育人模式、促进师资建设、深化校企合作、助力产业发展最有效的途径。[⑤]

2. 关于高职院校科研团队的组建与管理研究

科研团队的组建是决定科研团队成败的关键。张登宏(2010)认为,高职院校应选拔科研能力强,具有管理能力的优秀教师或科技人员作为科研团队带头人与专业带头人,或直接采用引进和聘请的方式加以解决,再由科研团队带头人来选拔专业技术水平高、具有较强集体精神的人员组成科研团队。[⑥] 韩成标(2012)认为,要顺利地组建团队并保持成立的组织能够高效运行和持续发展,必须具备几个先决条件:一是可靠的专业团队组成成员、成熟的运行机制和足够的资金支持;二是团队负责人的选择和团队成员的遴选;三是有固定的文化纽带,也就是成员之间需要有共同的目标意愿;四是完整的资金链。[⑦] 袁霞(2013)从高职院校组建科研团队的现状出发,讨论了高职院校组建科研团队的措施,并指出高职院校应以行业企业需求为目标,发挥特色专业学科优势,组建以“双师型”专业教师为核心、高职院校

---

① 蔡小红.高职院校科技创新团队的建设[J].教育与职业,2017(01):63-66.

② 王凤华,乔朋涛,杨芳,李靖靖.高职院校科研创新团队建设与社会服务能力的提升[J].中国成人教育,2010(23):72-73.

③ 薛鹏.高职院校科研团队建设困境及对策研究:基于组织周期管理理论[J].中国职业技术教育,2012(27):93-96.

④ Willegems V, Consuegra E, Struyven K, Engels N. How to become a broker: the role of teacher educators in developing collaborative teacher research teams[J]. Educational Research and Evaluation, 2016, 22(3-4): 173-193.

⑤ 李玉龙,刘佳宁,王丽新.高职教师教育科研能力培养探析[J].教育与职业,2019(03):61-65.

⑥ 张登宏.高职院校科研反哺教学路径研究[J].职业技术教育,2010,31(17):75-78.

⑦ 韩成标.高职院校科研团队建设的思考与实践[J].科技管理研究,2012,32(20):120-124.

学生为主力军、企业技术骨干为帮手的科研团队。①

当前，我国高职院校组建科研团队大多处于起步阶段，如何管理好这些科研团队，是值得研究的问题。肖忠平、张苏俊、王昕明(2010)针对科研团队的管理提出了三条建议：从制度上保证科研团队的发展，加强科研管理部门的建设，建立良好的团队文化。② 刘建湘、胡蓉(2011)从科研团队的构建、激励、绩效评价、培训提升和团队文化等几个方面对其培养机制进行了探索。③ 岳贤田(2013)认为，要及时把科研团队的制度化、规范化管理工作落到实处，可以提高高职院校的科研管理水平和规范化程度，还可以大大调动广大教师的科研积极性。④ 张登宏(2010)基于对某高职院校的实证分析，提出要建立与业绩挂钩的分配激励制度，形成一套科学、客观、公正的专业技术人才考评体系，对人才价值贡献进行定量评价，以团队成员实际才能和贡献大小作为分配收入参照，要从以考核个人转向重点考核科研团队。⑤ 国外有学者对科研团队的管理也做了相关研究。比如 Zain M 等(2012)认为，科研团队的管理不能忽视对团队文化的研究，研究发现团队文化对团队内部竞争具有显著的推动作用，并且团队内部竞争会显著影响团队创新绩效。⑥ Wang K 等(2008)研究了不同组织内部环境对团队成员技术压力水平的影响，结果表明，内部管理更集中的团队成员通常会感受到更大的技术压力，且技术压力与团队创新绩效呈负相关。⑦

3. 关于高职院校科研团队建设的问题与对策研究

经过多年发展，我国高职院校教育规模不断扩大，科研实力显著增强，但在科研团队建设方面还存在诸多不足之处，需要进一步改进和完善。张振亚(2008)针对高职院校科研团队建设存在的问题，提出以下对策：在集成创新科研团队的建设中，应充分发挥学校师资队伍建设规划的引领作用，建立健全学校人才使用、评价、分配、激励竞争等方面的机制，对集成创新科研团队工作及管理给予保障，建立科学和谐的长效运行机制。⑧ 向敏、孙小娅(2011)阐述了高职院校科技创新团队建设中所面临的问题和制约因素，从科技管理与激励机制、科研团队绩效评价体系、科

---

① 袁霞. 高职院校科研团队组建现状与措施[J]. 职业教育研究，2013(08)：41-42.

② 肖忠平，张苏俊，王昕明. 关于高职院校科研团队结构模式的探讨[J]. 职业教育研究，2010(05)：9-10.

③ 刘建湘，胡蓉. 论高等职业教育科研基地研究团队的培养机制构建[J]. 职教论坛，2011(10)：24-27.

④ 岳贤田. 高职院校科研团队文化建设的策略研究[J]. 职教通讯，2013(11)：6-8.

⑤ 张登宏. 提升高职院校科研和技术服务能力的对策研究[J]. 黑龙江高教研究，2010(12)：36-38.

⑥ Zain M，Kassim N M. The influence of internal environment and continuous improvements on firms competitiveness and performance[J]. Procedia-Social and Behavioral Sciences，2012，65(12)：26-32.

⑦ Wang K，Shu Q，Tu Q. Technostress under different organizational environments：an empirical investigation[J]. Computers in Human Behavior，2008，24(6)：3002-3013.

⑧ 张振亚. 从集成创新视角探究高职院校科研团队建设[J]. 中国成人教育，2008(24)：20-21.

技创新平台等方面分析了构建高职特色科技创新团队的策略。[①] 曹可(2014)从队伍建设、外部环境建设、创新模式建设及激励机制建设四个方面展开讨论,阐述了基于创新能力提升的高职院校科技创新团队的培育策略。[②] 针对科研团队的科研能力提升问题,王晓地(2014)认为,要加强与同类高校、科研院所和企业进行横向联合、联合攻关、成果共享,在实战中锻炼和提高科研团队的科研能力。[③] 王华锋、宋嵘嵘(2014)基于问卷数据,对高职院校科研创新团队建设存在的主要问题进行了分析,主要体现在团队人员结构亟待优化、团队的产学研合作缺乏长效机制、团队的产学研合作缺乏科研创新平台支撑等。[④] 肖兆飞(2014)梳理了高职院校科研队伍建设现状,提出高职院校科研队伍应从更新观念、狠抓团队、加强交流、培育环境这几方面来建设。[⑤] 罗金凤(2014)认为,高职院校科研发展遇上了良好机遇,但也面临不少挑战,应从提高认识、培育特色科研队伍、加强团队核心能力建设、创建研发平台及动态奖惩等方面着手,加强高职院校科研队伍创新力度,进一步促进高职院校科研的飞跃发展。[⑥] 邱玉婷(2017)以重庆商务职业学院为例,对科技创新团队建设存在的主要问题及对策进行了研究,认为当前重庆商务职业学院科技创新团队建设存在科研意识、创新意识不强,科研成果质量不高,功利化思想明显,科研队伍能力薄弱等问题。[⑦]

(三)关于高职院校社会服务团队的研究

社会服务作为高职院校的职能之一,是人才培养和科学研究职能的延伸,也是高职院校核心竞争力的外在体现。王凤华、乔朋涛、杨芳、李靖靖(2010)[⑧]认为,无论高职院校以哪种形式开展社会服务,教师的作用都是举足轻重的,教师队伍质量的高低,直接决定其社会服务质量的高低。因此,高职院校社会服务功能的实现离不开教师。目前,理论界和管理者都很关注高职院校的社会服务问题,但现有的研究更多侧重于院校层面。通过文献梳理发现,教师层面关于社会服务的研究成果不仅数量较少,而且研究的深度和广度也不够,主要是围绕高职教师社会服务能力的研究,只有个别学者提到组建高职院校社会服务团队。

---

① 向敏,孙小娅.关于构建高职特色科技创新团队的策略分析[J].职教论坛,2011(11):77-78+81.

② 曹可.基于创新能力提升的高职院校科技创新团队培育策略[J].教育与职业,2014(36):34-35.

③ 王晓地.高职院校科研工作存在的问题与对策[J].职业技术教育,2014,35(23):70-72.

④ 王华锋,宋嵘嵘.高职院校科研创新团队建设模式初探[J].教育与职业,2014(30):85-87.

⑤ 肖兆飞.高职院校科研队伍建设的现状和对策[J].教育与职业,2014(05):37-38.

⑥ 罗金凤.新发展时期高职院校科研团队创新建设[J].教育与职业,2014(36):32-34.

⑦ 邱玉婷.高职青年教师科技创新团队建设——以重庆商务职业学院为例[J].中国高校科技,2017(S2):72-73.

⑧ 王凤华,乔朋涛,杨芳,李靖靖.高职院校科研创新团队建设与社会服务能力的提升[J].中国成人教育,2010(23):72-73.

1. 关于高职院校教师社会服务能力的研究

近年来，高职教师社会服务能力的建设工作有了长足的进步，逐渐引起了学者的关注。蔡玉俊、赵文平、刘燕(2015)从“双师型”教师的角度对高职院校教师社会服务能力进行了界定，即在完成学校教育教学和科研工作的基础上，为学校场域之外的科技成果推广、企业技术研发、生产实践指导等方面提供服务的能力，主要包括技术服务能力、培训服务能力和文化服务能力。[①] 曹如军(2013)对高校教师社会服务能力的内在构成进行了分析，认为教师要高水平地服务社会，不仅要求其具备与之相应的通用能力和可迁移能力，还须拥有前瞻能力、捕捉信息能力、成果转化能力以及与实践话语的融通能力等。[②] 段艳(2019)在分析广东省高等职业教育质量年度报告、广东省普通高等学校科研统计数据的基础上，探讨广东高职院校社会服务基本现状，并提出教师层面应坚持引进与培养并举，加强高职院校社会服务师资队伍建设。[③] 周锡飞、许辉(2016)以问题为导向，指出高职院校应通过建立开放式的高职院校教师引进与培养机制、采取合理有效的激励机制、搭建社会服务平台等途径，促进教师社会服务能力的提升。[④]

2. 关于高职院校社会服务团队组建的研究

对于高职院校社会服务团队的研究，目前只有少数学者涉及，对这一领域展开专门系统研究的研究者太少。韩成标(2013)认为，高职院校应该充分发挥学校学科专一、人才队伍丰富和科技对接快捷等优势，由同一产业关联的科技专家组成产业服务团队，从科研服务团队福利待遇、职称晋升、职务晋级及科研奖励等方面创造条件，从构建团队的成员组成年龄方面形成“老带中”“中带青”的科学梯队，形成“大群体”优势的产学研科技服务团队。[⑤] 金凌燕(2019)提出组建社会服务团队，以技术服务的提供为主导，借助产学研相融合的方式，实现各种科技成果到生产力的顺利转化，发挥专业教师在推动当地经济发展和社会服务等方面的能力。[⑥] 此外，姚红玲、张玉伟(2014)认为，高职院校科研创新团队应该发挥团队成员的专业特长和技术优势，为社会开展专业岗位培训、继续教育培训、技能鉴定与考核、技术支

---

① 蔡玉俊，赵文平，刘燕. 论高职院校“双师型”教师的社会服务能力[J]. 职业技术教育，2015，36(07)：50-54.

② 曹如军. 高校教师社会服务能力：内涵与生成逻辑[J]. 江苏高教，2013(02)：80-82.

③ 段艳. 协同创新视域下广东高职院校社会服务能力研究[J]. 职业技术教育，2019，40(09)：59-63.

④ 周锡飞，许辉. 高职院校教师社会服务能力提升对策研究——以浙江工商职业技术学院为例[J]. 职教通讯，2016(29)：66-68.

⑤ 韩成标. 基于后示范期的高职院校科研服务模式的构建——以江苏省为例[J]. 黑龙江高教研究，2013，31(11)：118-120.

⑥ 金凌燕. 基于校企合作的高职院校师资队伍建设研究[J]. 高教学刊，2019(05)：71-73.

持、项目制作等社会服务，提高技术服务层次和深度。[①]

(四) 关于高职院校教师团队的研究

在国际上，“教师团队”最早源于教师“同伴互助”(peer coaching)。美国、日本等是最早践行教师团队的国家，美国的“小组协同教学制”、日本的“课例研究”均是教师团队的雏形。20 世纪 50 年代，我国高校普遍建立教学研究组(室)，对制定教学政策和提高教学质量起到重要作用。随着我国教育改革的推进，人们对教师团队建设日趋认同，教育界对教师团队的相关问题展开研究。但是，目前的研究成果大多聚焦于大学、中小学层面，对于高职院校层面的研究相对较少，尤其是深入到专业层面对高职院校教师团队的研究就更少。

1. 关于高职院校教师团队内涵的研究

目前关于高职院校教师团队的内涵还未形成统一认识，学者们从不同角度阐述这一概念。严东强(2009)将高职院校教师团队定义为高职院校根据合理的学员结构、年龄结构、专长特点等，以学术问题为纽带，围绕一个课题或教学展开团队合作，是依据学科、专业、课程组建的一种紧密型的教师基层学术组织。[②] 陈立旦、陈开考(2012)认为，教师团队是高等职业院校、中等职业院校及其他职业技能培训机构的一种重要组织形式，是由专业带头人、骨干教师等一批专业素质高、实践能力强，为实现共同的高素质应用型人才培养目标，彼此分工协作相互依存的教师群体。[③] 刘予东、陈亚军(2017)认为，教师团队是由具有一定专业知识结构和专业技能的教师组成的一支相互协作、团结共进的群体。[④]

2. 关于高职院校教师团队建设的研究

国外关于高职院校教师团队建设的研究侧重于实证方面的分析和检验。Widmann A 和 Mulder R H(2020)在跨学科的职业教师团队中进行了三次纵向调查，认为团队学习行为和团队心理模型对教师团队建设的绩效有影响。[⑤] Bouwmans M 和 Runhaar P 等(2019)对荷兰的一所高职院校进行了调查研究，显示团队领导者在高职院校的团队建设实施和人力资源管理中具有关键作用。[⑥]

---

① 姚红玲，张玉伟. 校企合作下的高职教学科研创新团队建设[J]. 教育与职业，2014(15)：77-78.

② 严东强. 专业化视域下的高职教师和谐团队建设[J]. 职教论坛，2009(32)：61-62.

③ 陈立旦，陈开考. 职业教育教师团队建设研究[J]. 成人教育，2012，32(2)：38-39.

④ 刘予东，陈亚军. 高职院校青年教师团队化发展研究[J]. 教育与职业，2017(22)：83-86.

⑤ Widmann A，Mulder R H. The effect of team learning behaviours and team mental models on teacher team performance[J]. Instructional Science，2020，48(1)：1-21.

⑥ Bouwmans M，Runhaar P，Wesselink R，Mulder M. Leadership ambidexterity：key to stimulating team learning through team-oriented HRM? An explorative study among teacher teams in VET colleges[J]. Educational Management Administration & Leadership，2019，47(5)：694-711.

Murphy D L 等(2016)对教师团队建设的评价进行了研究,认为比较评价量表和强迫选择量表可用于测量教师团队的反思实践,且能够提升教师团队的反思水平。①

国内学者围绕高职院校教师团队建设进行了以下研究。一是高职院校教师团队的建设内涵。何农、冯拾松、傅拥军(2008)认为,专业教师团队建设是指以专业、课程为基础将教师划分为不同的群体,并将该群体作为一个相对独立的团队进行建设。② 二是高职院校教师团队的建设途径。官卫星(2009)提出,加强高职院校专业教师团队建设的有效途径主要包括精选团队共同目标、遴选团队专业带头人、构建合理的具有"双师"素质的师资梯队,通过科研项目促进团队建设,建立合理的教师评价制度等。③ 何侃(2010)运用复杂系统观分析了高职院校创新型教师团队建设的重要性和复杂性,并就如何建设高职院校教师团队提出了五项策略:以共同愿景的达成为基础、以专业发展的协作为重心、以教师资源的整合为平台、以团队精神的凝练为动力、以学术氛围的营造为底蕴。④ 郭天平、陈友力(2019)认为,高职院校打造高水平教师团队有以下途径:加强师德师风建设,实施教师分类培育,明确人才分类遴选标准,打造人才分类发展平台,强化人才分类考核。⑤ 三是高职院校教师团队的管理策略。左彩云(2014)针对高职院校教师团队的规范管理提出以下策略:夯实基础,养成良好的工作习惯;抓住重点,明确团队努力的方向;注重细节,塑造优良团队精神。⑥

3. 关于高职院校装备制造大类专业教师团队的研究

装备制造大类专业是高水平高职院校建设的重点领域,急需与专业定位相适应的高水平教师团队。由此,聚焦高职院校装备制造大类专业教师团队进行研究就显得十分有意义。但是纵观国内外研究,目前对于高职院校装备制造大类专业教师团队的专门研究还鲜有文献,远不能满足高职院校装备制造大类专业人才培养的需要。鉴于此,本书以高职院校教师团队为研究对象,聚焦装备制造专业这一大类,依据现状的调研结果,总体把握高职院校装备制造大类专业教师团队的现状,深入分析高职院校装备制造大类专业教师团队的建设成效及不足,并以问题为导向归纳影响教师团队建设的内外部因素,探索高水平教师团队的建设路径,从而为高职院校装备制造大类专业高水平教师团队建设提供理论思考和实践范式。

---

① Murphy D L, Ermeling B A. Feedback on reflection: comparing rating-scale and forced-choice formats for measuring and facilitating teacher team reflective practice[J]. Reflective Practice, 2016, 17(3): 317-333.

② 何农,冯拾松,傅拥军. 高职院校专业教师团队的建设[J]. 职业技术教育,2008,29(26):83-84.

③ 官卫星. 高职院校专业教师团队建设的意义与途径[J]. 中国成人教育,2009(22):78-79.

④ 何侃. 论复杂性视阈中的高职院校教师团队建设[J]. 教育与职业,2010(36):69-71.

⑤ 郭天平,陈友力. "双高计划"建设视域下高水平教师队伍分类管理培育机制研究[J]. 现代教育管理,2019(08):66-70.

⑥ 左彩云. 高职教师团队的规范管理[J]. 教育与职业,2014(20):71-72.

（五）国内外研究述评

国内外学者对高职院校教学团队、科研团队、社会服务团队、教师团队等的相关研究和探索，取得了一些重要研究成果，为进一步开展高职院校专业教师团队相关研究提供了良好的理论基础和可供借鉴的经验。但是，通过梳理可以发现，国外学者的研究主要是实证研究，不少研究采用教学实验的方法，进行了较为严格的教学实验设计，更多的是针对普通教育，专门围绕高职院校的研究成果较少。国内学者的研究倾向于思辨性研究，较多关注高职院校教学团队、科研团队，尚未聚焦到专业层面，因此相关研究还有较大的拓展空间。

1. 研究对象上有待分类聚焦

综观近年来国内外高职院校教师团队的相关研究，总体数量较多，其中以高职院校专业教学团队、科研团队为研究对象的研究成果相对较多，且研究层次较高，研究视角多维，研究相对成熟，这对于高职院校装备制造大类专业教师团队建设具有一定的借鉴意义。但高职院校专业教学团队和高职院校专业教师团队不是同一个概念，存在较大差异。鉴于高职院校装备制造大类专业教师团队建设具有自己的规律性，尤其是在“双师型”教师培育和从行业企业聘请的兼职教师等方面具有一定的特殊性，但是这方面的研究仍然鲜有文献。因此，要抓住国家级职业教育教师教学创新团队遴选契机，从专业类型的角度切入，使研究对象更加聚焦，深入开展某一专业类别教师团队建设的整体研究，尤其是要考虑装备制造大类专业的专业性和特殊性，对高职院校装备制造大类专业教师团队进行深入研究，从而更好地从实践层面指导高职院校装备制造大类以及其他类别专业教师团队建设工作的开展。

2. 研究内容上有待拓展深化

我国高职院校装备制造大类专业教师团队的相关研究目前还处于起步阶段。在研究概念上提法纷杂，尚未在专业层面形成对于教师团队的概念共识；在研究内容上缺乏对高职院校装备制造大类专业教师团队建设系统的理论研究，主要侧重于关注高职院校教学团队、科研团队的内部建设情况，从专业层面探讨高职院校教师团队建设的成果仍然较少，使得相关研究成果的普适性和实践指导意义不强。而理想的研究状态是既有宏观层面的研究，也有微观层面的探讨；既有关于现象的研究，也有对背后本质的阐述；既有外部现象的研究，也有内生问题的剖析；既有理论研究的深度，也有实践经验的总结。未来，高职院校教师团队的研究应当在全面了解建设现状的基础上重视研究的系统性和综合性，加强理论研究的深度，系统研究高职院校教师团队内外部影响因素及其关系，形成关于高职院校装备制造大类专业教师团队建设的内涵、原则、内容、功能、路径等的共识，提升理论对实践的指导作用。

3. 研究方法上有待多元融合

采用什么研究方法是任何研究必须要考虑的首要问题，是研究结果获得的方式途径。什么样的问题，如何看待问题，决定了研究应当采用什么方法，而且研究越深入，对研究方法的要求也越高，更期待多维学科视角的审视。经分析，当前国内高职院校装备制造大类专业教师团队的相关研究仍处于初始阶段的经验性研究，缺乏实证研究。今后的研究在方法上，一方面应注重实证研究，通过调研、访谈等多种方法，掌握充足的素材和资源，客观、准确、全面地呈现高职院校装备制造大类专业教师团队建设的情况，总结成效成果，深挖本质问题；另一方面应倡导多学科的跨界研究，拓展研究视角，促进方法多元融合，以期为高职院校装备制造大类以及其他类别专业教师团队建设提供新的思路和方法。

四、研究设计

（一）研究目的

目的一：基于各类研究成果和资料，厘清高职院校专业教师团队的概念、特征、功能和标准，高水平到底如何体现，如何评价。

目的二：运用教育内外部关系规律理论和三角协调理论等，建构高职院校专业教师团队内外影响因素的分析框架，分析教师团队建设主要受到哪些因素影响，如何影响，影响程度如何，彼此之间存在怎样的关系。

目的三：通过问卷调查、访谈和个案研究，了解当前高职院校装备制造大类专业教师团队的整体现状，分析面临的现实困境及其作用机制，总结提炼可复制、可借鉴的成功经验。

目的四：在现状、问题、归因和经验等研究的基础上，提出高职院校装备制造大类专业教师团队建设的对策和建议等。

（二）理论基础与概念架构

与专业教师团队建设比较契合的理论有很多，如教育内外部关系规律理论、三角协调理论、生态系统理论、群体动力理论、学习型组织理论、人力资本理论、社会认同理论、组织协作理论等。基于高职院校专业教师团队建设既受外部因素影响，又受内部因素影响，特别是与所在区域的地方政府以及产业发展等密切相关，所以本书主要选取以下两个理论作为研究的理论基础。

1. 教育内外部关系规律理论

教育内外部关系规律理论是我国教育学界泰斗、高等教育学科创始人潘懋元于20世纪80年代在湖南大学讲学时正式提出的，是研究教育问题尤其是高等教育问题需要普遍遵循的理论。教育内外部关系规律理论的主要内容为：

第一，教育的外部关系规律，即教育必须受一定社会的经济、政治、文化等所制约，并对一定社会的经济、政治、文化等的发展起作用，以促进社会的进步。此规律的核心要义是教育要与社会的发展相适应，教育系统作为一个子系统与整个社会系统及其他子系统产生相互关系。

第二，教育的内部关系规律，即教育作为一个相对独立的系统，其内部各个因素或子系统之间的关系的规律。此规律的具体内容包括：从教育功能看，是教育者代表社会需要所提出的教育要求和受教育者的身心发展特点与需要之间的矛盾、关系；从教育过程看，是教育者(教师)与受教育者(学生)以教育影响(教材、教法、教育组织、教育环境等)为中介进行活动的矛盾、关系；从学校教育管理看，是管理者与被管理者的矛盾、关系等。①

总体来讲，内部关系规律的运行受外部关系规律制约，外部关系规律发挥作用需要通过内部关系规律来实现，教育的内部关系规律和外部关系规律相互作用。高职院校装备制造大类专业教师团队建设既受一定社会的经济、政治、文化等所制约，又要主动适应一定社会的发展，承担起应有的社会责任；同时，高职院校装备制造大类专业教师团队建设需要处理好院系与专业、专业群与专业、专业教师与专业教师、专业教师与兼职教师、人才培养与社会服务、建设基础与开拓创新等一系列的内部关系。

2. 三角协调理论

三角协调理论是美国高等教育学家伯顿·R.克拉克在《高等教育系统：学术组织的跨国研究》(1983)一书中提出的。他认为，高等教育发展主要受政府权力、市场力量及学术权威三种势力的影响。政府、市场及学术权威这三种势力合成一个协调三角形，每个角代表一种形式的极端和其他两种形式的最低限度，三角形内部的位置代表三个因素不同程度的结合。他强调指出，各国高等教育的发展各有偏向，其在三角协调模式内部所居的位置，代表的是上述三种力量不同程度的结合。②根据伯顿·R.克拉克高等教育系统三角协调理论，在高职教育领域，政府、行业企业、高职院校是专业教师团队建设不可或缺的重要外部影响力量，如图1-2所示。事实上，高职院校专业教师团队建设确实是多种力量相互作用的产物。以装备制造大类专业教师团队建设为例，不同地区、不同的产业规划、不同的支持力度、不同

① 潘懋元，王伟廉. 高等教育学[M]. 福州：福建教育出版社，2013：31-48.

② 伯顿·R.克拉克. 高等教育系统：学术组织的跨国研究[M]. 王承绪，等，译. 杭州：杭州大学出版社，1994：156-161.

的市场需求度等外部因素，都会不同程度地影响专业教师团队建设的成效。

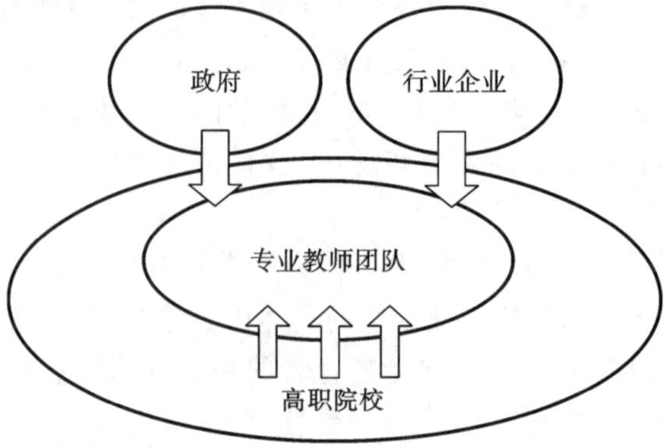

图 1-2　高职院校专业教师团队建设的概念架构

五、研究思路与方法

（一）研究思路与技术路线

1. 研究思路

本书遵循“提出问题、分析问题、解决问题”的思路，从背景分析、现状调查、个案研究、困境分析、对策研究五个方面展开。

（1）背景分析：在世界新一轮科技革命、产业变革以及中国实施制造强国战略的大背景下，分析制造业转型升级、技术技能积累和职业教育的挑战与应对。

（2）现状调查：通过问卷调查和文本资料分析，分析不同层次、不同类型、不同区域高职院校以及不同层次专业教师团队建设动因、建设环境、建设策略与建设成效的特征归结和差异表征，以及建设动因、建设环境、建设策略、建设成效之间的相互关系等。

（3）个案研究：在前期调研的基础上，按照典型性抽样原则，选取浙江、湖南、四川、江西等东中西部地区相关高职院校五个比较有代表性的装备制造大类专业教师团队，结合深度访谈和文本资料分析，分析其建设背景与环境、专业基础和创新策略、成效亮点和目标规划等；然后运用教育内外部关系规律理论和三角协调理论，概括分析高职院校装备制造大类专业教师团队建设的主要内外部影响因素及其作用机制。

（4）困境分析：在现状调查、深度访谈和多个案研究的基础上，结合前人的相关研究基础，概述专业教师团队的建设成就，深入分析专业教师团队建设的现实困境。

(5) 对策研究：立足发展现状，在对建设背景与环境、影响因素、现实困境等深入分析的基础上，从强化政府引导、深化产教融合、细化院系治理、优化运行机制等方面提出高职院校装备制造大类专业教师团队建设的多维路径。

2. 技术路线

本研究的技术路线如图1-3所示。

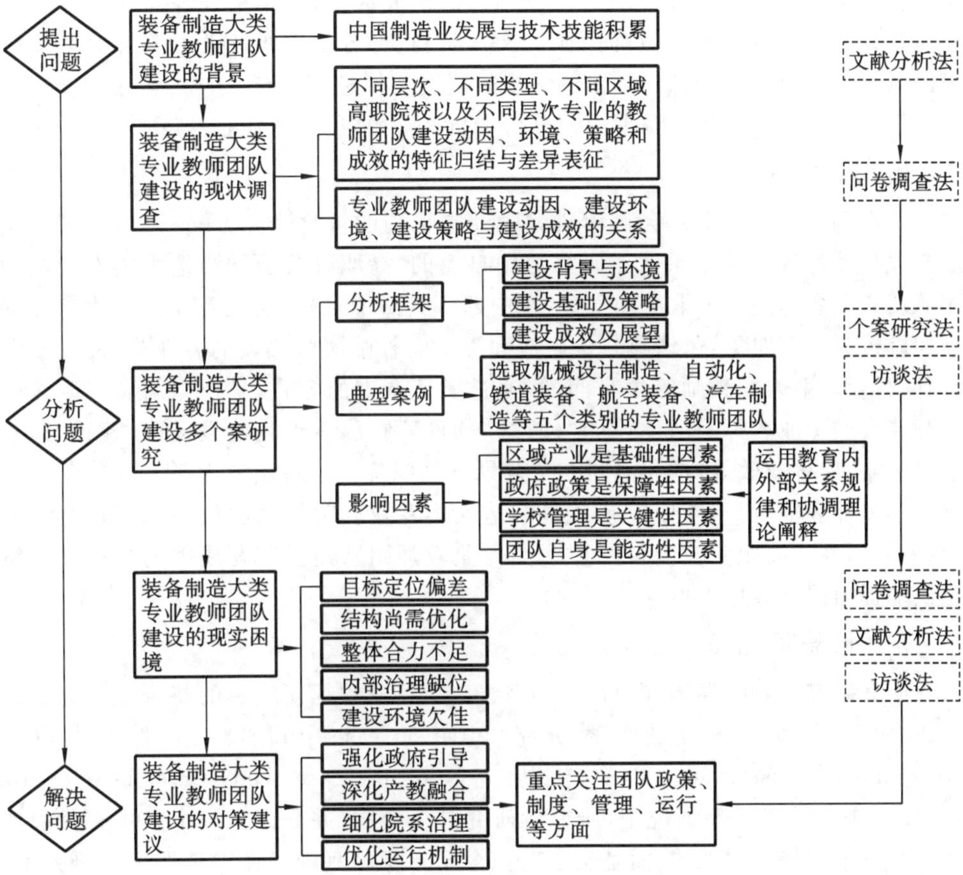

图1-3　技术路线图

(二) 研究方法

研究方法是从事研究的计划、策略、手段、工具、步骤以及研究过程的总和，是研究的思维方式、行为方式以及程序和准则的集合。本研究采用量化研究与质性研究相结合的方法，连接质性资料与量化资料，具体主要运用以下四种方法。

1. 文献分析法

文献分析法是教育研究最基本的方法。本书收集大量和教师团队建设有关的文献资料,并对这些资料进行系统的分析和整理,以便了解当前相关研究的进展,明确研究意义,为本书确定新的研究视角、研究框架和理论基础等。梳理“团队”“教学团队”“专业教学团队”“教师团队”等概念之间的逻辑关系,为本书提供理论引导。除了关注与专业教师团队建设相关的研究成果外,本书还注重对高水平专业群建设方案中有关专业教师团队的文本资料、部分国家级职业教育教师教学创新团队申报书以及政府部门和案例学校的制度文件进行分析,同时,运用教育内外部关系规律理论和三角协调理论等分析视角,为本书提供更好的思路和方向。

2. 问卷调查法

问卷调查法是人文社会科学研究中经常采用的量化研究方法,可以获得精确度与概括性都较高的结果。本研究运用自编的“高职院校装备制造大类专业教师团队调查问卷”,随机抽取全国部分(东中西部共四个省)开设装备制造大类专业的高职院校为调查对象,邀请与装备制造大类专业教师团队相关的专业带头人、专业教师、行业企业兼职教师等填写问卷,通过实证调查的方式,呈现当前高职院校装备制造大类专业教师团队建设的“硬件”“软件”情况,重点是建设动因、建设环境、建设策略、建设成效等,描述不同变量背景下高职院校装备制造大类专业教师团队建设的差异表征,揭示高职院校装备制造大类专业教师团队建设各个因素之间的因果关系,并为高职院校装备制造大类专业教师团队建设问题成因的分析和对策建议的提出提供数据支撑。

3. 个案研究法

个案研究是对问卷调查的补充和完善。斯特克根据研究目的将个案研究分成三种类型,分别是内在的个案研究(intrinsic case study)、工具性个案研究(instrumental case study)和多个案研究(multiple case study or collective case study)。在内在的个案研究中,研究者研究某个个案,并非因为该个案具有代表性或是具有某种特殊的性质,而是出于对该个案本身的兴趣。在工具性个案研究中,研究者更多地将个案当作探讨某种议题、提炼概括性结论的工具,对于个案本身的兴趣退居次要地位。多个案研究实际上是一种更为极端的工具性个案研究,研究者旨在研究某个总体或一般情况,对于特定的个案本身则没有什么兴趣。① 对个案的深描可以生动展现相关专业教师团队建设的实然状况,有助于进一步阐释不同变量背景下高职院校装备制造大类专业教师团队建设产生差异的原因;通过个案

① 卢晖临,李雪.如何走出个案——从个案研究到扩展个案研究[J].中国社会科学,2007(01):118-130+207-208.

研究能够鲜活呈现教师团队建设各个维度之间是如何相互影响的，有助于探讨教师团队建设各个因素之间的相互关系。另外，多个案研究可以更深入地理解过程与结果，还有机会检验研究假设（不只是发展而已），也便于了解扎根于当地的因果关系。[①] 同时，多个案研究可以提高研究的概括化程度，增强研究发现的适切性与可应用性，更为根本的是可以加深理解和解释。多个案研究不仅可以确认该研究发现会在哪些特定条件下发生，而且还可帮我们建立起普遍性更高的类目，告诉我们哪些特定条件是以怎样的方式彼此关联起来的。[②] 本书在初步参考状态数据、高职高专招生专业设置备案数据和《双高计划》申报材料等重要文献资料的基础上，根据异质性典型案例抽样原则，兼顾东中西部地区差异，有目的地选择五所高职院校中机械设计制造、铁道装备、航空装备、汽车制造、自动化等五个装备制造大类专业的专业教师团队作为研究对象（见表 1-3），结合访谈、实地考察、制度文本分析等，对五个专业教师团队建设的动因、环境、策略、成效、问题、经验等进行研究，并做深入描述。

表 1-3　高职院校装备制造大类专业教师团队典型个案研究对象

序号	省份	学校	专业类别	所属专业
1	浙江省	××职业技术学院（地方综合类）	机械设计制造类	机械制造与自动化
2	湖南省	××铁道职业技术学院（行业类）	铁道装备类	铁道机车车辆制造与维护
3	四川省	××航空职业技术学院（行业类）	航空装备类	飞行器制造技术
4	浙江省	××职业技术学院（地方综合类）	汽车制造类	汽车制造与装配技术
5	江西省	××职业技术学院（地方综合类）	自动化类	机电一体化

4. 访谈法

开放性的深度访谈是质性资料收集的重要方法。本研究用自编的访谈提纲（重点关注学校情况、团队情况和影响因素等，详见附录 C），分别对五个专业教师团队

① [美]迈尔斯，[美]休伯曼. 质性资料的分析：方法与实践[M]. 张芬芬，译. 重庆：重庆大学出版社，2008：37.

② [美]迈尔斯，[美]休伯曼. 质性资料的分析：方法与实践[M]. 张芬芬，译. 重庆：重庆大学出版社，2008：235.

的院系领导、专业带头人、专任教师、行业企业兼职教师、公共基础课教师等进行访谈，并尽可能深入现场进行参与式观察，了解和分析多主体对于专业教师团队建设的认识和观点等，不断丰富、深化和验证研究结论。

第二章　中国制造业发展与技术技能积累

制造业是一个国家经济增长的主要源泉，是一个国家综合实力的重要体现，是构筑未来发展战略优势的重要支撑，对于实现百年强国梦具有十分重要的战略意义。经过几十年的积淀和发展，我国已经从一个制造业非常薄弱的国家一跃成为世界第一制造业大国，建立了门类齐全、独立完整的工业体系，涌现了一批重大科技成果，有力推进了现代化和工业化的进程。毋庸置疑，辉煌成就的取得离不开数以亿计高素质劳动者和技术技能人才的强力支撑。但当前我国技术技能人才严重短缺，而且随着新一轮科技革命和产业革命进程的加快，技术技能人才短缺的矛盾将更加凸显，不仅仅体现在数量上，更体现在结构上、能力上和素质上。从技术技能人才供给和培养的角度看，这对高职院校技术技能人才的培养和师资队伍建设提出了更高的要求，尤其是师资队伍。教师是教育的第一资源，高质量的教育来源于高质量的教师队伍，也只有一流的教师队伍才能培养出一流的技术技能人才。

第一节　制造业发展与产业转型升级

党的十九大报告明确指出，我国经济已由高速增长阶段转向高质量发展阶段，正处于转变发展方式、优化经济结构、转换增长动力的攻关期。制造业作为国家经济发展的重要战略支撑，经过几十年的探索和发展，取得了举世瞩目的发展成就，但新的背景下还面临着转型升级的严峻挑战。

一、制造业发展取得的历史成就

中华人民共和国成立 70 多年来，尤其是改革开放 40 多年以来，我国制造业慢慢复苏并走向崛起，创造了经济发展的奇迹，建成了全球最完整的工业体系，拥有 39 个大类、191 个中类和 525 个小类，是全世界唯一拥有联合国产业分类中全部工业门类的国家，既为我国经济发展和国力增强提供了重要保障，也为全球经济稳定和繁荣做出了重要贡献。

1. 制造业国际地位和影响攀升

我国制造业发展历程不长，却成了名副其实的第一大制造业国家，赢得了“世界工厂”的称号，为世界经济发展注入了强劲的动力，主要表现在两方面。首先，全球制造业增加值占比不断攀升。改革开放初期，我国制造业增加值仅为599.7亿美元；1990 年达到 1165.73 亿美元，占全球制造业增加值的 2.7%。2000 年，我国制造业增加值在全球制造业增加值中占比仅 6.6%，远远低于占比 26.5%的美国和占比 17.1%的日本，也低于占比 6.9%的德国，位居世界第四。随后，中国制造业发展进入了加速阶段，超越了德国，超越了日本，居全球第二。2010 年，我国制造业增加值在全球占比达 19.8%，超越美国，跃升为世界第一制造业大国。2018 年，我国制造业增加值约为 4.6 万亿美元，占全球制造业增加值的 30%，位列全球第一，远超占比 17%的美国和占比 8.2%的德国。中国对全球制造业增长的贡献率也从 2000—2008 年的 27%上升到 2008—2018 年的 55%。

其次，我国在全球价值链中的地位稳步提升。一方面是我国制成品出口额激增。1980 年，我国制成品出口额仅为 87 亿美元，占世界制成品出口额的 0.8%，仅居世界第 21 位，是当时排名第一的德国制成品出口额的 5.38%。2000 年，我国制成品出口额上升至 2198.59 亿美元，是改革开放初期的 25 倍多，在世界制成品出口额中的占比上升至 4.96%。2008 年起我国制成品出口额在全球占比一直居首位。2016 年，我国制成品出口额上升至 19 924.44 亿美元，制成品出口额已是排名第二的德国的 1.75 倍，占世界制成品出口额的 18%。① 另一方面是我国制成品出口结构重大调整。改革开放初期，我国商品出口以农产品、矿产品等初级产品为主。但随着我国制造业生产体系不断完善，再加上产业研发和核心技术的创新，产业价值链正朝着价值链上游发展，轨道交通装备、电力设备产品、电信设备等一些高技术含量的制成品开始走向世界，并逐步朝着制造业高端化和优势产业品牌化的方向发展，全球市场份额占比大幅度提升，使我国成为全球价值链垂直分工格局下重要的制造业基地。

作为世界工厂，我国在全球产业链中占据重要位置，国际影响力也呈递增态势。2020 年新型冠状病毒性肺炎突发，疫情来势汹汹，WHO 将此次疫情认定为“国际公共卫生紧急事件”，虽不建议实施旅行和贸易限制，但对出口造成了较大影响，也在一定程度上表征了我国制造业对全球生产的重大影响力。为切断病毒传播途径，避免出现大规模的感染人群，我国 31 个省（区、市）第一时间启动应急预案，通过隔离管制方式严防疫情扩散。据统计，因疫情明确延长停工停业的地区达 80%以上，国内企业停工严重影响了全球产业链的供应。以汽车制造业为例，中国是全球汽车制造的主要零部件供应商，工信部 2018 年《中国汽车零部件产业发展研究》显示，我国汽车行业零部件市场规模已超过 4 万亿元，零部件年出口额接近 350 亿美元，相关企业超过 10 万家，实现了 1500 多种产品的覆盖。但受疫情影响，我国零部件的供应中断，不仅使得国内大批车企停产，还导致日本福冈日产、韩国

① 丁文珺，杜志明. 我国制造业发展四十年：成就、新形势与转型思路[J]. 经济纵横，2018(08)：70-79.

现代、韩国起亚等多个工厂停产，其停产时长也取决于我国恢复生产的时间。据《经济观察报》报道，圣彼得堡从事轴承、齿轮等精加工制造的工厂也在焦急地等待我国三十家供应商复工。疫情防控不仅仅是一场全民健康保卫战，更是中国制造业的保卫战，关系到中国供应链的地位，也关系到全世界的工业发展状态。可见，我国经济深度嵌入全球产业链，是全球制造业产业链的关键环节，与世界经济发展关联密切，且影响巨大。

2. 制造业结构调整升级促增长

制造业发展的过程伴随着结构的不断调整升级。初始阶段，我国实施以消费品为主的轻工业优先发展战略。20 世纪 90 年代，重加工制造业获得快速发展。当前，我国制造业正从以劳动密集型行业为主逐步向资本密集型行业、技术密集型行业转型升级。2017 年，我国高端装备制造业销售收入超过 9 万亿元，在装备制造业中占比达 15%，复合增长率达到了 32.3%，实现了又一次跨越式增长。[①] 2018 年，高技术产业与装备制造业投资继续保持两位数增长，在全年规模以上工业中，高技术制造业与装备制造业的增加值分别增长 11.7%和 8.1%，占规模以上工业增加值的比重分别为 13.9%与 32.9%。2013—2018 年，我国高技术产业、装备制造业增加值年均分别增长 11.7%和 9.5%。[②] 上述数据的变化不仅显示了我国制造业结构调整的步伐加快，还意味着制造业结构调整正朝着中高端方向迈进。同时，制造业产业结构的调整和转型升级也为我国经济持续稳定发展注入了强劲动力，如表 2-1 所示。从 GDP 年均增长看，我国 GDP 年均增长经历了 1991—2000 年和 2001—2010 年 10%左右的高速增长后，逐渐进入了中高速发展阶段，2011—2017 年 GDP 年均增长为 7.51%。从制造业对经济增长贡献百分点看，2011—2017 年制造业对经济增长贡献百分点为 5.65，相比 1978—1990 年的 1.83，增长了 2 倍多。从经济增长来自制造业的贡献率看，从改革开放至今，经济增长来自制造业的贡献率逐渐递增，且增幅加快。1978—1990 年的贡献率仅为 20.3%，1991—2000 年和 2001—2010 年的贡献率相差无几，分别是 32.9%和 32.7%，而 2011—2017 年的贡献率高达 53.4%。可见，制造业是国民经济的基石和动力，高贡献率源自制造业的结构调整和转型升级。没有强大的制造业，经济的高速发展和高质量发展也就无从谈起。

---

① 中国工业新闻网. 制造业增长势头明显 需突破瓶颈再发展[EB/OL]. http://www.cinn.cn/zbgy/201805/t20180508_186825.html，2018-05-08.

② 胡迟. 中国制造业发展 70 年：历史成就、现实差距与路径选择[J]. 经济研究参考，2019(17)：5-21.

表 2-1　我国制造业发展对经济增长的贡献[①]

时间/年	GDP 年均增长/(%)	制造业对经济增长贡献百分点	经济增长来自制造业的贡献率/(%)
1978—1990	9.01	1.83	20.3
1991—2000	10.43	3.43	32.9
2001—2010	10.07	4.98	32.7
2011—2017	7.51	5.65	53.4

3. 部分关键领域技术水平领先

对于一个国家而言，制造业强则国力强，国力强则国际竞争力强，特别是一些关键核心技术，更是国之重器，成为国际竞争的焦点，也是衡量国家综合国力的重要标准。《2019 年全球创新指数》显示，我国在领先的创新国家中稳占一席之地，居全球第 14 位，超过日本、法国等国家，较 2018 年上升 3 个位次。

十二五、十三五期间，我国高端制造业五个重点领域取得了历史性的突破，一批大国重器相继问世。第一，航空装备制造业领域。神舟五号、神舟六号、神舟七号、神舟九号、神舟十号、神舟十一号等的成功发射，不断刷新我国航天事业的新突破和新成就，我国成为世界上第三个独立掌握载人航天技术、空间出舱技术、开展空间实验的国家。第二，卫星及应用领域。我国近些年完成了探月、载人航空器交会对接、一箭多星、北斗卫星导航等大型项目。第三，海洋工程装备制造业领域。蛟龙号成功下潜至七千多米深度，标志着我国成为继俄罗斯、美国、法国、日本之后又一个载人深潜强国。第四，智能装备制造业领域。我国工业机器人产业正处于高速发展态势，成为全球第一大工业机器人市场。2018 年中国工业机器人市场累计销售工业机器人 15.6 万台，占全球的比重达到 36%，遥遥领先于日本(13%)、美国(10%)、韩国(9%)和德国(6%)，年销量连续第六年位居世界首位。此外，我国工业机器人领域的研发实力不断增强，自主品牌率和市场占有率不断提升。据中国机器人产业联盟(CRIA)与国际机器人联合会(IFR)统计，2018 年我国自主品牌机器人销售 4.36 万台，同比增长 16.2%；外资机器人销售 11.3 万台，同比下降 7.2%，两者占比分别为 27.88%和 72.12%。其中自主品牌机器人在市场总销量中的比重比上年提高 4.3 个百分点。[②] 未来，我国自主品牌机器人将占据绝大部分市场销量的份额。第五，轨道交通装备制造业领域。近些年，我国高铁事业迅猛发

① 丁文珺，杜志明. 我国制造业发展四十年：成就、新形势与转型思路[J]. 经济纵横，2018(08)：70-79.

② 中国产业经济信息网. 机器人本体国产替代未来可期：2019 年中国工业机器人行业市场现状及发展前景分析[EB/OL]. http://www.cinic.org.cn/hy/jd/717868.html，2020-01-25.

展，铁路网从“四横四纵”升级为“八横八纵”。2017 年 6 月，我国完全自主研发的“复兴号”高铁投入运营，创造了我国高铁技术的新高度。除此之外，中国天眼、风力发电技术、人工智能、超级计算机等装备产品技术水平已居全球前列。可见我国拥有了部分高端领域技术水平领先的实力和优势，具备较广阔的发展前景和较大的发展动能。

这些辉煌成就的取得离不开以下方面的长期努力。一是政府重视和政策支持。2015 年，我国印发了实施制造强国战略第一个十年行动纲领《中国制造2025》，随后又陆续出台了《“互联网＋”人工智能三年行动实施方案》《智能制造发展规划(2016—2020 年)》等一系列指导性文件。党的十九大报告也明确提出：“要加快建设制造强国，加快发展先进制造业。”为全面落实《中国制造 2025》战略，我国通过建立纵向联动、横向协同的工作机制，创建“中国制造 2025”国家级示范区，成立制造业专项支持资金和深化“放管服”改革等举措，充分释放政策红利，不断完善制造业转型升级的市场环境和制度环境。二是研究经费投入持续高涨。制造强国建设依靠创新驱动，制造业是技术创新的主战场，是创新最为集中和活跃的领域。随着制造业深度融入全球价值链体系，要想显著提升我国制造业创新能力，从根本上解决技术“卡脖子”问题，必须要加大科研经费投入力度，增强科研产出效率。改革开放 40 多年来，我国研发经费投入呈几何速度增长。1978 年，我国研发经费支出仅 52.89 亿元，1992—2017 年年均增幅达到 20.3%，超过同时期 GDP 年均增速(现价)5.3 个百分点。2018 年我国研发经费支出 19 657 亿元，与 2017 年的 17 606 亿元相比增长了 11.6%，整体上已经达到中等发达国家水平，成为仅次于美国的世界第二大研发经费投入国家。三是企业研发水平不断增强。企业是技术创新的主体，技术创新离不开创新制度环境的支持。2016 年，我国出台了《关于完善产权保护制度依法保护产权的意见》，随着国家对知识产权的重视和知识产权保护体系的完善，越来越多的制造业企业在积极参与国际竞争中茁壮成长，抢占国际市场份额，全球制造业竞争力领先。一些企业在生产规模、研发水平、管理能力及市场拓展等方面已成为制造业各领域的领头羊。[①] 2017 年，我国规模以上工业有效发明专利数 93.4 万件，比 2004 年增长 29.8 倍。据世界知识产权组织发布的报告显示，2017 年中国成为第二大国际专利申请国，仅排在美国之后。部分产品技术已达到国际先进水平。[②] 就人工智能领域，《2020 人工智能中国专利技术分析报告》显示，截至 2019 年 10 月，中国人工智能专利申请量累计 44 万余件，成为这一领域专利申

---

① 林桂军，何武.全球价值链下我国装备制造业的增长特征[J].国际贸易问题，2015(06)：3-24.

② 国家统计局社科文司.科技进步日新月异 创新驱动成效突出——改革开放 40 年经济社会发展成就系列报告之十五[R/OL].http://www.gov.cn/xinwen/2018-09/14/content_5321857.htm，2018-9-14.

请量最多的国家。2018 年专利申请量为 94 539 件，是 2010 年申请量的 10 倍。[①]

二、制造业转型升级面临的新形势

我国制造业发展在规模上占有绝对优势，但“大而不强”却是不争事实。进入新时代，一方面国际环境复杂多变、竞争加剧、危机暗藏，另一方面国内环境虽然稳定和谐，但我国仍然是发展中国家，尚未完成工业化任务。《中国制造 2025》意味着我国既要为工业 2.0 和工业 3.0 补课，更要面向工业 4.0 赶超发展。因而，在由“量的积累”向“质的提高”、“中国制造”向“中国智造”、“制造大国”向“制造强国”迈进的过程中必将面临质量变革、效率变革和动力变革等新的挑战。

1. 全球制造业发展格局的深刻变革

新一轮产业与技术革命的兴起，引发了制造业生产模式、组织方式、产业形态的变革，继而带来全球制造业发展格局的深刻改变。为应对新一轮工业革命的挑战，抢占国际竞争制高点，世界各国纷纷掀起了再工业化的浪潮，从国家层面制定了产业转型升级的政策，如美国的《先进制造业国家战略计划》、德国的《工业 4.0 战略实施建议》、日本的《制造业白皮书》、英国的《工业 2050 战略》和法国的《新工业计划》等。这些不同国家的“工业 4.0”战略都有着共通的内容和目标，全都聚焦于制造业的自动化、智能化和智慧化。我国也紧紧抓住国际产业分工格局重塑这一重大历史机遇，第一时间印发《中国制造 2025》，部署全面推进实施制造强国战略。国际形势的变化为我国制造业抢占全球价值链高端提供了发展契机，因为没有一个国家能够在所有的产业及产业链的所有环节都占据高端位置，但同时也面临着“高端回流”和“中低端分流”双重压力的挑战。一方面，2008 年国际金融危机后，发达国家不得不重新思考制造业的价值。为重振经济和防范金融风险，纷纷实施以重塑制造业优势为重点的“再工业化”和“制造业回归”战略，力图通过新技术和制造业的融合从中高端发力抢占制造业领域国际竞争的制高点。在发达国家各项政策举措下，部分中高端产业已开始出现转移回流，[②]且回归的企业数量逐年攀升，使得我国制造业出口增长停滞甚至萎缩。另一方面，东南亚等一些新兴国家将在新一轮国际分工中获利，如印度、孟加拉国、越南、柬埔寨、菲律宾等。相对劳动成本是研判一个国家制造业竞争力的重要指标。近十年来，我国制造业的劳动力成本年均增速要比全球增速高出 6 个百分点。随着我国劳动力、土地等生产要素成本升高，越来越多的企业将制造业中低附加值的环节转向工业成本、用地成本、

---

① 中国产业经济信息网. 智能制造：机器人发展的重要推手 走到我们每一个人的身边来[EB/OL]. http://www.cinic.org.cn/hy/jd/722131.html，2020-2-2.

② 吴特. 中国制造业结构经历深度调整[J]. 中国工业评论，2017(12)：20-28.

能源成本和税负成本更低的地区和国家，如富士康、仁宝、三星等大型企业都已经开始在印度、柬埔寨、越南等国投资设厂。与我国相比，这些国家并不具备完整的产业链、基础建设、工艺水平、成熟的技术工人、较大的国内外市场容量、管理体系等生产优势，但这些国家正值人口红利黄金期。截至 2014 年，中国大陆地区的劳动力正常月薪平均数达到了 685 美元，而同期该数字在越南为 212 美元、菲律宾为 216 美元、泰国为 408 美元。① 这些国家凭借大量廉价劳动力的释放而异军突起，正吸引着全球制造业的转移。目前形势下，虽然没有出现因为这些国家劳动力成本低下而导致我国制造业成规模外流的现象，它们也很难在短时期内取代“中国制造”的世界地位，但确实给我国传统制造业发展带来了转型升级的压力。

2. 我国制造业转型升级的严峻挑战

在新一轮科技革命、产业变革与经济发展动力转换形成历史性交汇的关键时期，制造业面临着由基础工业和加工制造业向先进制造业转型升级的挑战，即由以往的规模增长向质量效益提升转变，更加注重产业内部的结构升级和协同发展。“十三五”规划在“实施制造强国战略”部分描绘了制造业转型升级的方向：以提高制造业创新能力和基础能力为重点，推进信息技术与制造技术深度融合，促进制造业朝高端、智能、绿色、服务方向发展，培育制造业竞争新优势。

第一，产业结构由劳动密集型向资本和技术密集型转变。如表 2-2 所示，1992 年，劳动密集型制造业、资本密集型制造业和技术密集型制造业的比重分别是 41.17%、35.50%和 23.33%，其中劳动密集型制造业占有绝对优势。1997 年，三者之间的比重有细微调整，劳动密集型制造业的比重减少了 3.45%，资本密集型制造业的比重增加了 0.07%，而技术密集型制造业的比重增加最多，为 3.39%。2005 年，资本密集型制造业比重为 35.62%，超过了比重为 34.02%的劳动密集型制造业，技术密集型制造业也获得了较快发展，比重为 30.35%，相比 1997 年增幅最大，增加了 3.63%。2010 年和 2013 年三者的比重调整不大，劳动密集型制造业和资本密集型制造业比重依然占比偏多，这意味着劳动密集型向资本、技术密集型制造业的转变不是轻而易举的。其实，产业结构的调整不仅仅是数量比例上的简单调整，更是追求内涵质量发展的结果。我们可以从利润率这个指标进行观测比较，先看劳动密集型制造业，尽管劳动密集型制造业的比重一直在下降，但这并不影响其利润率的提升，1992 年劳动密集型制造业的利润率只有 2.55%，而 2010 年就已经提高到了 7.16%；然后看资本密集型制造业，资本密集型制造业的利润率有增长也有回落，整体来看，相对稳定；最后看技术密集型制造业，技术密集型制造业的利润率 1992 年仅为 5.32%，2005 年为 4.40%，而 2010 年和 2013 年分别达到了 7.61%和

① 林珊，林发彬. 中国制造业分行业单位劳动力成本的国际比较[J]. 东南学术，2018(6)：92-99.

6.83%。因而,从劳动密集型制造业、资本密集型制造业、技术密集型制造业三者的比重以及各自的利润率的比较中,我们可以得知:一是我国制造业相当一部分是劳动密集型企业,处于价值链低端;二是技术密集型制造业企业持续向好,发展潜力巨大,其利润率除了2005年,其他年份均高于制造业整体利润率,也是未来制造业企业转型升级的方向;三是三者间的比重调整意味着我国已经进入新旧动能转换期,但技术密集型制造业依然没有占据绝对优势,制造业结构的转型升级依然任重道远。

表2-2 1992—2013年我国主要年份各类制造业发展主要指标

主要指标		1992年	1997年	2005年	2010年	2013年
劳动密集型制造业	利润率/(%)	2.55	2.20	4.55	7.16	6.73
	比重/(%)	41.17	37.72	34.02	31.85	32.95
资本密集型制造业	利润率/(%)	4.91	2.49	4.80	6.29	4.90
	比重/(%)	35.50	35.57	35.62	36.81	36.34
技术密集型制造业	利润率/(%)	5.32	3.41	4.40	7.61	6.83
	比重/(%)	23.33	26.72	30.35	31.34	30.71
制造业(整体)	利润率/(%)	4.03	2.63	4.59	6.98	6.09

数据来源:1993—2014年《中国工业经济统计年鉴》和《中国工业统计年鉴》。

第二,发展动能从资源消耗向绿色生产转变。我国制造业发展的宏观环境已经发生了深刻变化,绿色发展是大势所趋。从资源角度来看,一是能源总量并不充足,我国煤炭、矿石、石油等资源供需缺口较大;二是能源消费量高,我国以高人口红利和低环境成本换取制造业的快速发展,但传统制造业高投入、高消耗、高排放的粗放型生产方式过度依赖资源供给,使得我国能源消费总量居世界首位,如煤炭、水泥、造纸、钢铁等多个支柱行业面临产能过剩和发展后劲严重不足的困境;三是能源消费结构不合理,在不断优化能源消费结构的情况下,2016年我国煤炭消费量仍占世界煤炭消费总量的50.58%,①给我国资源环境带来了巨大压力,甚至一些地区的资源环境承载能力已达到极限,高耗能产业发展难以为继。从人类命运共同体来看,人类只有一个地球,面对全球性环境问题,任何国家都不可能独善其身。中国作为一个负责任的大国,理应在制造业可持续发展方面做出应有表率,贡献中国智慧。因而,基于可持续发展视角,我们必须贯彻“创新、协调、绿色、开放、共享”

① BP世界能源统计年鉴2017[R/OL]. https://www.bp.com/content/dam/bp/country-sites/zh_cn/china/home/reports/statistical-review-of-world-energy/2017/2017-sr-book-cn.pdf.

新发展理念，制定制造业绿色发展计划，加快制造业生产方式转变，转换制造业发展动能，大力发展新能源、节能环保等绿色产业，倡导行业结构低碳化、制造过程清洁化、资源能源利用高效化，推动绿色制造产业成为新支柱产业，构建高效、清洁、低碳、循环的绿色制造体系。这也是我国经济转入高质量发展阶段的内在要求。

第三，生产方式从成本依赖向智能制造转变。《2018 中国智能制造报告》对 150 余家生产型和技术服务型大中型企业调研发现，约 3 成企业表示智能制造的利润贡献率超过 50%。未来，智能制造将成为整个制造业发展的核心和主动力。一方面，我国人口老龄化进程加快。国际上通常认为，当一个国家或地区 60 岁以上老年人口占人口总数的 10%，或 65 岁以上老年人口占人口总数的 7%，即意味着这个国家或地区处于老龄化社会。据国家统计局数据显示，改革开放以来，我国 65 岁及以上老年人占比逐年上升，1990 年为 5.6%，2000 年为 7.0%，2010 年为 8.9%，2016 年为 10.8%，2017 年为 11.4%。尽管 2016 年我国已经放开二孩政策，但老龄化趋势依然越来越严峻。据统计，预计到 2025 年，60 岁及以上老年人口将达到 3 亿，将成为超老年型国家。另一方面，人力成本上升不可逆转。人口老龄化带来的直接结果是劳动力供给正在由过去的无限供给向有限短缺转变。2012 年以来，我国 16 至 59 周岁的劳动年龄人口逐年递减，2017 年降至 9.02 亿，比上年减少了 548 万。[①] 劳动适龄人口的短缺导致了劳动力工资的普遍上涨。《中国企业经营者问卷跟踪调查报告》显示，人工成本上升是当前企业经营发展中面临的最主要困难，对于制造业尤为如此。2005 年中国制造业人工成本为 0.8 美元/小时，2015 年达到了 3.2 美元/小时，涨了 3 倍。[②] 在日益严重的招工难、用工贵的劳动力市场形势倒逼下，企业不得不探索从成本依赖转向智能制造的发展路径。越来越多的企业在不遗余力地开展智能化改造，推广“机器人＋”、智能制造单元和自动化生产线，探索大规模个性化定制、网络化协同制造、共享制造等模式，致力于打造工业互联网新生态，提升生产的自动化、数字化和智能化水平。以浙江省为例，浙江省率先推行机器换人工程，并印发了《制造强省建设行动计划》，以新发展理念引领制造业高质量发展为指导，以培育世界级先进制造业集群和标志性产业链为目标，聚焦信息技术产业、工业互联网、新材料、汽车产业、高端装备等重点领域，推行全链条数字化、智能化生产，推进制造业发展由依赖“人口红利”向依赖“技术红利”过渡，助力生产方式由“制造”向“智造”升级，领跑制造形态变革。2019 年制造业转型升级明显提速，新增“浙江制造”标准 565 个，在役工业机器人达 8.9 万台，淘汰落后产能企业 1755 家。但与国外相比，依然具有较大的差距。从工业机器人应用数据来看，截至 2016 年，韩国制造业每万人中工业机器人保有量高达 631 台，新加坡为

---

① 罗序斌.“互联网＋”背景下中国传统制造业转型升级研究[J].金融教育研究，2019，32(01)：18-29.

② 滕泰，刘哲，张海冰.新红利：赢在下一个四十年[M].上海：东方出版社，2019.

488台，德国为309台，日本为303台，美国为189台，而我国仅有68台。[①]

第四，价值链从中低端向高端生产转变。制造业的转型升级不仅仅是结构上的转型升级，更重要的是价值链的升级，即提高制造业在全球价值链中的地位，其根本动力和途径就在于创新。尽管我国制造业在个别领域取得了突破性进展，在全球价值链分工体系中的地位也有所上升，但整体来看，当前我国制造业以生产、加工、销售等基础环节为主，大而不强，企业拥有自主知识产权核心技术的仅有万分之三，依然处于产业链的低端和价值链的底部。我国制造业发展更多的是依赖设备、技术的引进以及在技术引进基础上的集成创新，而关键核心技术依然长期受制于人，对外依赖度为50％～60％，远远高于制造业强国30％的依赖度，主要表现在核心零部件、关键材料、制造工艺、系统软件等方面。如装备制造领域、高档数控机床、高档装备仪器、运载火箭、大飞机、航空发动机、汽车等关键件精加工生产线上逾95％制造及检测设备依赖进口。芯片和操作系统领域，绝大多数计算机和服务器通用处理器中95％的高端专用芯片、70％以上智能终端处理器以及绝大多数存储芯片依赖进口。[②] 美国垄断了芯片供应市场，2018年美国芯片公司全球市场份额占比超过50％，全球Fabless芯片设计公司前十中，美国占据6家。[③] 尽管华为开发了海思芯片和鸿蒙操作系统，但主要针对华为内部生态。半导体加工设备、工业机器人、顶尖精密仪器、工程器械、碳纤维等都在2018年公布的中国尚未掌控的核心技术清单里面。而美国制造业已经转向附加值最高的尖端制造，且美国在航空航天、精密化工、半导体、信息技术等众多高端制造业领域均保持世界领先地位。2018年以来的中美贸易战、中兴事件、华为事件等更是一面很好的“镜子”，照出了当前我国制造业处于价值链中低端和核心技术受制于人的困境。党的十九届四中全会明确强调，要“提升产业基础能力和产业链现代化水平”。习近平总书记也多次强调，核心技术是我们最大的命门，核心技术受制于人是我们最大的隐患。

在这方面，日本制造业注重提高产品质量和技术创新为我们提供了很好的经验借鉴。我国制造业在向中高端迈进的关键期，必须紧扣国家重大专项和产业链布局，迈好自主创新这道“坎”，集中力量支持核心技术攻关，避免陷入“中低技术陷阱”，并利用技术创新和规模效应形成新的竞争优势，保证国家产业和产业链的安全。这里的自主创新能力更偏向原始科技创新能力，因为只有加强基础性研究，加大基础研究投入，才能形成具有自主知识产权的核心竞争力，才能摆脱对外部核心

---

① 罗序斌.“互联网＋”背景下中国传统制造业转型升级研究[J].金融教育研究，2019，32(01)：18-29.

② 工信部副部长：我国制造业要大力度“引进来”高水平“走出去”[EB/OL]. http://finance.people.com.cn/n1/2018/0714/c1004-30147394.html，2018-7-14.

③ 何立中.半导体专题：芯片设计的投资逻辑[EB/OL]. https://www.gelonghui.com/p/318268，2019-10-30.

技术的依赖，产业价值链也会自发地向高端或高附加值领域延伸。如华为每年投入10%～15%的收入用于研发，居2019年中国企业500强研发费用投入榜首，遥遥领先，超过阿里、腾讯和百度三家之和。正是对基础研究的重视和投入，华为开发了5G基础架构硬件，确立了5G技术的领导地位。但与发达国家相比，我国基础研究整体投入不足。据国家统计局年度公报的数据推算，我国政府基础研究投入占研发支出的比例长期不足5%，仅为发达国家比例的1/4。近年来，这个比例才提升到5%以上，2016年、2017年、2018年分别为5.14%、5.25%、5.70%。相比之下，作为研发主体的企业对基础研究的投入强度就更低了。[①]

第二节　制造业转型升级背景下的技术技能积累

技术技能人才是制造业转型升级的关键。近年来，我国高度重视技术技能人才培养，大力发展职业技术教育，将高技能人才队伍建设纳入国家人才队伍建设总体规划。2011年印发了新中国成立以来第一个高技能人才队伍发展规划《高技能人才队伍建设中长期规划(2010—2020年)》。在纲领性文件的引领下，我国高技能人才工作取得很多新进展，高技能人才成长的政策环境明显改善，高技能人才培养体系逐步完善，高技能人才分类评价愈加科学，崇尚技能的社会氛围愈加浓厚。但当前，我国制造业人才结构性过剩与短缺并存，技术技能积累明显短缺，供给规模和规格质量都远远滞后于产业转型升级的步伐。

技术技能人才短缺一直是社会关注的重要话题，也吸引了越来越多研究者的关注。他们分别借助经济学、劳动经济学、制度经济学等的相关理论，通过大量实证分析探讨宏观、微观、企业、个体等不同层面的技术技能人才问题，为本研究提供了很好的参考价值。如潘静(2019)[②]以广东佛山为例，对技能人才与制造业需求的匹配关系进行了实证分析；刘晓、陈志新(2018)[③]从历史制度主义视角，分析了英、法、德三国职业教育与培训体系的发展演变与历史逻辑；吴俊强、朱俊(2017)[④]对比分析了德国、日本、美国和英国四个国家的技能形成体系；李志、周孟婕(2016)[⑤]基

---

① 胡迟.中国制造业发展70年：历史成就、现实差距与路径选择[J].经济研究参考，2019(17)：5-21.

② 潘静.技能人才与制造业需求的匹配关系研究——以佛山市为例[J].生产力研究，2019(03)：76-81+161.

③ 刘晓，陈志新.英、法、德三国职业教育与培训体系的发展演变与历史逻辑——一个历史制度主义视角的分析[J].外国教育研究，2018，45(05)：104-116.

④ 吴俊强，朱俊.结构、治理与效率：跨国视角下技能形成的制度比较[J].中国职业技术教育，2017(12)：69-75.

⑤ 李志，周孟婕.中国制造业技能人才需求特征及相关启示——基于390家制造型企业技能人才招聘信息的内容分析[J].重庆工商大学学报(社会科学版)，2016，33(02)：1-7.

于390家制造型企业技能人才招聘信息的内容分析探讨了中国制造业技能人才需求特征及相关启示；吕世斌、张世伟(2015)[①]研究了中国劳动力"极化"现象、原因和经验；阳立高、龚世豪、韩峰(2015)[②]进一步研究了劳动力供给变化影响制造业升级的机理；都阳(2013)[③]基于微观数据的观察分析了制造业企业对劳动力市场变化的反应；王志华、董存田(2012)[④]基于"民工荒""技工荒"与大学生就业难问题，探讨了我国制造业结构与劳动力素质结构的吻合度；苏中兴、曾湘泉(2011)[⑤]对国家职业资格证书、工人技能水平和收入之间的相关性进行了研究。借鉴已有的研究成果，本研究从技术技能人才总量短缺、水平滞后和供需错配三个方面探讨我国制造业转型升级背景下技术技能人才的短缺问题。

一、技术技能人才总量短缺

总量短缺是指技术技能人才数量供给不足，主要表现在以下三个方面。

1. 高端技术技能人才数量短缺

制造业转型升级中，机器换人进程加快，生产智能化水平提高，释放了大量低端劳动力，不少人担心机器人会抢走"饭碗"。事实上，机器确实会抢走一部分人的"饭碗"，但机器所代替的是那些繁重、重复、单调、程序性的操作工作，而很难代替创造性、个性化和管理性的工作。机器换人也并非意味着不要技术技能人才，只是将以往人机替代对立的关系转向人机互补协同，其背后是对高端技术技能人才的强烈需求。据统计，2020年我国制造业人才缺口达2200万左右，具体表现在三个方面：

一是与方案目标相比还有较大距离。《职业技能提升行动方案(2019—2021年)》提出，到2021年底，我国技能劳动者占就业人员总量的比例要达到25%以上，高技能人才占技能劳动者的比例要达到30%以上。但据人社部2017年底的数据统计显示，全国就业人员有7.7亿人，技能劳动者1.65亿人，占就业人员总量的21%，高技能人才4791万人，占技能劳动者的29%。全国机械行业职业教育教学

---

① 吕世斌，张世伟.中国劳动力"极化"现象及原因的经验研究[J].经济学(季刊)，2015，14(02)：757-778.

② 阳立高，龚世豪，韩峰.劳动力供给变化影响制造业升级的机理及政策研究[J].科学决策，2015(12)：19-41.

③ 都阳.制造业企业对劳动力市场变化的反应：基于微观数据的观察[J].经济研究，2013，48(01)：32-40+67.

④ 王志华，董存田.我国制造业结构与劳动力素质结构吻合度分析——兼论"民工荒"、"技工荒"与大学生就业难问题[J].人口与经济，2012(05)：1-7.

⑤ 苏中兴，曾湘泉.国家职业资格证书、工人技能水平和收入效应——来自5家制造型企业21个生产车间的经验证据[J].经济理论与经济管理，2011(06)：94-102.

指导委员会的调查也显示，未来5年我国机械行业的高层次技术技能人才需求总量约在400万人左右，石油化工行业需求总量在150万人左右，交通运输行业需求在100万人左右，[①]亟须进一步扩大供给规模。

二是与其他国家相比还有较大距离。相关统计显示，日本整个产业工人队伍中，高级技工占40%，在德国这一比重为50%，而我国这一比例仅为6%左右。由于产业工人整体素质和技能水平不高，我国劳动生产率水平仅为世界平均水平的40%，相当于美国的7.4%，[②]大国工匠人才紧缺。

三是制造业十大重点领域人才缺口巨大。2016年12月，教育部、人力资源和社会保障部、工业和信息化部联合发布《制造业人才发展规划指南》，预测到2025年人才缺口在100万人以上的有新一代信息技术产业（950万人）、电力装备（909万人）、高档数控机床和机器人（450万人）、新材料（400万人）、节能与新能源汽车（103万人）。航空航天装备（47.5万人）、农机装备（44万人）、生物医药及高性能医疗器械（45万人）三大领域面临40万人以上的人才缺口。海洋工程装备及高技术船舶和先进轨道交通装备领域的人才缺口分别是26.6万人和10.6万人，详见表2-3。

表2-3　我国制造业十大重点领域人才需求预测（单位：万人）

序号	十大重点领域	2015年	2020年		2025年	
		人才总量	人才总量预测	人才缺口预测	人才总量预测	人才缺口预测
1	新一代信息技术产业	1050	1800	750	2000	950
2	高档数控机床和机器人	450	750	300	900	450
3	航空航天装备	49.1	68.9	19.8	96.6	47.5
4	海洋工程装备及高技术船舶	102.2	118.6	16.4	128.8	26.6
5	先进轨道交通装备	32.4	38.4	6	43	10.6
6	节能与新能源汽车	17	85	68	120	103
7	电力装备	822	1233	411	1731	909
8	农机装备	28.3	45.2	16.9	72.3	44

① 李士梅，程宇.全球制造业竞争新格局下我国高等职业教育面临的挑战与因应策略[J].高教探索，2017(04):87-91.

② 邵程林，袁敏，王书静.新时代我国产业工人技能形成的升级路径研究——基于德、日、美三国职业教育与培训经验[J].高等职业教育探索，2019，18(03):6-11.

续表

序号	十大重点领域	2015 年	2020 年		2025 年	
		人才总量	人才总量预测	人才缺口预测	人才总量预测	人才缺口预测
9	新材料	600	900	300	1000	400
10	生物医药及高性能医疗器械	55	80	25	100	45

资料来源：教育部、人力资源和社会保障部、工业和信息化部《制造业人才发展规划指南》(2016 年 12 月 27 日)。

2. 制造业企业招工难留人更难

人才除了教育培养问题，还有引进和使用问题，而引进和使用恰恰是企业面临的现实难题。首先，招工难。每一年，尤其是春节过后的用工旺季，制造业企业普遍面临招工难题。据 2017 年浙江省人力资源供求分析报告显示，制造业是劳动密集型行业中缺工最多的，制造业缺工占缺工总数的 85.16%，同比上升 2.42 个百分点。近年来“技工荒”的问题更为突出，“千工好招、一技难求”更是形象地描述了我国能够解决实际生产问题的技术技能人才的缺乏。据人社部统计，技工求人倍率近些年一直维持在 1.5 以上，高技能人才求人倍率维持在 2 以上，而且技工的短缺，从过去的东部沿海地区逐步蔓延到中西部地区，从过去的季节性演变为经常性。①可见，我国制造业企业对技工和高技能人才的需求较大，而求职人员远未能满足企业对这两类人才的需求，且这两类人才需求的缺口正向普遍性和常态化演进。其次，留人难。企业不仅新招员工留不住，老员工也流失得厉害，使得原本数量就不足的产业工人队伍更加捉襟见肘。进一步分析发现，留人难背后的原因是多元的。一是行业薪资缺乏吸引力。快递、外卖以及网约车等新兴互联网生活服务类行业的兴起，为人们提供了丰富多元的就业选择，行业门槛较低，而且行业薪酬吸引度远胜于在制造业企业工作。以济南市为例，目前济南市快递员平均月收入为 6132 元，大多集中在 6000～8000 元，网约车司机的平均月收入为 6738 元，大多集中在 8000～10 000 元，其中月收入过万元的比例分别占 11%和 22%。而普通工人的月薪平均为 3932 元，月薪过万的占比仅 4.3%。② 二是人才培养周期较长。企业技术人才、高级技工的培养周期比较长，往往需要几年时间沉下心去学习磨炼。正如广东敏嘉制造技术有限公司副总经理王龙轩所言：“撇开薪资不谈，机械行业不干上

① 熊思怡.这类人才十分短缺！人社部：求人倍率维持在 2 以上[EB/OL]. http://finance.eastmoney.com/a/201905101119647940.html,2019-05-10.

② 经济导报-海报新闻.互联网服务业抢人，传统制造业企业招工难留人更难[EB/OL]. https://w.dzwww.com/p/2098916.html,2019-07-30.

三五年根本就入不了门，有多少年轻人愿意沉下心来边学边干几年？”再加上，晋升通道偏窄、社会地位不高、工作性质单调、强度大，很多有学历的年轻人不愿意进企业当技术工人，即使进来了也很难留下来。因而，招工难和留人难使制造业企业劳动力流动性过大，普遍面临熟练技术工人短缺的问题，严重影响了企业的生产过程和生产效益。

3. 技术工人成为各地争夺的人才资源

我国制造业转型升级不仅需要“掐尖儿”的高端人才，还需要大批起着中流砥柱作用的技术技能人才。我国政府意识到问题的严重性和技能的重要性，连续出台了《新时期产业工人队伍建设改革方案》《关于提高技术工人待遇的意见》《技能人才队伍建设实施方案（2018—2020年）》《职业技能提升行动方案（2019—2021年）》等系列政策文件，专门对产业工人队伍建设进行谋划和部署。上海、广东、浙江、江西等地也充分意识到技术工人是城市发展不可或缺的中坚力量，纷纷推出“抢人”政策，着力构建具有竞争力的人才政策体系。通过对各省（市）文件中关于提高技术工人待遇内容的分析，主要体现在以下方面：一是技术工人落户门槛降低。如江苏南京技术、技能型人才可凭高级工及以上职业资格证书落户；浙江宁波技术工人可凭技术职称和职业资格落户；广东佛山则全面放开对技术工人的落户限制。二是技术工人津贴补助发放。如河北沧州对推荐获得“中华技能大奖”“全国技术能手”“河北省突出贡献技师”称号的人员分别给予10万元、8万元和5万元奖励；广西壮族自治区对新获得“中华技能大奖”“全国技术能手”荣誉称号的高技能领军人才分别一次性给予20万元、10万元奖励。三是技术工人购房租房优惠政策。如湖北武汉，符合条件引进的国家高技能领军人才，可享受最高总额50万元购房补贴，引进的省市级高技能领军人才，可享受每月3500元、最高不超过5年的租房补贴。这些倾向性政策的出台就是为了让技术技能人才对所在城市有归属感和向心力。倾向性政策的力度越大，越说明技术工人对城市转型和发展的重要性，也越说明城市技术工人的严重短缺及对技术工人的迫切渴求。

二、技术技能人才水平滞后

技术技能人才水平滞后是指劳动力目前的技能水平总体偏低，主要体现在两个方面。

1. 结构上以农民工为主

从结构上来说，我国技术技能人才队伍呈“金字塔”形状，底端以农民工为主体，而顶部高端技术技能人才严重匮乏。目前，企业职工队伍普遍存在“四多四少”现象，即初级技工多，高级技工少；传统型技工多，现代技工少；单一技能型技工多，复合技能型技工少;短训速成的技工多,系统培养的技工少。[①] 以浙江省为例,2019年上半年全省企业从业人员中农民工占65.39%。这些农民工持有高中及以上学历的占33.56%,有一定技能的占46.87%。而在有一定技能的农民工中,具有初级和中级技能的占48.59%,具有高级技能的只占7.03%。可见,农民工依然是当前制造业从业人员的主体。但这些农民工由于受教育水平有限,大多只具备初级技能,局限于完成一些相对简单、机械和重复的技能操作,缺乏后续发展潜力,与制造业转型升级所需要的技术技能人才的质量要求相距甚远。

2. 学历上以中职毕业生和高中毕业生为主

长远来看,未来企业发展所需要的是既懂原理知识又懂实践操作的知识型员工,学历便是其素质的重要体现。但从现状来看,我国制造业员工的主体是农民工,根据国家统计局2015年农民工监测数据显示,农民工具有初中及以下文化程度的占76.2%,高中及以上学历占23.8%,高中学历占16.5%,大专及以上学历占7.3%,整体学历不高,以中职毕业生和高中毕业生居多。如装备制造行业的工人中,14%为高职毕业生,61%为中职毕业生,14%为高中毕业生,11%为初中毕业生;汽车行业的工人中,18%为高职毕业生,44%为中职毕业生,29%为高中毕业生,5%为初中毕业生(于志晶等,2015)。而从需求来看,据调查,近5年来浙江省城镇(含私营规模以上)工业企业在员工招聘要求中,对初中及以下低端学历的员工需求数量呈明显减少趋势,比例从2010年的54%逐步减少到2014年的32%,高中/中职学历要求稳定在27%左右,高职高专学历要求从2010年的11%提升到2014年的23%,本科及以上学历要求从8%提升到17%,增幅明显。[②] 同时,制造业就业人员中接受高等教育的比例大幅上升,从2011年的7.9%上升至2015年的10.9%,增加了37.97%。[③] 可以预见,随着产业转型升级,制造业对技术技能人才的学历要求会持续上移,行业人员的学历素质也存在较大的提升空间。

三、技术技能人才供需错配

技术技能人才供需错配是指劳动力目前的教育供给与当前制造业转型升级不相适应。其实上文提到的技术技能人才水平滞后问题,无论是结构方面,还是学历方面,本质上都是教育问题,关涉国家技术技能形成体系建设。作为与经济社会发

---

① 于志晶,刘海,岳金凤,等.中国制造2025与技术技能人才培养[J].职业技术教育,2015,36(21):10-24.

② 刘晓,徐珍珍."机器换人"背景下职业教育的发展:藩篱与跨越[J].中国职业技术教育,2015(24):19-23.

③ 席东梅,任占营,徐刚.支撑国家战略:做强"中国制造"的职教担当——职业教育支撑国家战略:中国制造2025座谈会综述[J].中国职业技术教育,2017(28):30-37.

展关系最密切的教育类型，职业教育担负着技术技能人才培养的重任。当前，我国已经建成了世界上最大规模的职业教育体系，拥有高职学校1400多所，中职学校10 229所，职业教育招生已占高中阶段教育和高等教育的半壁江山，具备了每年培养数以千万计技术技能人才的能力，走出了一条中国特色的技术技能人才培养道路，为经济转型和产业升级提供了强有力的技术技能人才支撑。但在实现制造业技术技能人才供需匹配，增强职业教育服务贡献能力方面，职业教育的路还很长很长。

1. 培养规模难以填补行业人才缺口

人力资源是一切资源中最重要的资源。制造业在从劳动密集型、资本密集型向技术密集型转型的过程中，需要大量技术技能人才做支撑。职业教育作为技术技能人才培养的主阵地，其毕业生正成长为支撑制造业转型升级的生力军。但与巨大的市场需求相比，职业教育的技术技能人才供给规模可能难以填补行业的人才缺口。

首先，从学生规模来看，我国中高职学校培养规模供不应求，远远赶不上市场需求的增速。中职学校加工制造类专业点约1.1万个，近年来招生数、在校学生数以及毕业生数都呈现下降趋势。2013年加工制造类在校学生230.7万人，2015年降为186万人，年均招生和毕业生规模不到100万人左右。在2019年高职院校质量年报统计的1352所高职院校中，900所高职院校设置了制造类专业，专业点达7899个，主要以机械设计制造类、自动化类和汽车制造类为主，这三类专业点共计7197个，占了90%以上。但高职院校年均招生和毕业生规模不大，都在40万人左右，而行业对复合型技能人才的需求估算每年可达上百万人，且每年以30%～50%的速度增长。机械工业教育发展中心主任陈晓明预计，智能制造行业近三年来的人才需求量是270万人，高职院校能够提供70万人，缺口达到200万人。[①] 在《中国制造2025》提出要集中优势力量重点突破的信息技术产业、高档数控机床和机器人、航空航天装备、海洋工程装备及高技术船舶、先进轨道交通装备、节能与新能源汽车等十大领域，职业院校应对这些领域的专业准备和培养规模也明显不足，一些新增专业的开设因师资、设备、资金等基础办学条件的限制而滞后，无形中延长了人才供给的周期，难以满足当前我国制造业重点领域发展的要求。此外，在实践层面真正进入制造业生产领域的毕业生并不多，麦克思研究院研究指出，最近三年来以加工业为主的劳动密集型制造业吸引的高校毕业生人数连年下降，从总毕业生数量的16.2%降为8.6%，更加剧了制造业技术技能人才的紧缺。

---

① 陈晓明，许朝山.院校专业设置，要积极填补行业人才缺口[N].光明日报，2020-02-04(15).

其次，从毕业生离职率来看，已经进入制造业就业的高校毕业生流动性大。2013 届和 2014 届制造大类高职毕业生离职率均为 43%。从全国范围来看，源于技术技能积累的需要，制造业从业者的工作年限跨度较大、稳定性较高，但对比近三年制造业人才的工龄变化趋势可以发现，制造业人才呈年轻化趋势。2018 年年底，工龄 15 年以上的制造业人才比前两年有所减少，而工龄在 3 年以下的制造业人才比前两年有所增加。① 这既有制造业从业人员自然更替的因素，更说明制造业对毕业生的吸引力连年下降。过高的离职率和员工流动率不仅加剧了人才缺口，更严重的是导致制造业难以完成适应生产所需要的高端技能积累，影响企业生产效率的提高和产业的转型升级。

2. 培养质量难以支撑产业转型升级

技术技能人才的培养是一个系统的教育问题。职业教育始终坚持类型办学、校企合作和就业导向，把技术技能人才培养作为教育的出发点和落脚点，但也一直因培养质量不高而广受诟病。

首先，技术技能不精。不可否认，职业教育通过技能大赛的形式培养了大批技术精湛的工匠型人才。这些全国各地技能大赛获奖的选手正成为企业竞相争夺的人才。企业纷纷抛出“橄榄枝”争抢学生，这是对职业教育技术技能人才培养质量的赞誉和肯定。无疑，技能大赛确实为学生技术技能训练提供了很好的学习机会，但由于各类教育资源的限制，因技能大赛受益的学生毕竟是少数，大多数学生依然面临技术技能不精的现状，主要表现在两个方面：

一是与企业技能需求有差距。大多数企业在访谈中表示，学校培养的技术技能人才难以完全满足企业所需，需要在企业进行“二次学习”才能上岗操作。这也说明行业企业参与职业教育人才培养的深度不够，学生可以依靠职业院校获得有关技能的知识要点，但由于教学环境的客观限制，无法依靠学校获得情境化的实践技能，唯有通过岗位的实操练习，才能完成技术技能的内化和积累。这是技术技能习得的内在规律，也是职业教育重视产教融合、校企合作的根本原因。

二是职业资格证书等级偏低。职业资格证书是对劳动者具有从事某一职业所必需的学识和技能的证明，是从业者技能水平高低的表征。2016 年国务院发展研究中心的研究数据表明，近年来，我国职业院校每年在加工制造类专业上的招生和毕业生规模高达 100 万人次左右，接近 80% 的制造类专业毕业生获得了相关的职业资格证书，然而大部分所获的是中级及以下的职业资格证书，获得高级职业资格

---

① 中国新闻网. 猎聘发布《中国制造业高质量发展人才白皮书》[EB/OL]. https://baijiahao.baidu.com/s?id=1637302625056672811,2019-6-25.

证书的比例不足10%。[①] 可以推断，我国职业院校制造类专业毕业生整体技能水平偏低，支撑制造业转型升级的能力不强。

其次，学历层次不高。职业教育社会认可度和吸引度低，被称为“二流教育”，很大程度上与职业教育的学历层次受限于专科层次有关。然而，制造业的转型升级对技术技能人才的层次需求却不再满足于专科层次，更向着本科及以上层次延伸。各发达国家也将建立完善的职业教育与培训体系作为应对再工业化战略的重要策略。因而，建立完备的现代职业教育体系，提升职业教育人才培养层次迫在眉睫。如此一来，既有利于培养高层次的技术技能人才，也有利于增强职业院校学生的发展后劲，为制造业由中低端走向中高端助力。在构建现代职业教育体系的大背景下，我国正在积极探索职业教育本科及以上层次的人才培养，回应社会对于职业教育的美好期待和新时代制造业转型升级的迫切需要。一方面，国家明确了职业教育的性质和地位。随着职业教育办学实践的深入，人们对职业教育人才培养规律的认识越来越深刻，职业教育既不是普通教育的附庸，也不是普通教育的复刻。2019年印发的《国家职业教育改革实施方案》更是明确提出“职业教育与普通教育是两种不同教育类型，具有同等重要地位”，为现代职业教育体系的设计奠定了类型基础。另一方面，国家尝试探索本科层次职业教育试点。2019年5月，教育部正式批准南昌职业学院、江西软件职业学院、泉州理工职业学院等首批15所本科职业教育试点高校由“职业学院”正式更名为“职业大学”，同时升格为本科院校。2020年6月，教育部批准第二批6所本科层次职业教育试点学校更名为大学，分别是运城职业技术大学、辽宁理工职业大学、上海中侨职业技术大学、南京工业职业技术大学、新疆天山职业技术大学、浙江广厦建设职业技术大学；湖南软件职业学院升格为本科。但我国本科层次职业教育仍处于试点办学阶段，尚未推广和普及，除了南京工业职业技术大学属于公办，其他试点院校都属于民办。尽管职业教育尚未建立完善的高层次应用型人才培养体系，但目前已经在本科层次人才培养方面迈进了一大步，在未来，本科及以上层次的职业教育将成为发展趋势。

最后，知识基础薄弱。通识教育和专才教育的平衡一直是教育界争论的焦点。由于职业教育人才培养的应用型特征，当前职业教育在技术技能人才培养过程中存在明显的“知识够用”和“技能至上”的理念，普遍认为理论知识不需要过多涉猎，够用就好，而技能一定要绝对突出“专”的特点。事实上，当下“够用”和“专”都已远远无法满足制造业转型升级的要求。一是不符合复合型人才的需要。未来每个生产者不仅仅是单一岗位上的操作者，更是智能化生产线的管理者。他们不仅需要懂机床、自动化工业设备，也要懂计算机软件、编程、大数据等信息技术，还要懂精

① 吴玉剑，刘燕. 高职院校传承与培育学生工匠精神的三大困境刍议[J]. 职教论坛，2017(04):82-85.

益管理、沟通交流和团队合作等。可见,未来需要的是“一专多能”的复合型人才,这需要厚实知识、精湛技能和综合素养的全方位支撑。二是不符合技术创新的需要。创新来源于日积月累的经验积累,也源自长期的知识积淀,如此才能在实际生产中萌生创新意识,也才可能有新技术、新工艺、新方法的诞生,为产业发展和职业发展提供源源不断的原动力。三是不符合职业成长的需要。技术技能人才成长是一个漫长的循序渐进的过程。技术的变革将加速制造业转型升级的步伐,也将带来知识和技能迭代的加速。出于长远的考虑,技术技能人才不仅需要前期积累足够的知识储备,还要在实践中不断跟上技术和知识升级的步伐,以免影响后期的潜力挖掘和职业升迁。所有这些反过来也使得职业教育不得不重新思考人才培养的理念和质量。

第三节　制造业转型升级背景下职业教育的挑战与应对

制造业的转型升级倒逼职业教育的转型升级,核心是人的转型升级。面对制造业转型升级的新形势和新需要,职业教育首当其冲需要思考的是如何实现从“跟跑”“并跑”向“领跑”的提质升级,如何有效培养新型大国工匠。本书基于职业教育功能的考虑,尝试从人才培养、社会培训和科研社会服务三个方面探讨职业教育面临的挑战和应对的举措。

一、人才培养全面系统升级

《中国制造 2025》绘制了我国制造业未来发展的美好蓝图,同时也对技术技能人才提出了更高要求。那么,制造业转型升级到底需要什么样的技术技能人才,对人才的技能水平和综合素养有哪些方面的要求呢?综合来看,《中国制造 2025》对技术技能人才的需求主要体现在高端、创新和复合等方面。因而,职业教育人才培养必须紧随需求变化、紧密对接市场需求、及时调整培养方向、系统升级培养规格,重点培养以下几类人才,以优化人力资源结构,扭转技术技能人才掣肘的局面。

一是复合型人才。产业集群化发展,工业结构呈高加工化趋势,产品集成度越来越高,再加上我国高端制造业产业形态的选择,更加凸显了高端复合型人才的重要性,这也是我国实行“1+X”证书制度试点的初衷。复合型的特质主要体现在三个方面。首先,职业技能的复合。生产方式的改变要求“一专多能”,生产系统的智能化、信息化、自动化和数字化将淘汰大量简单的低技能的劳动力,也将带来传统岗位的消亡、合并和升级。而岗位的合并拓展了工作范围和工作任务,岗位的升级则内在隐含知识的深化和职业能力的提高。因而,工业 4.0 新趋势下,技术技能人才不再仅限于掌握某项专业技能,跨学科的技术技能人才可能更受青睐。职业教育要紧密关注制造业人才需求动向，既要在“专”方面下功夫，也要在“广”方面下功夫，改变以往单一岗位技能重复训练的模式，引导学生掌握整个生产线甚至生产车间的生产技术，同时不断强化核心专业能力，突出知识应用能力和实践创新能力，提升学生在生产情境中解决复杂多变技术问题的能力，真正体现“一专多能”复合型技术技能人才的培养要求。其次，技术知识的复合。《中国制造 2025》涉及的行业领域聚焦于高端装备制造业，高端装备制造业属于技术知识密集型先进制造业，是以高新技术为引领，处于价值链高端和产业链核心环节，决定整个产业链综合竞争力的新兴产业，具有技术密集、附加值高、成长空间大的特点。它是多学科多领域知识的集成，而且在信息和制造深度融合的趋势下，大数据、数字化、物联网等技术的集成应用与发展，技术越来越朝着综合化和系统化的方向演进。机电一体化技术就是技术综合化和系统化的体现，很多机电一体化专业的教师在访谈过程中也强调，机电一体化专业对学生的要求比较高，既要懂机械制造的基本理论、技术和装备，还要懂电子学方面的运用和开发，具备应用研究、技术改造和解决综合技术问题的能力。未来以专业知识为基础的技能型员工的需求将会与日俱增，职业教育不得不重新思考人才培养的方向，并开始基于专业群探索课程群体系的建设，合理架构核心课程、基础课程和通用课程，不断拓展和夯实技术技能人才的知识基础和技能基础。最后，职业素养的复合。《21 世纪学习框架》提出的学习与创新技能/素养的 4C 模型广泛传播且深受认可，即审辨思维（critical thinking）、创新（creativity）、沟通（communication）和合作（collaboration），为核心素养教育提供了基本框架。从国际发展经验来看，国外职业教育在人才培养方面具有超前意识，不仅面向当前需求，更面向未来发展，尤为注重协同创新、团队合作、迁移能力等核心素养的培养。这为我国职业教育人才培养提供了启示和借鉴，职业院校应树立面向未来的人才培养理念，不仅要注重娴熟专业技能的培养，更为重要的是加大创新思维、团队合作、沟通协调等综合素养的培养力度，提升学生的综合职业素养和可持续发展能力，以应对市场的复杂多变和未来的不确定性。

二是工匠型人才。工匠型人才的培养源自对工匠精神的崇尚和追求。近年来，工匠精神连续三度写入《政府工作报告》，引发社会热议。2016 年，李克强总理首次提出“弘扬和培育精益求精的工匠精神，加强对工匠人才的培养，提高我国制造业的品质，塑造民族品牌”；2017 年，李克强总理提出“大力弘扬工匠精神，厚植工匠文化，恪尽职业操守，崇尚精益求精，打造享誉世界的中国品牌，推动中国经济发展进入质量时代”；2018 年，李克强总理提出“全面开展质量提升行动，推进与国际先进水平对标达标，弘扬工匠精神，来一场中国制造的品质革命”。国家之所以在这个时候重提工匠精神，源于我国工业制造“大而不强”的现实，源于我国工匠队伍建设的严重滞后，也源于中国制造品牌塑造和中国制造品质革命的需要。德国制造之所以在世界范围内享有盛誉，关键在于对质量的把握，而核心是具有技术过硬的工匠型人才支持，这是德国制造业的根基所在。① 同理，我国的制造强国建设离不开工匠精神、大国工匠，离不开高素质的产业工人队伍的支撑。在工业化和信息化的深度交互下，新生代的技术工人涌现，他们被称为“新型大国工匠”。与传统大国工匠相比，新型大国工匠在工匠精神方面与之共通，同样具有爱岗敬业、精益求精、兢兢业业、卓越创新等职业素养和品质，其不同点在于如今的新型大国工匠具有全新的含义，他们是掌握新一代智能、信息化技术的新型人才，拥有与机器打交道的智慧和能力。正如埃里克和安德鲁在《与机器赛跑》一书中表达的观点，“让人类驾驭机器冲到前面，而不是让人类和机器赛跑。”在访谈中，也有部分专业教师谈到“新型大国工匠”人才的培养，他们一致认为技术的智能化和综合化趋势需要新型大国工匠，新型大国工匠也理应成为高职院校制造类专业人才培养的方向和目标。另外，从社会大环境来看，当前新型大国工匠人才的培养具有坚实的社会基础，技能成才的大好时代已经到来。一是匠心回归。我国自古不缺少工匠精神，新时代有新时代的匠人匠心。《大国工匠》《我在故宫修文物》等系列纪录片的报道，展示了模范人物身上闪耀着工匠精神的光辉和魅力，让人们为之感叹和感动。实践不断证明，没有工匠精神，质量立国、大国崛起无从谈起。二是崇尚技能。人是第一生产力，正是无数技术技能人才默默无闻的奋斗和无私奉献才成就了中国速度、中国力量和中国精神。当下，国家前所未有地重视技术技能人才，积极构建技术技能人才成长通道，推进技术技能人才评价机制改革，为技术技能人才放权松绑，解决技术技能人才的发展瓶颈。在系列举措的共同努力下，我国技术技能人才的待遇和社会地位大幅提升，“崇尚一技之长、不唯学历唯能力”的理念正深入人心，劳模精神、劳动精神、工匠精神正成为时代主旋律，技术立国、技能报国正成为各行各业的价值共识。制造业大国向制造业强国跨越需要一大批技术精湛的新型大国工匠人才。为此，高职院校应把握制造业人才需求方向，大力实施现代学徒制，坚持工学结合、知行合一、德技并修。一方面通过校企深度融合创设学生技能练习的真实情境，另一方面通过校企双师的言传身教将工匠精神贯穿于人才培养过程的始终，帮助其建立职业规范、职业精神和职业认同，共同推动技术技能教育与工匠精神的高度融合，为制造业转型升级输送大批新型大国工匠人才。

三是创新型人才。创新是一个民族进步的灵魂，是国家兴旺发达的不竭动力。然而，由于缺乏核心技术的自主创新，创新能力不足是我国制造业发展的真实写照。面对全球制造业技术创新的趋势，《中国制造 2025》把创新摆在了制造业发展全局的核心位置。互联网数据中心（IDC）发布的《2020 年全球制造业预测——中

① 付卫东，林婕．“中国制造 2025”与职业教育发展战略[J]．职教论坛，2016(09)：9-16.

国启示》也提到了创新市场，即到2024年，50%的制造商将使用基于云的创新平台和市场进行跨行业和客户共同开发，这将创造50%的产品。毋庸置疑，未来创新将成为中国制造业发展的新动能，且智能化制造、数字化制造以及网络信息化制造等都与技术创新息息相关，人工智能、大数据、5G等信息技术的快速发展更是加速了技术创新的步伐，需要更多掌握先进技术的创新型人才。达尔文的进化论告诉我们，在丛林里最能存活下来的，往往不是最高大、最强壮的，而是对变化最能做出快速反应的物种，这同样适用于职业教育的人才培养。职业教育要及时跟上创新型人才培养的新变化，新增人工智能技术服务、物联网应用、无人机应用等一大批新专业或专业方向，适时调整人才培养目标，创新人才培养模式，将新技术、新工艺、新规范等产业先进元素纳入教学标准和教学内容，重在培养学生产品发明创造、生产工艺改进和生产流程优化等方面的创新能力。据最新专业备案结果统计，2020年全国共有171所高职院校获批开设"人工智能技术服务"专业。与复合型人才、工匠型人才相比，创新型人才培养更具难度，它不是职业教育想培养就能培养成的，受很多内外部因素的影响。就技术本身来看，技术创新的发生不是偶然的，而是有具体条件的，技能积累就是其最重要的前提和基础，而且技术创新也不是一蹴而就的，很可能是几代人共同努力攻坚克难的结果，几乎所有重大技术进步和突破创新无不遵循着这样的发展逻辑。在访谈中，有些专业教师也表达了同样的困惑，他们觉得创新型人才既很难界定，也很难专门培养，但是采用项目制或团队合作的方式可以激发学生的创新意识，在一定程度上有助于创新型人才的培养，甚至可能会收获"无心插柳柳成荫"的惊喜，一些创新型的学生也确实是这样成长起来的。

二、社会培训体系建立健全

职业技能培训是解决技术技能人才总量短缺、结构性矛盾和水平滞后问题的重大举措。2018年，我国确立并推行面向全体劳动者的终身职业技能培训制度，紧接着，2019年，国家印发了《职业技能提升行动方案（2019—2021年）》，提出三年间国家将投入1000亿元开展职业技能培训5000万人次以上，到2021年年底技能劳动者占就业人员总量的比例将达到25%以上，高技能人才占技能劳动者的比例将达到30%以上。面对如此庞大的市场需求，职业教育作为国民教育体系和人力资源开发体系的重要组成部分，不仅要注重职前的教育，更应在职后的技能培训方面有所作为，形成完善的技能培训与提升体系。

职业教育应围绕当前技术技能人才紧缺领域，建立完善、开放、终身的技能培训体系，精准覆盖多元培训需求，及时更新技能培训计划和内容，全面提升劳动者的职业技能水平和就业创业能力。

一是新职业新岗位培训。制造业转型升级必然会带来一些传统职业或岗位的消亡，如工业机器人代替了生产人员，AVG小车和自动化仓库替代了物流人员，但同时也会产生一系列新的与智能化、数字化和新技术相关的职业和岗位。在人社部最新发布的第一批和第二批29个新职业中，人工智能工程技术人员、物联网安装调试员、工业机器人系统操作员、智能制造工程技术人员、工业互联网工程技术人员、无人机装调检修工、铁路综合维修工等新职业随之出现。这些新产生的职业和岗位需要新的技能水平和职业素养，相关从业人员急需通过职业技能培训获得新的赋能。

二是企业员工技能提升培训。以机床为例，一方面是机床的纵向演变，企业常见的数控机床是三轴、四轴联动的，但随着加工精度、加工质量和生产效率的要求提高，五轴联动的数控机床越来越普遍；另一方面是机床的横向联通，传统机床加快了数字化、网联化和智能化的升级步伐，实现了机床与机床之间、机床与其他生产设备之间的在线交互，这越来越需要复杂的编程和操作技能。可见，企业员工的技能需求正随着智能技术的快速迭代和加速渗透而不断升级，现有员工也只有接受职业教育持续且有效的培训，通过企业新型学徒制、现代学徒制、技能竞赛等多元化形式不断学习新知识、补充新技能，才能与企业发展同步，推进企业甚至整个行业的发展。

三是企业员工转岗再就业培训。数字车间、智能工厂、智慧工厂比想象中来得更快，随着智能设备和工业互联网应用的范围越来越广，越来越多的劳动者将不可避免地面临技术性失业的阵痛。据统计，2014—2017年四年间制造业就业规模年均下降逾200万人，制造业成为就业净流出部门。这不仅是一个经济问题，更是一个社会问题，关乎民生之本。党中央把稳就业作为“六稳”之首，始终把就业工作摆在突出位置，稳制造业就业是稳就业的重要途径。职业教育应当在转移低端劳动力就业方面发力，支持帮助困难企业开展转岗再就业培训，分流下岗人员再就业压力。

四是农民工职业技能提升培训。农民工是我国制造业从业队伍的主体，这一群体总体素质不高，且大部分从事简单体力劳动和低端岗位工作。面对人才市场需求从“用工荒”向“技工荒”的转移趋势，当务之急就是提高农民工群体的技能水平。特别是新生代农民工，他们具有一定的文化素质和学历层次，学习能力也较强，具备成为技术技能人才的潜质，但缺乏连续的职业技能培训的机会。因而，在国家实施农民工职业技能提升计划的背景下，职业教育应基于学校制造类专业优势和专业资源，关注新生代农民工重点群体，为其创造高质量的教育培训机会，广泛承接并开展农民工劳动预备培训、就业技能培训和职业技能提升等专项培训，通过系统的职业技能培训帮助农民工提升技能水平和劳动价值。

三、科研社会服务能力亟待提升

职业教育与经济社会发展关系密切，不仅仅体现在人才培养和社会培训上，还体现在科研社会服务方面。从需求的角度来看，制造业企业的技术创新和增效提质需要高职院校的智力支撑。一方面，制造业的转型升级凸显了技术创新的重要价值，技术创新成为关乎企业生存和发展的核心要素，但我国企业在研发投入和研究团队方面投入严重不足，特别是中小微企业，受企业性质、发展阶段、规模效应等影响，产品升级和技术研发方面一直是生产的薄弱环节，迫切需要外在技术支援，降低自主创新的风险，促进技术创新成果转化。另一方面，高职院校具有明显的区域性，据调查，全国高职院校，大约 55.8%分布在非省会城市（不含直辖市），这些非省会城市的优质高等资源少，高职院校可能是当地唯一的技术应用型高等教育机构。[①] 因而，对于企业来说，高职院校所能提供的技术服务便显得尤为重要和可贵，成为企业自身技术研发的重要补充力量。从供给的角度来看，高职院校为当地制造业企业转型升级提供了重要的智力支撑。全国各高职院校在内涵建设阶段普遍形成了重视技术研发和服务能力提升的发展共识，紧密对接行业企业市场需求，聚力打造产教融合新生态，与行业企业共建各类国家级、省级应用技术协同创新中心，以应用型研究和技术开发为重点，积极融入以企业为主体的区域、行业技术创新体系，成了当地技术技能积累和创新的高地。如温州职业技术学院坚持立地式研发，依托全国高职院校应用技术服务联盟、国家级协同创新中心、省级工程研究中心等平台，近 5 年科技到款额 7557 万元，授权专利 900 余项，服务企业达50 000余家，且近些年教师的发明专利转化率极高，切切实实解决了企业发展的技术难题。在 2020 年知识产权产业媒体 IPRdaily 中文网与 incoPat 创新指数研究中心联合发布的“中国高校专利转让排行榜（TOP100）”中，台州职业技术学院（63 名）、江苏建筑职业技术学院（68 名）、浙江机电职业技术学院（79 名）和温州职业技术学院（82 名）4 所高职院校冲进高校专利转让百强。此外，通过对 2017—2018 年《中国高等职业教育质量年度报告》的科研社会服务经费指标进行统计分析，发现全国高职院校科研社会服务经费呈逐年递增趋势。2016 年，科研社会服务经费总额、纵向科研经费到款额、横向技术服务到款额和技术交易到款额超千万的学校分别为 85 所、17 所、39 所和 13 所，而 2017 年增加至 122 所、26 所、66 所和 25 所，分别增加了 43.53%、52.94%、69.23%和 92.31%，如表 2-4 所示。其中横向技术服务到款额和技术交易到款额增幅更为明显，这说明随着产教融合、校企合作的不断深化和推进，高职院校参与行业企业技术研发，为企业提供技术开发和技术服务、技术咨询、

① 刘晓，徐珍珍．职业教育产学研一体化办学模式研究[M]．杭州：浙江大学出版社，2017：5．

技术转让等越来越多，促进科技成果转化应用与推广也越来越频繁。

表 2-4　2016—2017 年全国高职院校科研社会服务经费超千万的学校

类别 年份	科研社会服务经费总额超千万的学校/所	纵向科研经费到款额超千万的学校/所	横向技术服务到款额超千万的学校/所	技术交易到款额超千万的学校/所
2016 年	85	17	39	13
2017 年	122	26	66	25

对高职院校而言，科研社会服务能力是衡量高职院校办学质量和综合实力的重要指标，也是师资队伍建设水平的直接体现。经过示范校和优质校的建设历程，我国高职院校科研社会服务能力取得了长足进步，明确了应用为主的科研导向，加大了科技服务经费投入，完善了科研创新体系，但与本科院校的科研投入和服务水平以及制造业转型升级的技术创新需求仍存在较大的差距，而且学校之间也存在科研社会服务能力不均衡的现象。因而，在中国特色高水平高职院校和专业建设背景下，提升科研社会服务能力不仅是制造业转型升级的需求，同时也是高职院校自身高标准、高质量、高水平发展的内在要求。高职院校应及时做出适应性调整，既要与行业企业联合共建应用研究中心、协同创新中心等多样化创新平台，也要依据产业集群化发展趋势组建高水平、结构化的教师教学创新团队，构建技术创新和成果转化的协同机制，鼓励和支持教师参与企业研究实践和技术开发，补齐科技创新和技术服务短板，促进教育链、人才链与创新链、产业链的互联互通，彰显高水平高职院校的科研社会服务能力。

总而言之，制造业的转型升级迫切需要职业教育的转型升级，而职业教育转型升级的关键在于师资队伍的升级。换言之，只有高质量的师资队伍，才能实现人才培养的全面升级、规模化的社会培训和应用化的技术创新，“领跑”制造业转型升级。当下，职业教育比以往任何时期都重视教师队伍建设，尤为重视教师团队的建设，教育部印发了《全国职业院校教师教学创新团队建设方案》，遴选了首批国家级职业教育教师教学创新团队，明确了教师教学创新团队建设的目标和内容。实践也证明，无论模块化教学改革和课程体系建设，还是企业员工培训和技术服务，都离不开教师团队的努力和贡献。与教师个体相比，以团队合作的形式，教师之间不仅可以取长补短，还可以发挥教师团队群策群力的优势。因而，基于制造业转型升级的背景，本书以装备制造大类专业为例，立足人才培养、社会培训和技术服务的需求，探讨高职院校专业教师团队建设的实然和应然状态，全面助力制造强国建设。

第三章 高职院校装备制造大类专业教师团队调查问卷编制

本章在前文概念界定和文献综述的基础上，以高职院校专业教学团队以及教师团队建设等相关研究成果为依据，初步界定高职院校装备制造大类专业教师团队的概念、内涵及其组成。根据初步拟订的内涵结构以及访谈 15 位装备制造大类专业教师（其中 7 位是专业负责人）的情况编制项目，再请专家帮助评议、修订，删除一些与内涵界定不符、有歧义的项目，初步拟制"高职院校装备制造大类专业教师团队调查问卷"的初测问卷；选取若干高职院校装备制造大类专业教师进行初测；收回初测问卷后，使用项目分析法检验、研究问卷题项的鉴别度，删除不具备鉴别力的题项；然后运用探索性因素分析方法，对初测问卷的题项再次进行筛选，确定问卷的结构；运用验证性因素分析方法，对问卷结构的拟合度进行检验，验证问卷的结构效度；最后，通过信度分析，进一步了解问卷的可靠性与有效性，进行信度检验，以证明问卷用于本研究调查的适切性，并修改完善，最终确定问卷。

第一节 问卷的项目形成及计分方式

因为教学团队或教师团队相关研究大多采用定性研究的范式，很少运用定量分析的方法，所以比较成熟的、可供参考的研究量表很少。而在问卷调查法中，研究工具的编制极为重要，只有问卷编制得科学合理，研究才有可能具备可靠性和价值性。为此，笔者在充分把握教师团队概念内涵、借鉴相关学者对教学团队以及教师团队的研究成果的基础上，首先对浙江省的金华职业技术学院、宁波职业技术学院、浙江国际海运职业技术学院、浙江工业职业技术学院、台州职业技术学院和江苏省的常州机电职业技术学院等学校的 15 位装备制造大类专业的教师（其中 7 位分别是机械制造与自动化专业、船舶工程技术专业、电气自动化专业、工业机器人技术专业、工业设计专业、模具设计与制造专业、汽车制造与装配技术专业的负责人）进行了问卷编制访谈，[①]并对访谈材料进行了初步整理和编码；然后，根据掌握的资料和研究结构的层面，初拟了含有 113 个题项的问卷初稿。以这份问卷初稿为基础，笔者又先后请 7 位研究人员（其中 5 位是教育学博士）对问卷结构、层面、因

① 6 位访谈对象接受了当面访谈，时间均超过 1 小时；5 位访谈对象接受了电话访谈，时间 40～70 分钟不等；4 位访谈对象通过电子访谈提纲回复。

素以及具体题项的表述等进行了分析、删除和修改完善，初步确定了“高职院校装备制造大类专业教师团队调查问卷(初测卷)”的主要维度。如图 3-1 所示，它们分别是建设动因，主要包括内生性动因、功能性动因、控制性动因、外显性动因等；建设环境，主要包括社会环境、制度环境、物质环境、文化环境等；建设策略，主要包括目标规划、结构优化、能力提升、制度规约、文化建设等；建设成效，主要包括团队效能、人才培养、科研成果、社会服务等。经过完善、归并后，每个因素设置 3～5 个题项，整份问卷合计 80 个题项。(见附录 A)

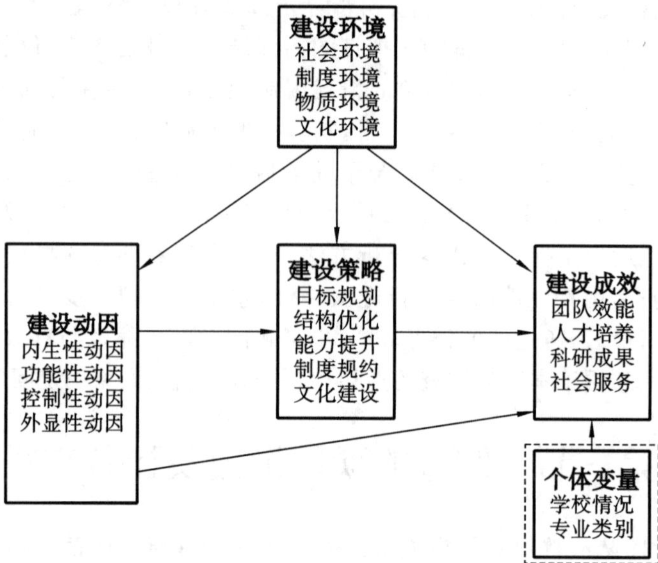

图 3-1　高职院校装备制造大类专业教师团队调查问卷(初测卷)的理论构想维度

本研究的调查工具采用李克特量表(Likert scale)，是一种比较常用的评分加总量表。学者 Berdie(1994)认为，在大多数情况下，五点量表是最可靠的，选项超过五点，一般人难以有足够的辨别力；五点量表还可以表示温和意见与强烈意见之间的区别。[①] 因此，“高职院校装备制造大类专业教师团队调查问卷”选用五点量表为各分量表的计分方式。计分从“非常符合”到“非常不符合”，共有五种程度的选项，依据同意的程度区分为“非常符合”“比较符合”“一般”“不符合”“非常不符合”五种，依序给予 5 分、4 分、3 分、2 分和 1 分。被调查者根据对所在专业教师团队的主观认知，对调查项目进行评定。

① 吴明隆. SPSS 统计应用实务[M]. 北京：中国铁道出版社，2000：7.

第二节 初测问卷的施测

一、被试

本研究采取分层抽样①和整群抽样②相结合的方法，在金华职业技术学院和浙江工业职业技术学院(东部地区)、河南交通职业技术学院和漯河职业技术学院(中部地区)、四川交通职业技术学院(西部地区)，抽取部分装备制造大类专业教师作为调查对象，最后回收有效问卷130份，问卷有效率为100%。样本被试具体的人口统计学变量如表3-1所示。男性88人，女性42人；教龄在0～5年的教师24人，6～10年的教师41人，11～15年的教师28人，16～20年的教师16人，20年以上的教师21人；专科学历5人，本科学历66人，硕士研究生学历55人，博士研究生学历4人；初级职称教师29人，中级职称教师60人，副高级职称教师32人，正高级职称教师9人；国家级重点高职(双高、示范、骨干院校建设单位)87人，省级重点高职21人，一般高职22人；行业类高职82人，地方综合类高职42人，其他类型学校的教师6人；机械设计制造类43人，机电设备类15人，自动化类6人，汽车制造类66人；国家级重点专业(双高、示范、骨干重点建设专业)50人，省级重点专业48人，非重点专业32人。

表3-1 初测有效样本的基本情况一览表(N=130)

人口统计学变量	类别	人数	百分比/(%)
性别	男	88	67.69
	女	42	32.31
教龄	0～5年	24	18.46
	6～10年	41	31.54
	11～15年	28	21.54
	16～20年	16	12.31
	20年以上	21	16.15

① 分层抽样：根据与研究内容有关的因素或指标先将总体划分为几个部分(即几个层)，然后从各部分(即各层)进行单纯随机抽样或机械随机抽样。

② 整群抽样：从总体中抽取出来的研究对象，不是以个体为单位，而是以整群为单位的抽样方法。

续表

人口统计学变量	类　别	人　数	百分比/(%)
学历	专科	5	3.85
	本科	66	50.77
	硕士研究生	55	42.31
	博士研究生	4	3.08
职称	初级	29	22.31
	中级	60	46.15
	副高级	32	24.62
	正高级	9	6.92
所在学校	国家级重点高职(双高、示范、骨干院校建设单位)	87	66.92
	省级重点高职	21	16.15
	一般高职	22	16.92
所在学校的类型	行业类高职	82	63.08
	地方综合类高职	42	32.31
	其他	6	4.62
学校所在区域	东部地区	31	23.85
	中部地区	46	35.38
	西部地区	53	40.77
所在专业的类别	机械设计制造类	43	33.08
	机电设备类	15	11.54
	自动化类	6	4.62
	铁道装备类	0	0
	船舶与海洋工程装备类	0	0
	航空装备类	0	0
	汽车制造类	66	50.77
所在专业	国家级重点专业(双高、示范、骨干重点建设专业)	50	38.46
	省级重点专业	48	36.92
	非重点专业	32	24.62

二、材料与程序

笔者使用自编的含有 80 个题项的"高职院校装备制造大类专业教师团队调查问卷(初测卷)",通过相关院系或专业负责人用微信发送问卷的方式,对东中西部五所高职院校部分装备制造大类专业的教师施测,被试按照指导语填写问卷。测试无时间限制,测试完毕及时提交试卷,最后得到有效问卷 130 份。然后将回收的问卷,运用问卷星的自动统计分析功能进行统计分析,再利用 SPSS 统计分析软件验证量表的效度、信度等。参照吴明隆的量表编制建构流程[①],修正完善本研究问卷编制的完整步骤,如图 3-2 所示。

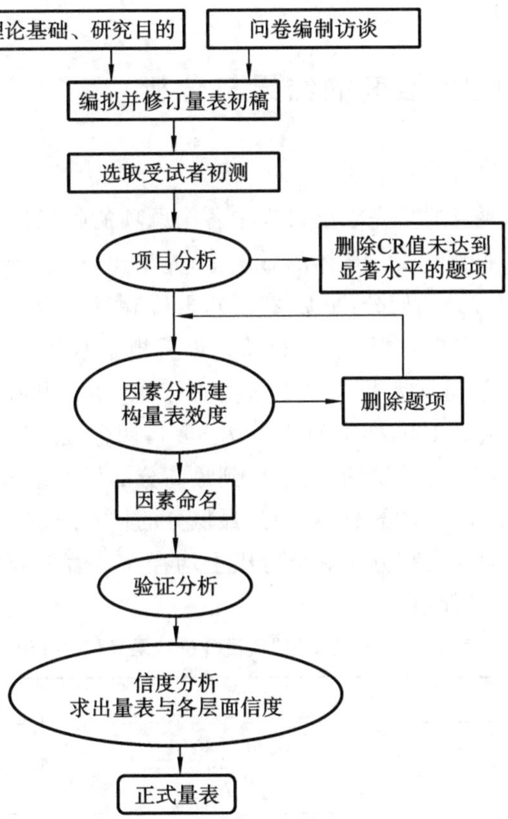

图 3-2　量表编制建构的流程图

① 吴明隆. SPSS 统计应用实务[M]. 北京:中国铁道出版社,2000:10.

三、数据处理

采用 SPSS 22.0 统计软件进行项目分析、探索性因素分析和信度分析，用 AMOS 11.0 软件进行验证性因素分析。

第三节 结果与分析

因为初测问卷的 80 个题项按建设动因、建设环境、建设策略、建设成效四个维度设计，每个维度又可能包含 3～5 个因素层面，所以初测问卷结果按照四个分量表分别进行统计分析。

一、“建设动因”维度的结果与分析

1. 项目分析

项目分析的主要目的是先求出量表中各个题项的临界比率值(CR 值)，再删除其中未达到显著水平的题项。具体的做法是，先求出量表全部题项的总分，按总分区分成高分组(前 27%)和低分组(后 27%)，再检验量表全部题项在高分组和低分组上是否存在显著差异(独立样本 T 检验)，最后删除不存在显著差异(不具备鉴别度)的题项。首先，将“建设动因”20 个题项的总分求出，按总分区分成高分组和低分组。由于样本数量为 130，样本的 27%为 35.1，四舍五入取 35。高分组由总分为 45(由高到低排名第 35 的被试的总得分)到最高分的样本组成；低分组由总分为 26(由低到高排名第 35 的被试的总得分)到最低分的样本组成。由表 3-2 可知，“建设动因”维度的 20 个题项在高分组和低分组上均存在显著差异，具备良好的鉴别度，所以 20 个题项都可以保留。

表 3-2 “建设动因”项目分析结果表(N=130)

题项	T 值	P 值
A101	8.778***	0
A102	11.708***	0
A103	13.469***	0
A104	13.094***	0
A105	13.124***	0
A201	11.833***	0
A202	12.614***	0

续表

题 项	T 值	P 值
A203	11.800***	0
A204	9.271***	0
A205	11.575***	0
A301	10.221***	0
A302	12.631***	0
A303	11.044***	0
A304	14.555***	0
A305	13.917***	0
A401	10.149***	0
A402	11.769***	0
A403	11.198***	0.005
A404	10.436***	0
A405	15.136***	0

注：***表示在 $P=0.001$ 置信水平上显著。

2. 探索性因素分析

通过 SPSS 软件分析，如表 3-3 所示，KMO 值为 0.948，非常接近 1，表明变量间的偏相关性强。此处 Bartlett's 球形检验的卡方值为 3336.305（自由度为 190），达到显著，代表母群体的相关矩阵间有共同因素存在，适合进行因素分析。①

表 3-3 "建设动因"KMO 检验和 Bartlett's 球形检验值

Kaiser-Meyer-Olkin 检验		0.948
Bartlett's 球形检验	卡方值	3336.305
	自由度	190
	sig	0.000

在确定此样本数据适合进行因素分析后，就要进一步确定可以抽取多少公共

① KMO 值和 Bartlett's 球形检验的卡方值是判断检验样本的数据是否适合进行因素分析的主要指标。KMO 值用于检验变量间的偏相关性，取值在 0～1 之间，KMO 值越接近 1，表明变量间的偏相关性越强，共同因素越多，则因素分析的效果越好。一般来说，如果 KMO 值低于 0.5，则表明不适合做因素分析；如果 KMO 值在 0.8 以上，则表明适合做因素分析。Bartlett's 球形检验值主要考察各个变量间是否相互独立，卡方值显著，则表明应该拒绝各变量间独立的假设，即表明各个变量间具有相关性，适合进行因素分析，否则就不适合。

因素。从"建设动因"探索性因素分析碎石图(见图3-3,又称陡坡图)可以看出,从第5个因素开始坡度线逐渐趋于平坦,因而保留3至5个因素较为适宜。因为在编制问卷题项时,"建设动因"维度初步分为4个层面,所以拟先抽取4个因素进行分析。

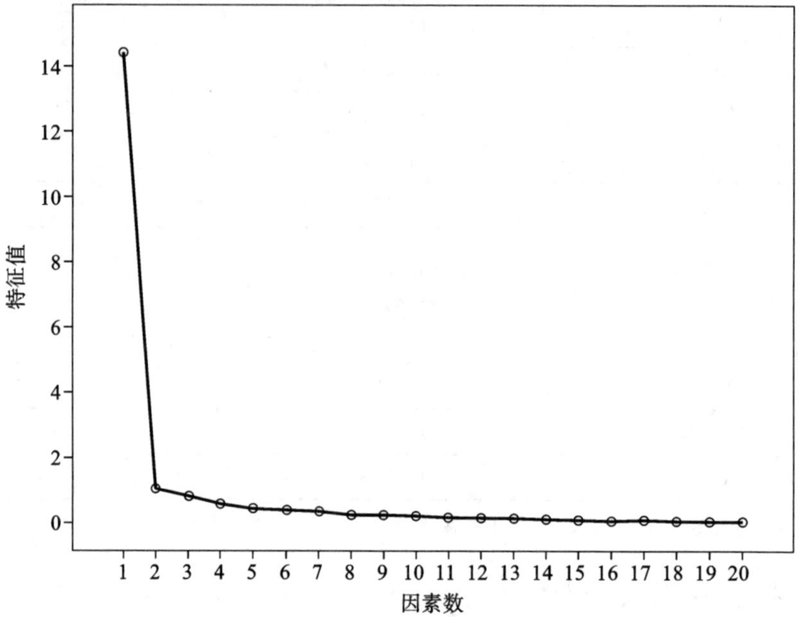

图3-3 "建设动因"探索性因素分析碎石图

确定提取的因素数后进行了第一次因素分析。如表3-4所示,各个题项可抽取的共同因素方差(共同度[①])都较大,所有的题项都得以保留。

表3-4 "建设动因"第一次因素分析各个题项可抽取的共同因素方差($N=130$)

题　项	共 同 度	题　项	共 同 度
A101	0.872	A301	0.837
A102	0.883	A302	0.768
A103	0.827	A303	0.831
A104	0.862	A304	0.829
A105	0.835	A305	0.865
A201	0.85	A401	0.727

① 每个变量在每个共同因素之负荷量的平方总和,也就是个别变量可以被共同因素解释的变异量百分比,这个值是个别变量与共同因素间多元相关的平方。

续表

题　　项	共　同　度	题　　项	共　同　度
A202	0.879	A402	0.901
A203	0.835	A403	0.897
A204	0.79	A404	0.878
A205	0.851	A405	0.893

笔者采用最为广泛的主成分分析法来抽取共同因素，并用方差极大正交旋转对因素结构进行旋转。第一次因素分析共抽取了 4 个因素，累计解释总变异量的 84.561%。旋转后的因素负荷如表 3-5 所示，A302、A304、A305 在多个因素上存在高负荷，因此删除；A101 虽然在因素 4 上存在高负荷，但因素 4 仅包括 1 个题项，数量太少，因此做删除处理。最终，"建设动因"维度剩下 16 个题项。

表 3-5　"建设动因"第一次因素分析表

题　　项	因素负荷			
	因素 1	因素 2	因素 3	因素 4
A202	0.813			
A104	0.783			
A203	0.782			
A204	0.762			
A105	0.736		0.441	
A103	0.716	0.44		
A303	0.707	0.428		
A201	0.705			
A305	0.643	0.529	0.412	
A304	0.577	0.444	0.543	
A302	0.571	0.513	0.417	
A402		0.802		
A404		0.799		
A405	0.403	0.777		
A403		0.758		
A401	0.451	0.582	0.43	
A301		0.407	0.795	

续表

题　　项	因 素 负 荷			
	因素 1	因素 2	因素 3	因素 4
A102			0.702	0.453
A205	0.56		0.636	
A101	0.436			0.728
特征值	14.422	1.068	0.821	0.602
贡献率	35.04%	24.96%	16.95%	7.62%

注：因素负荷值小于 0.4 的没有显示。

在删除了上述 4 个题项后，对剩下的 16 个题项进行第二次因素分析，如表 3-6 所示，"建设动因"维度呈现较为清晰的三因素结构。结合初拟问卷题项时设想的因素，再综合考虑第二次因素分析后的题项聚类情况，对三个因素重新命名，第一个因素为"内生动因"，包括 A103、A104、A105、A201、A202、A203、A204、A303 共 8 个题项，可解释总变异量的 38.335%；第二个因素为"外显动因"，包括 A401、A402、A403、A404、A405 共 5 个题项，可解释总变异量的 27.578%；第三个因素为"控制动因"，包括 A102、A205、A301 共 3 个题项，可解释总变异量的 18.541%。3 个因素能够解释 84.454%的变异量。一般情况下，所有因素能够解释总变异量的 60%就是结构效度较好的问卷。因此，初测问卷"建设动因"维度具有较好的理论结构。

表 3-6　"建设动因"第二次因素分析表

题　　项	因 素 负 荷		
	因素 1	因素 2	因素 3
A202	0.834		
A203	0.809		
A104	0.8		
A204	0.777	0.421	
A201	0.757		
A105	0.754		0.473
A103	0.741	0.46	
A303	0.705	0.444	
A402	0.414	0.816	
A404		0.811	
A405	0.427	0.787	

续表

题 项	因素负荷		
	因素 1	因素 2	因素 3
A403	0.403	0.77	
A401	0.424	0.607	
A301		0.427	0.793
A102	0.404		0.77
A205	0.587		0.674
特征值	11.663	1.049	0.801
贡献率	38.34%	27.58%	18.54%

注：因素负荷值小于 0.4 的没有显示。

3. 验证性因素分析

本研究使用 AMOS 11.0 软件对初测问卷进行验证性因素分析来检验因素的拟合程度，并采用 χ^2/df、IFI(incremental fit index，增值适配指数)、CFI(comparative fit index，比较适配指数)、TLI(Tacker-Lewis index，非规准适配指数)、NFI(normed fit index，规准适配指数)、RMSEA(root mean square error of approximation)六个指标进行判断。χ^2/df 表示卡方自由度比，越小表示假设的模型与实际的观察数据越适配。当卡方自由度比值小于 1 时，表示模型过度适配，若是大于 3(较宽松值为 5)①，则表示拟合度不佳，介于 1～3 表示拟合良好。但该值容易对样数敏感，容易受到样本大小的影响，因而在判断时还应该参考其他指标。IFI、CFI、TLI、NFI 的值一般在 0～1 之间，越接近 1 表示拟合度越好，一般的判断标准为大于 0.9 表示拟合良好。RMSEA 表示渐进残差均方和平方根，当 RMSEA 值小于 0.05 时，表示拟合度好，在 0.05～0.08 之间表示拟合度尚可。根据探索性因素分析确定的"建设动因"三因素结构建立模型(见图 3-4)，对"建设动因"进行验证性因素分析，结果如表 3-7 所示。除 RMSEA 值较大，超出良好拟合的范围，χ^2/df 值为2.941，小于 3；IFI、CFI、TLI 的值均大于 0.9，NFI 值为 0.893，虽然小于 0.9，但非常接近 0.9。因此，综合六个指标来看，"建设动因"的三因素结构拟合度良好，表明编写的"高职院校装备制造大类专业教师团队调查问卷"中"建设动因"维度具有较好的结构效度。

① 吴明隆. 结构方程模型——AMOS 的操作与应用[M]. 重庆：重庆大学出版社，2009：43.

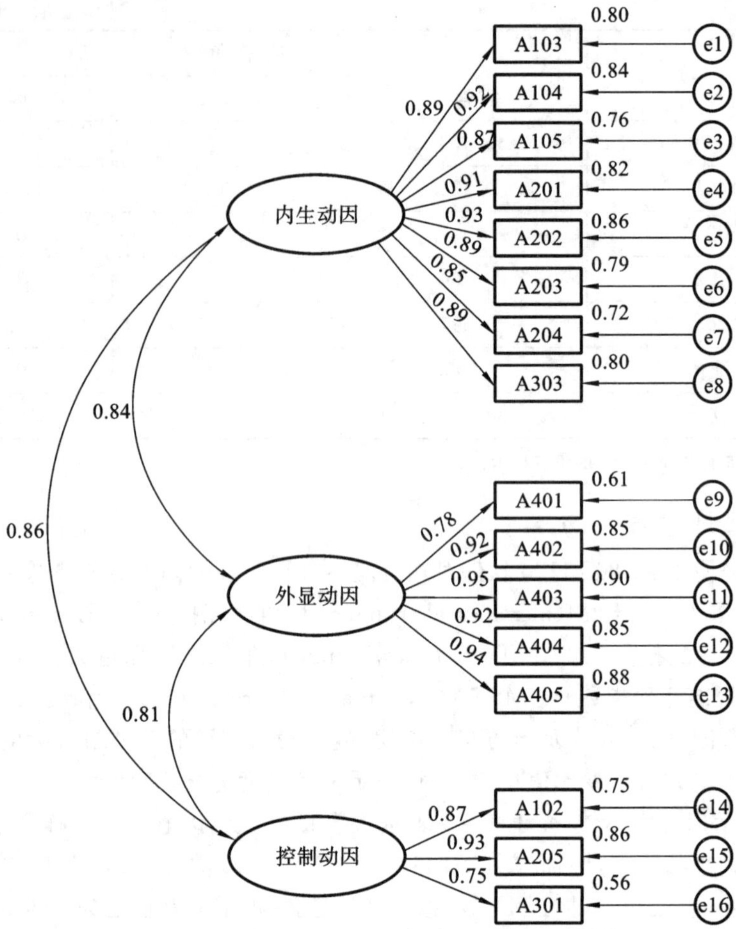

图 3-4 "建设动因"三因素结构模型

表 3-7 "建设动因"三因素模型拟合指标

拟合指数	χ^2/df	IFI	CFI	TLI	NFI	RMSEA
模型	2.941	0.927	0.926	0.912	0.893	0.123

4. 信度分析

信度分析是为了检验问卷可靠度，即测量所得结果的内部一致性程度。本研究使用"Cronbach α"系数来检验初测问卷的信度是否达标。一般认为，如果内在信度 α 系数在 0.80 以上，表示量表有高的信度，也有学者认为 0.70 是可接受的最小信度值。如表 3-8 所示，"建设动因"三个因素的"Cronbach α"系数均大于 0.8，说明"高职院校装备制造大类专业教师团队调查问卷"中"建设动因"维度具有较为理想的信度。

表 3-8 "建设动因"内部一致性系数($N=130$)

	内生动因	外显动因	控制动因
"Cronbach α"系数	0.969	0.955	0.883

二、"建设环境"维度的结果与分析

1. 项目分析

"建设环境"维度的高分组由总分为 48(由高到低排名第 35 的被试的总得分)到最高分的样本组成,低分组由总分为 31(由低到高排名第 35 的被试的总得分)到最低分的样本组成。检验所有题项在高分组和低分组上是否存在显著差异(独立样本 T 检验),不存在显著差异的题项被认为不具备鉴别度而被删除。由表 3-9 可知,"建设环境"维度高分组和低分组得分差异显著,表示 20 个题项均具有较好的鉴别度,没有需要删除的题项。

表 3-9 "建设环境"项目分析结果表($N=130$)

题项	T 值	P 值
B101	10.864***	0
B102	9.150***	0
B103	7.125***	0
B104	12.89***	0
B105	6.75***	0
B201	7.585***	0
B202	12.959***	0
B203	8.411***	0
B204	9.038***	0
B205	10.857***	0
B301	15.109***	0
B302	11.514***	0
B303	12.706***	0
B304	13.829***	0
B305	13.154***	0
B401	13.730***	0
B402	10.503***	0
B403	10.866***	0

续表

题　项	T　值	P　值
B404	11.907***	0
B405	11.828***	0

注：***表示在 $P=0.001$ 置信水平上显著。

2. 探索性因素分析

通过 SPSS 软件分析，如表 3-10 所示，KMO 值为 0.939，非常接近 1，表明变量间的偏相关性强；此处 Bartlett's 球形检验的卡方值为 2207.326（自由度为 190），达到显著，代表母群体的相关矩阵间有共同因素存在，适合进行因素分析。

表 3-10　"建设环境"KMO 检验和 Bartlett's 球形检验值

Kaiser-Meyer-Olkin 检验		0.939
Bartlett's 球形检验	卡方值	2207.326
	自由度	190
	sig	0.000

由"建设环境"探索性因素分析碎石图（如图 3-5 所示）可以看出，从第 5 个因素开始坡度线逐渐趋于平坦，因而保留 3 至 5 个因素较为适宜。因为在编制问卷题项时，"建设环境"维度也初步分为 4 个层面，所以拟抽取 4 个因素进行分析。

确定提取的因素数后进行了第一次因素分析。如表 3-11 所示，各个题项可抽取的共同因素方差（共同度）都较大，所有的题项都得以保留。

表 3-11　"建设环境"第一次因素分析各个题项可抽取的共同因素方差（$N=130$）

题　项	共　同　度	题　项	共　同　度
B101	0.703	B301	0.798
B102	0.7	B302	0.724
B103	0.588	B303	0.803
B104	0.758	B304	0.749
B105	0.774	B305	0.776
B201	0.766	B401	0.751
B202	0.767	B402	0.853
B203	0.773	B403	0.852
B204	0.705	B404	0.734
B205	0.706	B405	0.786

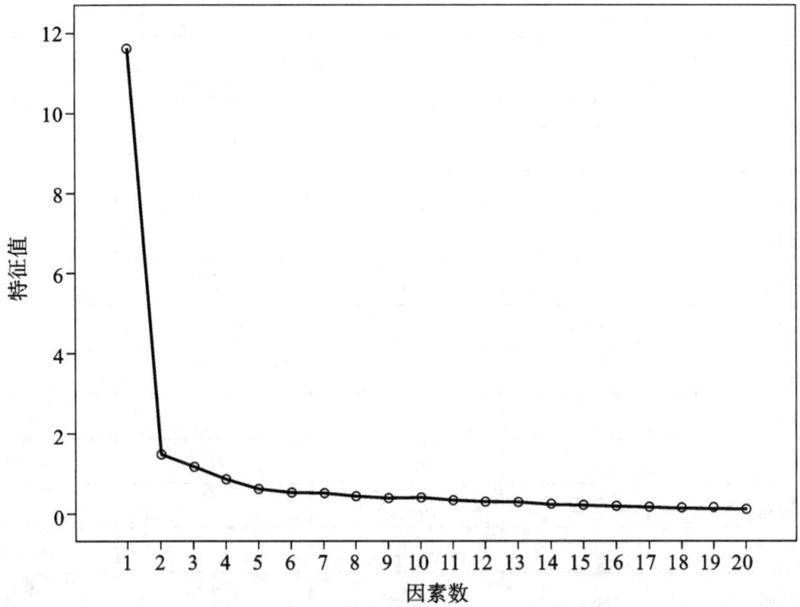

图 3-5　“建设环境”探索性因素分析碎石图

第一次因素分析共抽取了 4 个因素，累计解释总变异量的 75.341%。旋转后的因素负荷如表 3-12 所示。题项 B104 在 3 个因素上存在高负荷，且因负荷较为接近，因此删除。B101 虽然只在因素 2 上存在高负荷，但该题项内容与因素 2 包含的其他题项内容不适切，因此做删除处理。最终，“建设环境”维度剩下 18 个题项。

表 3-12　“建设环境”第一次因素分析表

题　项	因素负荷			
	因素 1	因素 2	因素 3	因素 4
B402	0.836			
B403	0.83			
B405	0.772			
B401	0.743			
B404	0.67			
B301		0.772		
B303		0.768		
B305	0.42	0.717		
B304	0.471	0.697		
B302	0.407	0.633		

续表

题　　项	因素负荷			
	因素 1	因素 2	因素 3	因素 4
B101		0.618		0.486
B201			0.798	
B203			0.766	
B202		0.404	0.711	
B204	0.414		0.634	
B205			0.629	
B105				0.81
B102			0.432	0.606
B104	0.455	0.455		0.521
B103		0.431		0.506
特征值	11.567	1.488	1.164	0.85
贡献度	22.90%	21.63%	18.68%	12.14%

注:因素负荷值小于 0.4 的没有显示。

在删除了上述 2 个题项后,对剩下的 18 个题项进行第二次因素分析。如表3-13所示,“建设环境”维度呈现较为清晰的四因素结构,而且聚类情况与初拟问卷题项时的设想非常一致,无须重新命名。第一个因素为“文化环境”,包括 B401、B402、B403、B404、B405 共 5 个题项,可解释总变异量的 23.448%;第二个因素为“物质环境”,包括 B301、B302、B303、B304、B305 共 5 个题项,可解释总变异量的 21.773%;第三个因素为“制度环境”,包括 B201、B202、B203、B204、B205 共 5 个题项,可解释总变异量的 20.315%;第四个因素为“社会环境”,包括 B102、B103、B105 共 3 个题项,可解释总变异量的 10.793%。4 个因素总计能够解释 76.329%的变异量。一般情况下,所有因素能够解释总变异量的 60%就是结构效度较好的问卷。因此,初测问卷“建设环境”维度具有较好的理论结构。

表 3-13　“建设环境”第二次因素分析表

题　　项	因素负荷			
	因素 1	因素 2	因素 3	因素 4
B402	0.828			
B403	0.82			
B405	0.781			

续表

题项	因素负荷			
	因素1	因素2	因素3	因素4
B401	0.728			
B404	0.673		0.421	
B303		0.788		
B301		0.753		
B305		0.736		
B304	0.456	0.711		
B302		0.67		
B201			0.808	
B203			0.748	
B202		0.407	0.729	
B205			0.647	
B204	0.401		0.637	
B105				0.822
B103		0.464		0.611
B102			0.458	0.564
特征值	10.388	1.48	1.081	0.79
贡献度	23.45%	21.77%	20.32%	10.79%

注:因素负荷值小于0.4的没有显示。

3. 验证性因素分析

根据探索性因素分析确定的“建设环境”四因素结构建立模型(如图3-6所示),对“建设环境”进行验证性因素分析,结果如表3-14所示。除RMSEA值较大,超出良好拟合的范围,χ^2/df值为1.85,小于3;IFI、CFI、TLI的值均大于0.9,NFI值为0.883,虽然小于0.9,但非常接近0.9。因此,综合六个指标来看,“建设环境”的四因素结构拟合度良好,表明编写的“高职院校装备制造大类专业教师团队调查问卷”中“建设环境”维度具有较好的结构效度。

表3-14 “建设环境”四因素模型拟合指标

拟合指数	χ^2/df	IFI	CFI	TLI	NFI	RMSEA
模型	1.85	0.942	0.942	0.931	0.883	0.081

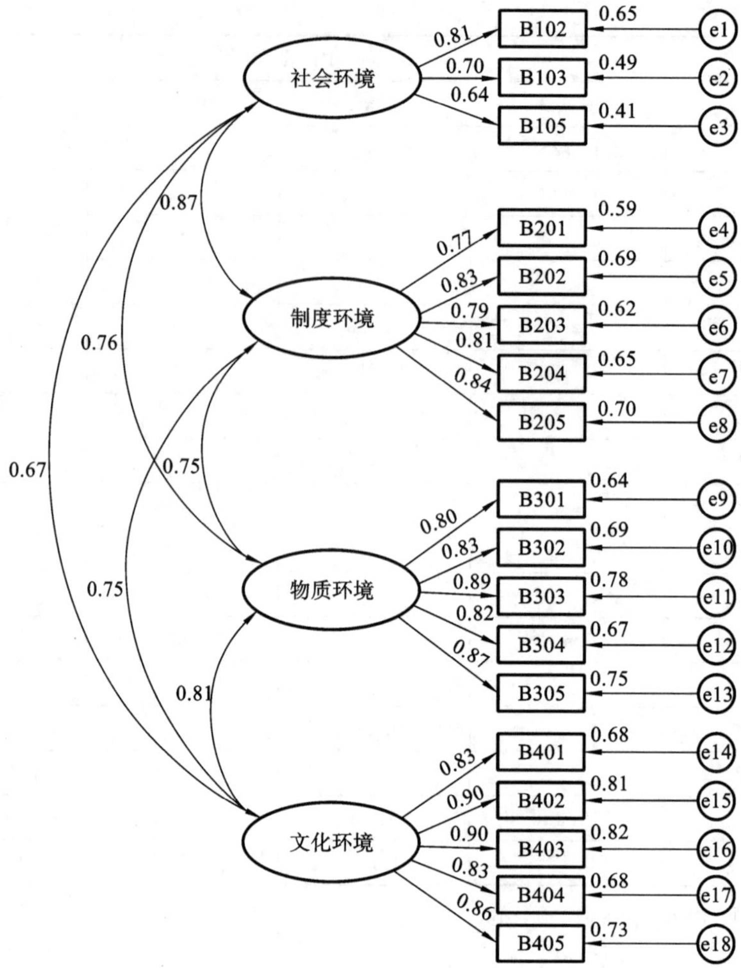

图 3-6 "建设环境"四因素结构模型

4. 信度分析

如表 3-15 所示,"建设环境"四个因素的均大于 0.7,其中"制度环境""物质环境""文化环境"的"Cronbach α"系数均大于 0.9,总体来说"高职院校装备制造大类专业教师团队调查问卷"中"建设环境"维度具有较为理想的信度。

表 3-15 "建设环境"内部一致性系数($N=130$)

	社会环境	制度环境	物质环境	文化环境
"Cronbach α"系数	0.758	0.901	0.92	0.932

三、“建设策略”维度的结果与分析

1. 项目分析

“建设策略”维度的高分组由总分为51(由高到低排名第35的被试的总得分)到最高分的样本组成,低分组由总分为27(由低到高排名第35的被试的总得分)到最低分的样本组成。由表3-16可知,“建设策略”维度的20个题项高分组和低分组得分差异显著,表示20个题项均具有较好的鉴别度,没有需要删除的题项。

表3-16　“建设策略”项目分析结果表($N=130$)

题　项	T　值	P　值
C101	11.224***	0
C102	13.835***	0
C103	10.951***	0
C104	14.073***	0
C201	12.755***	0
C202	15.223***	0
C203	12.522***	0
C204	11.534***	0
C301	11.231***	0
C302	13.075***	0
C303	12.36***	0
C304	14.733***	0
C401	17.205***	0
C402	15.698***	0
C403	10.069***	0
C404	14.315***	0
C501	16.445***	0
C502	14.257***	0
C503	12.704***	0
C504	14.963***	0

注:***表示在$P=0.001$置信水平上显著。

2. 探索性因素分析

"建设策略"维度按常规进行第一次探索性因素分析显示(分别见表3-17、表3-18、表3-19),其中70%的题项在2~3个因素上存在大于0.4的因素负荷,但5个因素上都有若干个题项存在较大的因素负荷。根据专家建议,自编问卷时按一定逻辑聚类相关题项,并已命名相应因素,可以直接进行验证性因素分析。因此,本研究中"建设策略"维度拟在第一次探索性因素分析基础上,修改完善相关题项,然后直接进行验证性因素分析。

表3-17 "建设策略"KMO检验和Bartlett's球形检验值

Kaiser-Meyer-Olkin 检验		0.946
Bartlett's 球形检验	卡方值	3497.986
	自由度	190
	sig	0

表3-18 "建设策略"第一次因素分析各个题项可抽取的共同因素方差(N=130)

题　项	共　同　度	题　项	共　同　度
C101	0.87	C303	0.876
C102	0.818	C304	0.901
C103	0.69	C401	0.862
C104	0.876	C402	0.852
C201	0.827	C403	0.84
C202	0.854	C404	0.888
C203	0.792	C501	0.909
C204	0.792	C502	0.815
C301	0.787	C503	0.89
C302	0.894	C504	0.914

表3-19 "建设策略"第一次因素分析表

题　项	因素负荷			
	因素1	因素2	因素3	因素4
C504	0.844			
C503	0.834			
C303	0.638		0.538	

续表

题　项	因素负荷			
	因素 1	因素 2	因素 3	因素 4
C304	0.624		0.553	
C302	0.598		0.592	
C401	0.53		0.511	0.447
C101		0.758	0.477	
C202		0.712		
C201		0.69		0.429
C104	0.443	0.636		0.491
C203		0.588	0.553	
C204	0.509	0.586		
C103		0.571		0.421
C102		0.565	0.478	
C403			0.754	
C404	0.41		0.617	0.477
C301	0.524		0.583	
C402				0.713
C502		0.479		0.633
C501	0.427		0.543	0.584
特征值	14.853	0.938	0.653	0.503
贡献度	23.90%	23.78%	21.38%	15.68%

注：因素负荷值小于 0.4 的没有显示。

3. 验证性因素分析

根据修改后的“建设策略”五因素结构建立模型（如图 3-7 所示），对“建设策略”进行验证性因素分析，结果如表 3-20 所示。χ^2/df 值为 4.065，RMSEA 值为0.154，均超过了拟合良好的数值范围；TLI、NFI 值未达到理想的标准，但都较为接近 0.9，IFI 和 CFI 的值大于 0.9，达到标准。综合六个指标来看，“建设策略”的五因素结构拟合度尚可，表明编写的“高职院校装备制造大类专业教师团队调查问卷”中“建设策略”维度具有较好的结构效度。

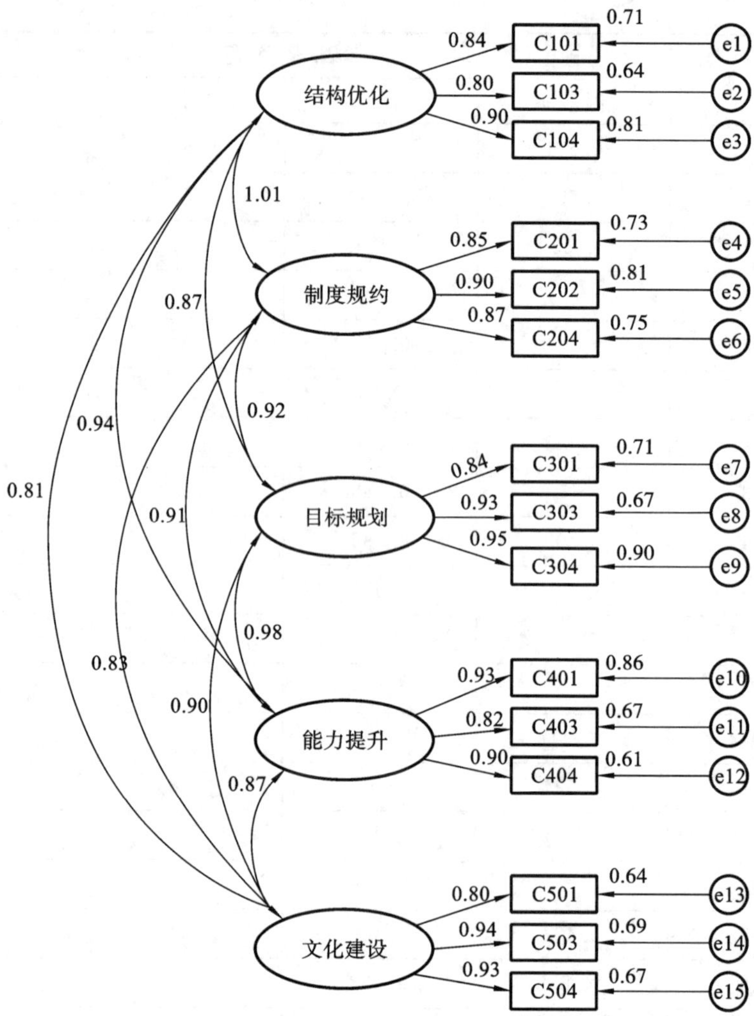

图 3-7 “建设策略”五因素结构模型

表 3-20 “建设策略”五因素模型拟合指标

拟合指数	χ^2/df	IFI	CFI	TLI	NFI	RMSEA
模型	4.065	0.902	0.901	0.870	0.874	0.154

4. 信度分析

如表 3-21 所示，“建设策略”五个维度的“Cronbach α”系数均大于 0.8，说明“高职院校装备制造大类专业教师团队调查问卷”中“建设策略”维度具有较为理想的信度。

表 3-21　“建设策略”内部一致性系数($N=130$)

	结构优化	制度规约	目标规划	能力提升	文化建设
“Cronbach α”系数	0.884	0.904	0.933	0.919	0.910

四、“建设成效”维度的结果与分析

1. 项目分析

“建设成效”维度的高分组由总分为 51(由高到低排名第 35 的被试的总得分)到最高分的样本组成,低分组由总分为 30(由低到高排名第 35 的被试的总得分)到最低分的样本组成。由表 3-22 可知,“建设成效”维度的 20 个题项高分组和低分组得分差异显著,表示 20 个题项均具有较好的鉴别度,没有需要删除的题项。

表 3-22　“建设成效”项目分析结果表($N=130$)

题　项	T　值	P　值
D101	10.628***	0.000
D102	13.784***	0.000
D103	10.39***	0.000
D104	12.826***	0.000
D105	14.642***	0.000
D201	11.707***	0.000
D202	15.656***	0.000
D203	10.887***	0.000
D204	10.712***	0.000
D205	13.384***	0.000
D301	11.583***	0.000
D302	14.309***	0.000
D303	14.309***	0.000
D304	16.099***	0.000
D305	14.781***	0.000
D401	14.542***	0.000
D402	15.717***	0.000
D403	16.6***	0.000

续表

题　项	T　值	P　值
D404	12.132***	0.000
D405	11.664***	0.000

注：***表示在 $P=0.001$ 置信水平上显著。

2. 探索性因素分析

通过 SPSS 软件分析，如表 3-23 所示，KMO 值为 0.952，非常接近 1，表明变量间的偏相关性强；此处 Bartlett's 球形检验的卡方值为 3024.459（自由度为 190），达到显著，代表母群体的相关矩阵间有共同因素存在，适合进行因素分析。

表 3-23　"建设成效"KMO 检验和 Bartlett's 球形检验值

Kaiser-Meyer-Olkin 检验		0.952
Bartlett's 球形检验	卡方值	3024.459
	自由度	190
	sig	0.000

由"建设成效"探索性因素分析碎石图（如图 3-8 所示）可以看出，在第 4～5 个因素处坡度线最平坦，因而抽取 4～5 个因素最为适宜。因为在编制问卷题项时，"建设成效"维度也初步分为 4 个层面，所以拟抽取 4 个因素进行分析。

确定提取的因素数后进行了第一次因素分析。如表 3-24 所示，各个题项可抽取的共同因素方差（共同度）都较大，所有的题项都得以保留。

表 3-24　"建设成效"第一次因素分析各个题项可抽取的共同因素方差（$N=130$）

题　项	共　同　度	题　项	共　同　度
D101	0.807	D301	0.78
D102	0.852	D302	0.801
D103	0.801	D303	0.716
D104	0.856	D304	0.906
D105	0.858	D305	0.827
D201	0.779	D401	0.861
D202	0.854	D402	0.876
D203	0.834	D403	0.9
D204	0.787	D404	0.823
D205	0.843	D405	0.783

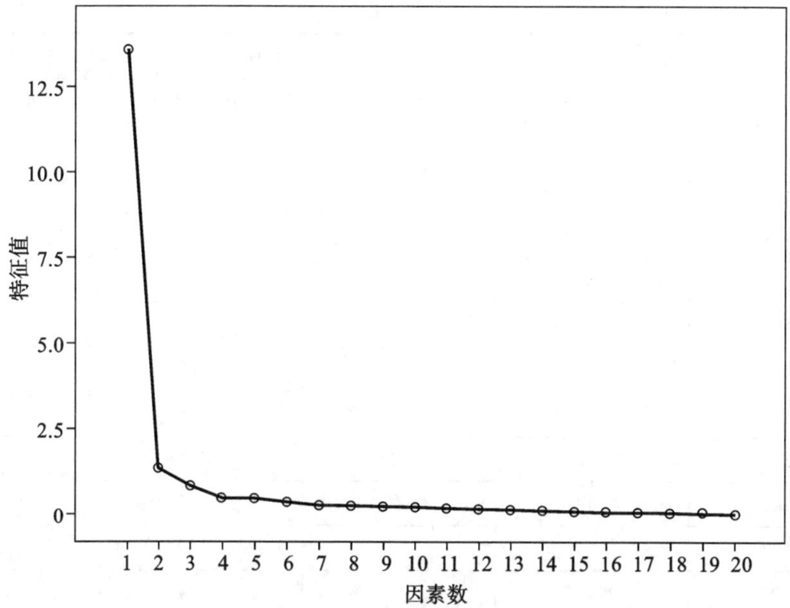

图 3-8　"建设成效"探索性因素分析碎石图

第一次因素分析共抽取了 4 个因素，累计解释总变异量的 82.723%。旋转后的因素负荷如表 3-25 所示。题项 D404、D405 在 2 个因素上存在大于 0.5 且较为相近的因素负荷，因此删除。D201 虽然只在因素 3 上存在高负荷，但该题项内容与因素 3 包含的其他题项内容不适切，因此做删除处理。最终，"建设成效"维度剩下 17 个题项。

表 3-25　"建设成效"第一次因素分析表

题　　项	因素负荷			
	因素 1	因素 2	因素 3	因素 4
D304	0.86			
D403	0.855			
D402	0.784			
D401	0.765			
D303	0.749			
D305	0.728			
D302	0.624			0.494
D301	0.601		0.449	0.427
D104		0.857		

续表

题项	因素负荷			
	因素 1	因素 2	因素 3	因素 4
D102		0.764		
D103		0.728		
D105	0.447	0.708		
D101		0.69	0.482	
D201		0.67		
D203			0.772	
D204			0.705	
D202	0.426	0.47	0.663	
D205	0.445	0.467	0.646	
D405			0.542	0.536
D404	0.429		0.504	0.515
特征值	13.748	1.402	0.878	0.517
贡献度	30.12%	24.36%	19.28%	8.97%

注:因素负荷值小于 0.4 的没有显示。

在删除了上述的 3 个题项后,对剩下的 17 个题项进行第二次因素分析。如表 3-26 所示,“建设成效”维度呈现较为清晰的三因素结构。结合初拟问卷题项时设想的因素,再综合考虑第二次因素分析后的题项聚类情况,对三个因素重新命名,第一个因素为“科技服务”,包括 D301、D302、D303、D304、D305、D401、D402、D403 共 8 个题项,可解释总变异量的 35.633%;第二个因素为“团队效能”,包括 D101、D102、D103、D104、D105 共 5 个题项,可解释总变异量的 25.733%;第三个因素为“人才培养”,包括 D202、D203、D204、D205 共 4 个题项,可解释总变异量的 20.54%。3 个因素能够解释 81.906%的变异量。一般情况下,所有因素能够解释总变异量的 60%就是结构效度较好的问卷。因此,初测问卷“建设成效”维度具有较好的理论结构。

表 3-26 “建设成效”第二次因素分析表

题项	因素负荷		
	因素 1	因素 2	因素 3
D403	0.871		
D304	0.849		

续表

题项	因素负荷		
	因素 1	因素 2	因素 3
D401	0.8		
D402	0.797		
D305	0.766		
D303	0.742		
D302	0.705		
D301	0.664		0.556
D104		0.878	
D102		0.766	
D103		0.732	
D105	0.495	0.725	
D101		0.699	0.459
D204			0.796
D203			0.776
D202	0.421	0.488	0.642
D205	0.436	0.481	0.629
特征值	11.802	1.323	0.799
贡献度	35.63%	25.73%	20.54%

注:因素负荷值小于 0.4 的没有显示。

3. 验证性因素分析

根据探索性因素分析确定的“建设成效”三因素结构建立模型(如图 3-9 所示),验证性因素分析结果如表 3-27 所示。χ^2/df 值为 2.144,小于 3;IFI、CFI、TLI、NFI 的值均大于 0.9,仅 RMSEA 值超出良好拟合的范围,但超出不多,因此,综合六个指标来看,“建设成效”的三因素结构拟合度良好,表明编写的“高职院校装备制造大类专业教师团队调查问卷”中“建设成效”维度具有较好的结构效度。

表 3-27 “建设成效”三因素模型拟合指标

拟合指数	χ^2/df	IFI	CFI	TLI	NFI	RMSEA
模型	2.144	0.948	0.948	0.939	0.907	0.094

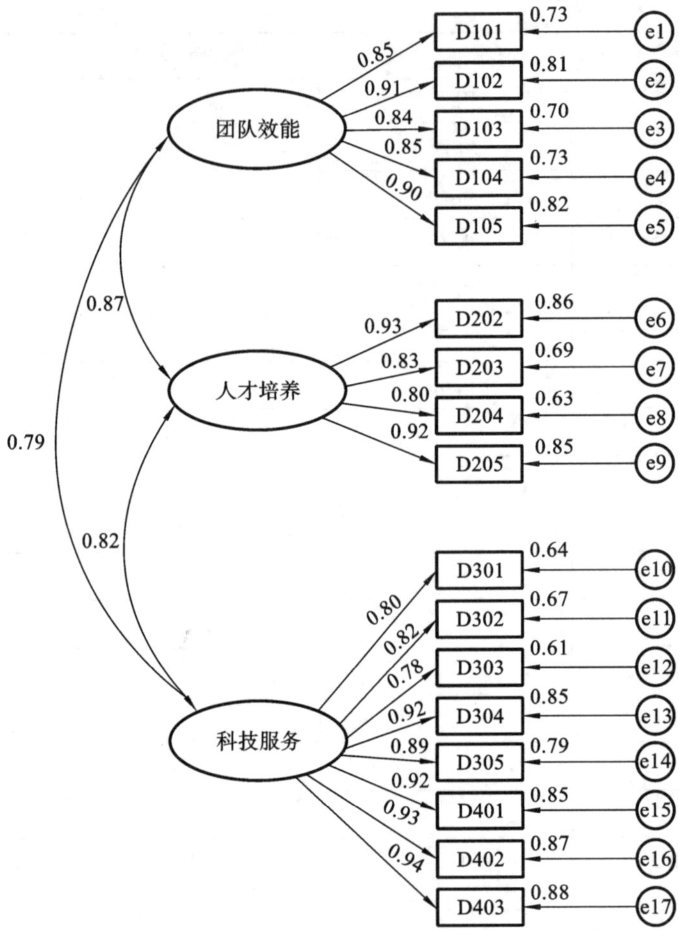

图 3-9 “建设成效”三因素结构模型

4. 信度分析

如表 3-28 所示，“建设成效”三个因素的“Cronbach α”系数均大于 0.9，说明“高职院校装备制造大类专业教师团队调查问卷”中“建设成效”维度具有较为理想的信度。

表 3-28 “建设成效”内部一致性系数(N=130)

	团队效能	人才培养	科技服务
“Cronbach α”系数	0.94	0.927	0.964

第四章　高职院校装备制造大类专业教师团队现状调查

本章以“高职院校装备制造大类专业教师团队调查问卷”为研究工具，抽样调查我国东中西部地区 12 个省份 200 余所高职院校的装备制造大类专业教师团队，依据问卷调查资料，通过 T 检验和方差分析等方法分析不同区域、类型高职院校装备制造大类专业教师团队的特征与差异表征。

第一节　调研设计

为了深入调查、全面分析当前高职院校装备制造大类专业教师团队的现状，需要对整个调研的目的、工具、对象、范围、路径和手段等进行设计规划，这是保证研究结果客观、可靠的前提基础。以下从调研的目的、工具和对象三个方面简要阐述本次调研的设计思路。

一、调研目的

如前所述，以往高职院校教学团队或教师团队建设相关研究大多是基于探索实践的思辨分析，使用定量研究方法对高职院校教师团队相关问题进行探究的很少。我国高职院校有 1400 多所，所设专业则数以万计，不同区域、不同类型院校、不同专业大类的教师团队，涉及面广，情况复杂。其中有哪些共性特点，又可能存在什么样的差异，仅仅通过少数个案的单独研究，很难从总体上认识相关类别专业教师团队的建设情况，并从整体上把握其本质特征。因此，本书试图采用定量分析的方法从总体上认识高职院校装备制造大类专业教师团队的基本现状，分析不同区域、不同类型高职院校专业教师团队建设情况存在的差异，并探索相关因素对建设成效可能产生的影响。具体研究问题如下：

（1）高职院校装备制造大类专业教师团队的基本现状如何？其建设动因、建设环境、建设策略、建设成效情况如何？

（2）高职院校装备制造大类专业教师团队建设动因、建设环境、建设策略、建设成效是否有显著的相关存在？

（3）不同层次的高职院校，其装备制造大类专业教师团队建设动因、建设环境、建设策略与建设成效是否有显著的差异？

(4) 不同类型的高职院校，其装备制造大类专业教师团队建设动因、建设环境、建设策略与建设成效是否有显著的差异？

(5) 不同区域的高职院校，其装备制造大类专业教师团队建设动因、建设环境、建设策略与建设成效是否有显著的差异？

(6) 装备制造大类中不同层次的专业，其专业教师团队建设动因、建设环境、建设策略与建设成效是否有显著的差异？

(7) 专业教师团队的建设动因、建设环境、建设策略，是否可以有效预测建设成效？其预测力如何？

(8) 研究模式图是否可以得到支持？

二、调研工具

本研究采用自编的“高职院校装备制造大类专业教师团队调查问卷”(终测卷)(见附录 B)，调查不同区域、学校类型、专业类别高职院校装备制造大类专业教师团队的建设情况。问卷包括五部分，第一部分是基本信息，除常规的调查对象(教师)的信息外，还设计了由专业负责人填写的针对专业的 17 个题项，专门用于调查装备制造大类专业的现状；第二至五部分分别是建设动因问卷(包括内生动因、控制动因、外显动因三个因素)，建设环境问卷(包括社会环境、制度环境、物质环境、文化环境四个因素)，建设策略问卷(包括结构优化、制度规约、目标规划、能力提升、文化建设五个因素)，建设成效问卷(包括团队效能、人才培养、科技服务三个因素)等四个分量表，合计 66 个题项。问卷采用李克特五点量表进行评定，从“非常不符合”到“非常符合”，分别用数字 1～5 表示。通过计算各分量表与总量表的内部一致性系数来检验其信度，最终得出高职院校装备制造大类专业教师团队调查问卷的一致性系数为 0.853，各分量表的信度值也分布在 0.7～0.9 之间，说明四个分量表的一致性程度较高且内部结构良好。

本研究采用 SPSS 22.0 统计软件包进行描述性分析、相关分析和回归分析。

三、调研对象

本研究采取分层随机抽样的方法，选取东部地区的河北、山东、浙江、广东，中部地区的湖北、湖南、安徽、黑龙江，西部地区的重庆、四川、陕西、甘肃等 12 个省份，207 所高职院校的装备制造大类专业教师为施测对象，兼顾了区域、学校类型、专业类别等多个维度，共回收问卷 1843 份，剔除 261 份作答用时过短、选项雷同的无效问卷，有效样本为 1582 份，其中 361 份由专业负责人填写。调研对象具体的人口统计学变量指标如表 4-1 所示：男性 994 人，女性 588 人；教龄在 0～5 年的教师 327 人，在 6～10 年的教师 247 人，在 11～15 年的教师 455 人，在 16～20 年的教师

191 人，在 20 年以上的教师为 362 人；专科学历教师 37 人，本科学历教师 801 人，硕士研究生学历教师 690 人，博士研究生学历教师 54 人；初级职称教师 267 人，中级职称教师 702 人，副高级职称教师 506 人，正高级职称教师 107 人；一般高职 677 人，省级重点高职 322 人，国家级重点高职（双高、示范、骨干院校建设单位）583 人；行业类高职 423 人，地方综合类高职 1159 人；东部地区 479 人，中部地区 772 人，西部地区 331 人；机械设计制造类 652 人，机电设备类 329 人，自动化类 297 人，铁道装备类 10 人，船舶与海洋工程装备类 21 人，航空装备类 28 人，汽车制造类 245 人；非重点专业 826 人，省级重点专业 505 人，国家级重点专业（双高、示范、骨干重点建设专业）251 人；专业负责人有 361 名。

表 4-1　终测有效样本的基本情况一览表（N=1582）

人口统计学变量	类　　别	人数/人	百分比/(%)
性别	男	994	62.83
	女	588	37.17
教龄	0～5 年	327	20.67
	6～10 年	247	15.61
	11～15 年	455	28.76
	16～20 年	191	12.07
	20 年以上	362	22.88
学历	专科	37	2.34
	本科	801	50.63
	硕士研究生	690	43.62
	博士研究生	54	3.41
职称	初级	267	16.88
	中级	702	44.37
	副高级	506	31.98
	正高级	107	6.76
所在学校性质	一般高职	677	42.79
	省级重点高职	322	20.35
	国家级重点高职（双高、示范、骨干院校建设单位）	583	36.85

续表

人口统计学变量	类　　别	人数/人	百分比/(%)
所在学校类型	行业类高职	423	26.74
	地方综合类高职	1159	73.26
学校所在区域	东部地区	479	30.28
	中部地区	772	48.80
	西部地区	331	20.92
所在专业类别	机械设计制造类	652	41.21
	机电设备类	329	20.80
	自动化类	297	18.77
	铁道装备类	10	0.63
	船舶与海洋工程装备类	21	1.33
	航空装备类	28	1.77
	汽车制造类	245	15.49
所在专业性质	非重点专业	826	52.21
	省级重点专业	505	31.92
	国家级重点专业(双高、示范、骨干重点建设专业)	251	15.87
是否为专业负责人	是	361	22.82
	否	1221	77.18

第二节　建设动因

本节主要对高职院校装备制造大类专业教师团队建设动因各变量进行描述性统计和相关分析。通过描述性统计从整体上了解高职院校装备制造大类专业教师团队建设动因的整体状况，对基本特征进行描述；通过相关分析分别讨论学校组织层面不同层次高职院校、不同类型高职院校、不同区域高职院校，专业组织层面高职院校不同层次装备制造大类专业，它们和专业教师团队建设动因的关系，进行特征差异比较。

一、基本特征描述

表 4-2 列出了样本在“高职院校装备制造大类专业教师团队调查问卷”中建设动因层面及其三个子层面上的平均值和标准差。

表 4-2　高职院校装备制造大类专业教师团队建设动因描述性统计表

层　面	总　数		平　均　值	标　准　差	题　项　数	每项平均值
	有效	缺失				
建设动因	1582	0	64.22	11.53	16	4.01
内生动因	1582	0	33.29	5.87	8	4.16
控制动因	1582	0	11.21	2.59	3	3.74
外显动因	1582	0	19.72	4.19	5	3.94

从表 4-2 可以得到如下发现：

第一，从建设动因层面看，高职院校装备制造大类专业教师团队建设动因每题平均得分 4.01 分，介于“4（比较符合）～5（非常符合）”之间，处于较高动因水平，表明高职院校装备制造大类专业在教师团队建设上有着较强的动机。

第二，从建设动因三个子层面看，内生动因每题平均得分 4.16 分，介于“4（比较符合）～5（非常符合）”之间，处于较高水平；控制动因和外显动因每题平均得分分别为 3.74 分和 3.94 分，介于“3（一般）～4（比较符合）”之间，处于中等偏高水平。其中，内生动因＞外显动因＞控制动因，表明高职院校装备制造大类专业在教师团队建设的动因中，基于团队成长的内生动因是建设动因的主要来源，外部的控制动因和外显动因以中等较高的水平与内生动因共同构成了高职院校装备制造大类专业教师团队建设动因。

二、不同层次高职院校装备制造大类专业教师团队建设动因特征比较

我国高职院校有 1400 多所，所设专业数以万计，不同区域、不同类型院校、不同专业大类的教师团队，涉及面广，情况复杂。就高职院校的学校层面讲，21 世纪以来，国家和各地方特别重视高等职业院校的建设和评估，实施了相应的重点学校建设计划，提高了高职院校的办学水平和办学质量。

为了便于统计和比较分析，也为了进一步探索不同层次高职院校装备制造大类专业教师团队建设在建设动因层面的特征差异，将高职院校根据学校层次划分为“一般高职”、“省级重点高职”和“国家级重点高职（双高、示范、骨干院校建设单

位)”三个层次。表4-3列出了一般高职院校、省级重点高职院校和国家级重点高职院校在“高职院校装备制造大类专业教师团队调查问卷”建设动因层面及其三个子层面上的平均得分、标准差以及方差分析 F 检验之后的结果。

表4-3　不同层次高职院校装备制造大类专业教师团队建设动因特征比较

维　　度	学校层次	总数	平均值	每项平均值	标准差	F 值	事后检验 Scheffe 法
建设动因	一般高职	677	62.91	3.91	11.71	8.973**	一般高职＜省级重点高职＜国家级重点高职
	省级重点高职	322	64.41	4.03	11.55		
	国家级重点高职	583	65.65	4.1	11.15		
内生动因	一般高职	677	32.82	4.03	6.02	5.277**	
	省级重点高职	322	33.22	4.15	5.79		
	国家级重点高职	583	33.89	4.24	5.70		
控制动因	一般高职	677	11.00	3.67	2.57	5.342**	
	省级重点高职	322	11.20	3.73	2.55		
	国家级重点高职	583	11.47	3.82	2.61		
外显动因	一般高职	677	19.10	3.82	4.28	13.739**	
	省级重点高职	322	20.00	4	4.10		
	国家级重点高职	583	20.29	4.06	4.03		

注：** 表示所标注 F 值对应的 $p<0.01$。

如表4-3所示，4组 F 值对应的 p 值都小于0.01，这说明一般高职、省级重点高职院校和国家级重点高职院校在装备制造大类专业教师团队建设动因层面上存在极其显著的差异；在内生动因、控制动因和外显动因这三个建设动因子层面上均存在极其显著的差异；无论是整体上的建设动因，还是内生动因、控制动因和外显动因三个子建设动因，三个层次的高职院校在动因水平上均呈升序排列：一般高职＜省级重点高职＜国家级重点高职。这表明我国不同层次高职院校在装备制造大类专业教师团队建设动因上差异较大，国家级重点高职院校动因水平最高，省级重点高职院校动因水平次之，一般高职院校动因水平较低。这一结果表明，高职院校不同层次的定级正是对高职院校办学质量的一种肯定，重点高职院校在装备制造大类专业教师团队建设动因层面上的良好表现也十分合理。

从具体数据看，不论是整体上的建设动因，还是具体层面的内生动因、控制动因和外显动因三个子建设动因，国家级重点高职每项平均得分都高于省级重点高职，省级重点高职每项平均得分都高于一般高职。在三个子建设动因中，不同层次的高职院校都在内生动因子层面平均得分最高，介于“4(比较符合)～5(非常符合)”之间;而在控制动因子层面平均得分相对较低,介于“3(一般)～4(比较符合)”之间,可见内生动因在不同层次高职院校装备制造大类专业教师团队建设动因中的影响最大。

三、不同类型高职院校装备制造大类专业教师团队建设动因特征比较

我国高职院校数量众多,根据学校的办学主体和服务面向可以划分为“行业类高职院校”和“地方综合类高职院校”两种类型。为了比较不同类型高职院校在装备制造大类专业教师团队建设动因上的特征差异,做出以上分类。表 4-4 列出了行业类高职院校和地方综合类高职院校在“高职院校装备制造大类专业教师团队调查问卷”建设动因层面及其三个子层面上的平均得分、标准差以及独立样本 t 检验之后的结果。

表 4-4　不同类型高职院校装备制造大类专业教师团队建设动因特征比较

维　　度	学校类型	总　　数	平均值	每项平均值	标准差	t 值
建设动因	行业类高职	423	63.76	3.99	12.16	−0.970
	地方综合类高职	1159	64.39	4.02	11.30	
内生动因	行业类高职	423	33.14	4.14	6.11	−0.610
	地方综合类高职	1159	33.35	4.17	5.79	
控制动因	行业类高职	423	11.10	3.7	2.70	−1.051
	地方综合类高职	1159	11.25	3.75	2.55	
外显动因	行业类高职	423	19.52	3.85	4.42	−1.166
	地方综合类高职	1159	19.79	3.96	4.10	

如表 4-4 所示,4 组 t 值对应的 p 均大于 0.05,说明行业类高职和地方综合类高职在装备制造大类专业教师团队建设动因层面上不存在显著差异,在内生动因、控制动因和外显动因三个具体动因子层面上也不存在显著差异。不同类型的高职院校在装备制造大类专业教师团队建设动因上的表现较为相似。

从具体数据看,两种类型的高职院校在内生动因子层面每项平均得分分别为 4.14 和 4.17,介于“4(比较符合)～5(非常符合)”之间;在控制动因和外显动因两个子层面的每项平均得分,则介于“3(一般)～4(比较符合)”之间,表明不同类型的高职院校装备制造大类专业教师团队建设动因主要源于专业发展的内生动因,控制动因和外显动因的驱动力比内生动因略逊一筹。

四、不同区域高职院校装备制造大类专业教师团队建设动因特征比较

伴随着经济社会的发展和进步，我国高等职业教育作为职业教育的重要组成部分，其建设和发展也取得了巨大成就。然而，与成就相伴的发展不平衡问题不容忽视。一方面，我国东、中、西三个区域之间的经济社会发展水平存在较大的差异，使得高职教育的发展环境参差不齐；另一方面，高职教育结合地域特色、融合区域经济的能力高低各异。教师团队是高职院校发展的核心力量和重要资源。基于此，本部分试图探索我国东、中、西部不同区域高职院校在装备制造大类专业教师团队建设动因的差异。表 4-5 列出了东、中、西部高职院校在“高职院校装备制造大类专业教师团队调查问卷”建设动因层面及其三个子层面上的平均得分、标准差以及方差分析 F 检验之后的结果。

表 4-5 不同区域高职院校装备制造大类专业教师团队建设动因特征比较

维度	学校区域	总数	平均值	每项平均值	标准差	F 值	事后检验 Scheffe 法
建设动因	东部地区	479	65.16	4.07	11.21	7.018**	东部地区 > 中部地区 > 西部地区
	中部地区	772	64.51	4.03	11.58		
	西部地区	331	62.19	3.89	11.69		
内生动因	东部地区	479	33.65	4.21	5.76	6.869**	
	中部地区	772	33.52	4.19	5.80		
	西部地区	331	32.24	4.03	6.09		
控制动因	东部地区	479	11.49	3.83	2.48	5.510**	
	中部地区	772	11.19	3.73	2.65		
	西部地区	331	10.88	3.63	2.55		
外显动因	东部地区	479	20.03	4.01	4.19	5.385**	
	中部地区	772	19.80	3.96	4.16		
	西部地区	331	19.08	3.82	4.19		

注：** 表示所标注 F 值对应的 $p<0.01$。

如表 4-5 所示，4 组 F 值对应的 p 值都小于 0.01，这说明东部地区、中部地区和西部地区的高职院校在装备制造大类专业教师团队建设动因层面上存在极其显著的差异；在内生动因、控制动因和外显动因这三个建设动因子层面上均存在极其显著的差异；无论是整体上的建设动因，还是三个子建设动因，三个区域的高职院校在动因水平上均呈降序排列：东部地区＞中部地区＞西部地区，我国东、中、西部高

职院校在装备制造大类专业教师团队建设动因上差异较大，东部地区高职院校建设动因水平最高，中部地区高职院校建设动因水平次之，西部地区高职院校建设动因水平较低。这种差异表明，一方面，我国不同区域高职院校装备制造大类专业教师团队建设在建设动因层面及其三个子层面上的表现，与不同区域的经济发展程度相适应，经济社会发展程度越高地区的高职院校，装备制造大类专业教师团队建设的动因水平也越高；另一方面，当前我国东部地区高职院校重视高职教育的改革发展取得了一定成效。

从具体数据看，不论是整体上的建设动因，还是具体层面的内生动因、控制动因和外显动因三个子建设动因，东部地区每项平均得分都高于中部地区，中部地区每项平均得分又都高于西部地区。其中，不同区域的高职院校都在内生动因子层面平均得分最高，介于“4(比较符合)～5(非常符合)”之间；在控制动因子层面平均得分相对较低，介于“3(一般)～4(比较符合)”之间，说明内生动因在不同区域高职院校装备制造大类专业教师团队建设动因中的影响最大。

五、高职院校不同层次装备制造大类专业教师团队建设动因特征比较

我国高职院校有1400多所，所设专业则数以万计，涉及面广，情况复杂。专业教师团队的建设离不开对专业层次的讨论，为了便于统计和比较分析，也为了进一步探索高职院校中不同层次装备制造大类专业教师团队建设在建设动因层面的特征差异，研究将高职院校装备制造大类专业根据专业层次划分为“非重点专业”、“省级重点专业”和“国家级重点专业(双高、示范、骨干重点建设专业)”三个层次。表4-6列出了非重点专业、省级重点专业和国家级重点专业在“高职院校装备制造大类专业教师团队调查问卷”建设动因层面及其三个子层面上的平均得分、标准差以及方差分析 F 检验之后的结果。

表4-6 高职院校不同层次装备制造大类专业教师团队建设动因特征比较

维度	专业层次	总数	平均值	每项平均值	标准差	F 值	事后检验 Scheffe 法
建设动因	非重点专业	826	62.37	3.90	12.01	27.607**	非重点专业 < 省级重点专业 < 国家级重点专业
	省级重点专业	505	65.39	4.09	10.66		
	国家级重点专业	251	68.00	4.25	10.38		
内生动因	非重点专业	826	32.64	4.08	6.13	16.013**	
	省级重点专业	505	33.53	4.20	5.57		
	国家级重点专业	251	34.97	4.37	5.23		

续表

维　　度	专业层次	总数	平均值	每项平均值	标准差	F 值	事后检验 Scheffe 法
控制动因	非重点专业	826	10.94	3.65	2.62	13.089**	非重点专业 < 省级重点专业 < 国家级重点专业
	省级重点专业	505	11.34	3.78	2.49		
	国家级重点专业	251	11.85	3.95	2.56		
外显动因	非重点专业	826	18.79	3.76	4.39	47.369**	
	省级重点专业	505	20.51	4.10	3.71		
	国家级重点专业	251	21.18	4.24	3.66		

注：** 表示所标注 F 值对应的 $p<0.01$。

如表 4-6 所示，4 组 F 值对应的 p 值都小于 0.01，这说明高职院校不同层次的专业在装备制造大类专业教师团队建设动因层面上存在极其显著的差异；在内生动因、控制动因和外显动因这三个建设动因子层面上均存在极其显著的差异。无论是整体上的建设动因，还是三个子建设动因，三个层次的高职院校专业在动因水平上均呈升序排列：非重点专业<省级重点专业<国家级重点专业。国家级重点专业的建设动因水平最高，省级重点专业的建设动因水平次之，非重点专业建设的建设动因水平相对较低。这一结果与高职院校不同层次的专业定级存在一定关联，专业层次水平越高，其装备制造大类专业教师团队建设的动因水平也越高。

从具体数据看，不论是整体上的建设动因，还是具体层面的内生动因、控制动因和外显动因三个子建设动因，国家级重点专业每项平均得分都高于省级重点专业，省级重点专业每项平均得分又都高于非重点专业。在三个子建设动因中，不同层次的高职院校专业都在内生动因子层面平均得分最高，介于“4(比较符合)～5(非常符合)”之间；而在控制动因子层面平均得分相对较低，介于“3(一般)～4(比较符合)”之间，可见内生动因在不同层次高职院校专业的装备制造大类专业教师团队建设动因中影响最大。

六、结论与讨论

1. 高职院校装备制造大类专业教师团队普遍具有较强的建设动因，尤其是内生动因

在全国高等职业教育体系建设和改革的浪潮中，大部分高职院校及专业普遍意识到教师团队建设的重要性，越来越认识到教师对高职教育改革的重要意义。基于这样的认识，高职院校装备制造大类专业在教师团队建设中普遍具有较强的建设动因。

高职院校装备制造大类专业教师团队建设不仅局限于学校教师团队的建设和发展，更关乎高职院校装备制造大类的专业形象和高职院校的组织形象。有效的教师团队建设是由各方面的动因推动的，既是专业教师团队建设的内在需求，同时也是高职院校改革和装备制造大类专业发展的客观要求。从调查结果看，在三个层面的建设动因中，内生动因对高职院校装备制造大类专业教师团队建设的影响最大，外显动因的影响次之，控制动因的影响相对较小。说明团队建设的主要驱动力源于适应职业教育改革和发展形势、改进教育教学能力、提高科研能力和社会服务能力等教师团队发展的内在需求。

2. 一般高职院校、省级重点高职院校和国家级重点高职院校在装备制造大类专业教师团队建设动因层面上存在极其显著的差异

本研究将高职院校划分为“一般高职”“省级重点高职”和“国家级重点高职(双高、示范、骨干院校建设单位)”三个层次。不同层次预示着其在高等职业教育改革发展中的不同角色，重点高职院校往往被视为改革的“先行者”，应当在高职教育改革和教师团队建设上有更大的担当。调查结果验证了这一观点，无论是整体上的建设动因，还是内生动因、控制动因和外显动因三个子建设动因，我国不同层次高职院校均表现出较大差异，国家级重点高职院校建设动因水平最高，省级重点高职院校建设动因水平次之，一般高职院校建设动因水平较低。

3. 行业类高职和地方综合类高职在装备制造大类专业教师团队建设动因层面上不存在显著差异

本研究根据举办主体和办学定位将全国高职院校划分为“行业类高职院校”和“地方综合类高职院校”两种类型，两种类型的高职院校在装备制造大类专业教师团队建设动因上的表现较为相似。无论在建设动因整体层面，还是在内生动因、控制动因和外显动因三个建设动因子层面，行业类高职和地方综合类高职均不存在显著差异。说明高职院校装备制造大类专业教师团队建设动因与学校的类型并无较大关联。

4. 东部地区、中部地区和西部地区的高职院校在装备制造大类专业教师团队建设动因层面上存在极其显著的差异

我国职业教育发展的东、中、西部差异在高职院校装备制造大类专业教师团队建设动因上也存在。不论是整体上的建设动因，还是具体层面的内生动因、控制动因和外显动因三个子建设动因，东部地区都高于中部地区，中部地区又都高于西部地区。这种差异与不同区域的经济发展程度相适应，与不同区域对高职教育改革的重视程度相适应。

5. 国家级重点专业、省级重点专业和非重点专业在装备制造大类专业教师团队建设动因层面上存在极其显著的差异

本研究将高职院校装备制造大类专业根据专业层次划分为“非重点专业”“省级重点专业”和“国家级重点专业(双高、示范、骨干重点建设专业)”三个层次。不论是整体上的建设动因,还是具体层面的内生动因、控制动因和外显动因三个子建设动因,国家级重点专业都高于省级重点专业,省级重点专业又都高于非重点专业。说明重点专业在教师团队建设动因上较好地发挥了高职教育改革的“排头兵”示范作用。

第三节　建设环境

本节着重对高职院校装备制造大类专业教师团队建设环境各变量进行描述性统计和相关分析。同本章第二节一样,通过描述性统计从整体上了解高职院校装备制造大类专业教师团队建设环境的整体状况,对基本特征进行描述;通过相关分析分别讨论学校组织层面不同层次高职院校、不同类型高职院校、不同区域高职院校,专业组织层面高职院校不同层次装备制造大类专业,它们和专业教师团队建设环境的关系,进行特征差异比较。

一、基本特征描述

表 4-7 列出了样本在“高职院校装备制造大类专业教师团队调查问卷”中建设环境层面及其四个子层面上的平均值和标准差。

表 4-7　高职院校装备制造大类专业教师团队建设环境描述性统计表

层　面	总　数		平均值	标准差	题项数	每项平均值
	有　效	缺　失				
建设环境	1582	0	69.46	11.62	18	3.86
社会环境	1582	0	11.92	1.92	3	3.97
制度环境	1582	0	20.66	3.69	5	4.13
物质环境	1582	0	17.35	4.37	5	3.47
文化环境	1582	0	19.53	3.86	5	3.91

从表 4-7 可以得到如下发现:

第一,从建设环境这一层面看,高职院校装备制造大类专业教师团队建设环境

每题平均得分 3.86 分，介于“3(一般)～4(比较符合)”之间，处于中等偏高水平。表明建设环境在高职院校装备制造大类专业教师团队建设中有着中等偏高水平的地位，受到教师团队广泛但并不是充分的重视。

第二，从建设环境的四个子层面看，教师团队建设环境四个子层面每项得分的平均值从高到低依次为制度环境、社会环境、文化环境和物质环境。其中制度环境每题平均分最高，为 4.13 分，介于“4(比较符合)～5(非常符合)”之间，处于较高水平；社会环境、文化环境和物质环境每题平均分均介于“3(一般)～4(比较符合)”之间，处于中等偏高水平。表明制度环境是影响教师团队建设的重要环境条件，在教师团队建设中起着较高水平的作用，其余三个子层面的环境与制度环境共同构成了影响教师团队建设的建设环境。

二、不同层次高职院校装备制造大类专业教师团队建设环境特征比较

针对我国高职院校层次丰富的复杂情况，为了便于统计和比较分析，也为了进一步探索不同层次高职院校装备制造大类专业教师团队建设在建设环境层面的特征差异，本研究将高职院校根据学校层次划分为“一般高职”“省级重点高职”和“国家级重点高职(双高、示范、骨干院校建设单位)”三个层次(与本章第二节相同)。表 4-8 列出了一般高职院校、省级重点高职院校和国家级重点高职院校在“高职院校装备制造大类专业教师团队调查问卷”建设环境层面及其四个子层面上的平均得分、标准差以及方差分析 F 检验之后的结果。

表 4-8　不同层次高职院校装备制造大类专业教师团队建设环境特征比较

<table>
<tr><th>维　度</th><th>学校层次</th><th>总数</th><th>平均值</th><th>每项平均值</th><th>标准差</th><th>F 值</th><th>事后检验 Scheffe 法</th></tr>
<tr><td rowspan="3">建设环境</td><td>一般高职</td><td>677</td><td>66.97</td><td>3.72</td><td>11.65</td><td rowspan="3">31.618**</td><td rowspan="9">一般高职
<
省级重点高职
<
国家级重点高职</td></tr>
<tr><td>省级重点高职</td><td>322</td><td>70.02</td><td>3.89</td><td>11.02</td></tr>
<tr><td>国家级重点高职</td><td>583</td><td>72.05</td><td>4.00</td><td>11.32</td></tr>
<tr><td rowspan="3">社会环境</td><td>一般高职</td><td>677</td><td>11.69</td><td>3.90</td><td>1.95</td><td rowspan="3">9.093**</td></tr>
<tr><td>省级重点高职</td><td>322</td><td>12.01</td><td>4.00</td><td>1.84</td></tr>
<tr><td>国家级重点高职</td><td>583</td><td>12.14</td><td>4.05</td><td>1.91</td></tr>
<tr><td rowspan="3">制度环境</td><td>一般高职</td><td>677</td><td>20.08</td><td>4.02</td><td>3.73</td><td rowspan="3">19.009**</td></tr>
<tr><td>省级重点高职</td><td>322</td><td>20.66</td><td>4.13</td><td>3.59</td></tr>
<tr><td>国家级重点高职</td><td>583</td><td>21.35</td><td>4.27</td><td>3.59</td></tr>
</table>

续表

<table>
<tr><th>维　　度</th><th>学校层次</th><th>总数</th><th>平均值</th><th>每项平均值</th><th>标准差</th><th>F 值</th><th>事后检验
Scheffe 法</th></tr>
<tr><td rowspan="3">物质环境</td><td>一般高职</td><td>677</td><td>16.38</td><td>3.28</td><td>4.34</td><td rowspan="3">34.412**</td><td rowspan="6">一般高职
＜
省级重点高职
＜
国家级重点高职</td></tr>
<tr><td>省级重点高职</td><td>322</td><td>17.53</td><td>3.51</td><td>4.27</td></tr>
<tr><td>国家级重点高职</td><td>583</td><td>18.38</td><td>3.68</td><td>4.21</td></tr>
<tr><td rowspan="3">文化环境</td><td>一般高职</td><td>677</td><td>18.82</td><td>3.76</td><td>3.92</td><td rowspan="3">21.351**</td></tr>
<tr><td>省级重点高职</td><td>322</td><td>19.82</td><td>3.96</td><td>3.59</td></tr>
<tr><td>国家级重点高职</td><td>583</td><td>20.19</td><td>4.04</td><td>3.80</td></tr>
</table>

注：** 表示所标注 F 值对应的 $p<0.01$。

如表 4-8 所示，5 组 F 值对应的 p 值都小于 0.01，这说明一般高职院校、省级重点高职院校和国家级重点高职院校在装备制造大类专业教师团队建设环境层面上存在极其显著的差异；在社会环境、制度环境、物质环境和文化环境这四个建设环境子层面上均存在极其显著的差异；无论是整体上的建设环境，还是四个子建设环境，三个层次的高职院校在环境水平上均呈升序排列：一般高职＜省级重点高职＜国家级重点高职。表明我国不同层次高职院校在装备制造大类专业教师团队建设环境上存在较大差异，国家级重点高职院校建设环境最佳，省级重点高职院校建设环境次之，一般高职院校建设环境较低。重点高职院校在装备制造大类专业教师团队建设环境层面上的良好表现与建设动因层面相类似，都是高职院校办学质量的象征。

从具体数据看，不论是整体上的建设环境层面，还是具体的社会环境、制度环境、物质环境和文化环境四个子层面，国家级重点高职每项平均得分都高于省级重点高职，省级重点高职每项平均得分都高于一般高职。在四个子建设环境中，不同层次的高职院校都在制度环境子层面平均得分最高，介于“4（比较符合）～5（非常符合）”之间；而在物质环境子层面平均得分相对较低，介于“3（一般）～4（比较符合）”之间，可见制度环境是构成高职院校装备制造大类专业教师团队建设环境的重要因素，而物质环境对建设环境的影响则较小。

三、不同类型高职院校装备制造大类专业教师团队建设环境特征比较

为了比较不同类型高职院校在装备制造大类专业教师团队建设环境上的特征差异，同本章第二节一样把高职院校分为行业类和地方综合类两类。表 4-9 列出了行业类高职院校和地方综合类高职院校在“高职院校装备制造大类专业教师团队

调查问卷"建设环境层面及其四个子层面上的平均得分、标准差以及独立样本 t 检验之后的结果。

表 4-9　不同类型高职院校装备制造大类专业教师团队建设环境特征比较

维　　度	学校类型	总　　数	平　均　值	每项平均值	标　准　差	t 值
建设环境	行业类高职	423	68.75	3.82	12.52	−1.413
	地方综合类高职	1159	69.73	3.87	11.27	
社会环境	行业类高职	423	11.98	3.99	1.87	0.744
	地方综合类高职	1159	11.90	3.97	1.94	
制度环境	行业类高职	423	20.26	4.05	4.07	−2.477*
	地方综合类高职	1159	20.81	4.16	3.53	
物质环境	行业类高职	423	17.08	3.42	4.57	−1.515
	地方综合类高职	1159	17.45	3.49	4.29	
文化环境	行业类高职	423	19.43	3.89	4.06	−0.600
	地方综合类高职	1159	19.56	3.91	3.79	

注：* 所标注 t 值对应的 $0.01<p<0.05$。

如表 4-9 所示，建设环境层面的 t 值对应的 p 大于 0.05，说明行业类高职和地方综合类高职在装备制造大类专业教师团队建设环境层面上并不存在显著差异；制度环境子层面的 t 值对应的 p 大于 0.01 小于 0.05，说明行业类高职和地方综合类高职在制度环境子层面上存在显著的差异；其他 3 组子环境层面 t 值对应的 p 均大于 0.05，说明行业类高职和地方综合类高职在装备制造大类专业教师团队的社会环境、物质环境和文化环境三个子层面上不存在显著差异。

从具体数据看，两种类型的高职院校在制度环境子层面每项平均得分分别为 4.05 和 4.16，介于"4(比较符合)～5(非常符合)"之间；其余各组的每项平均得分，则介于"3(一般)～4(比较符合)"之间，表明不同类型的高职院校在装备制造大类专业教师团队建设环境中，制度环境更为完善，社会环境、物质环境和文化环境相对发展不甚完善。

四、不同区域高职院校装备制造大类专业教师团队建设环境特征比较

与本章第二节类似，鉴于我国东、中、西部经济社会发展上存在的差异，本研究试图探索我国东、中、西部不同区域高职院校在装备制造大类专业教师团队建设环境上的差异。表 4-10 分别列出了东、中、西部高职院校在"高职院校装备制造大类专业教师团队调查问卷"建设环境层面及其四个子层面上的平均得分、标准差以及

方差分析 F 检验之后的结果。

表 4-10 不同区域高职院校装备制造大类专业教师团队建设环境特征比较

维度	学校区域	总数	平均值	每项平均值	标准差	F 值	事后检验 Scheffe 法
建设环境	东部地区	479	70.85	3.94	11.16	9.409^{**}	东部地区 > 中部地区 > 西部地区
	中部地区	772	69.55	3.86	11.74		
	西部地区	331	67.27	3.74	11.71		
社会环境	东部地区	479	12.11	4.04	1.82	6.972^{**}	
	中部地区	772	11.94	3.98	1.98		
	西部地区	331	11.60	3.87	1.92		
制度环境	东部地区	479	21.21	4.24	3.50	11.273^{**}	
	中部地区	772	20.62	4.12	3.74		
	西部地区	331	19.97	3.99	3.72		
物质环境	东部地区	479	17.78	3.56	4.45	4.002^{*}	
	中部地区	772	17.27	3.45	4.37		
	西部地区	331	16.93	3.89	4.21		
文化环境	东部地区	479	19.75	3.95	3.80	8.162^{**}	
	中部地区	772	19.72	3.94	3.84		
	西部地区	331	18.77	3.75	3.92		

注：** 表示所标注 F 值对应的 $p<0.01$；* 表示所标注 F 值对应的 $0.01<p<0.05$。

如表 4-10 所示，建设环境、社会环境、制度环境和文化环境 4 组 F 值对应的 p 值都小于 0.01，物质环境组 F 值对应的 p 值介于 0.01～0.05 之间，这说明东部地区、中部地区和西部地区的高职院校在装备制造大类专业教师团队建设环境层面上存在极其显著的差异，在社会环境、制度环境和文化环境这三个建设环境子层面上均存在极其显著的差异，在物质环境这一建设环境子层面上存在显著差异。无论是整体上的建设环境，还是四个子建设环境，三个区域的高职院校在环境水平上均呈降序排列：东部地区＞中部地区＞西部地区，东部地区高职院校建设环境最好，中部地区高职院校建设环境次之，西部地区高职院校建设环境相对较差。这种差异表明，第一，我国不同区域高职院校装备制造大类专业教师团队建设在建设环境层面及其四个子层面上的表现，与当地经济社会发展程度有很大的关系，经济社会发展程度高的地区往往能为当地高职院校带来更为优越的发展环境；第二，就建设环境的四个子层面来说，不同区域的高职院校装备制造大类专业教师团队在社会环境、制度环境和文化环境这三者上的差异比在物质环境上的差异更为显著，不同区域高职院校教师团队的物质环境差异没有想象中那么大。

从具体数据看，不论是整体上的建设环境层面，还是具体的社会环境、制度环境、物质环境和文化环境四个子层面，东部地区的高职院校每项平均得分都高于中部地区的高职院校，中部地区的高职院校每项平均得分又都高于西部地区的高职院校。在四个子建设环境层面中，东部地区的社会环境和制度环境的每项平均得分分别为 4.04 分和 4.24 分，介于“4(比较符合)～5(非常符合)”之间，说明相对于物质环境和文化环境，东部地区高职院校装备制造大类专业教师团队建设环境中的社会环境和制度环境更佳；中部地区的制度环境每项平均得分为 4.12 分，介于“4(比较符合)～5(非常符合)”之间，说明在各项建设环境子层面中，中部地区高职院校装备制造大类专业教师团队建设的制度环境最佳；西部地区的制度环境每项得分均介于“3(一般)～4(比较符合)”之间，说明西部地区高职院校装备制造大类专业教师团队建设环境各项子环境发展较为平均，都处于中等偏上水平。

五、高职院校不同层次装备制造大类专业教师团队建设环境特征比较

与本章第二节类似，为了便于统计和比较分析，进一步探索高职院校中不同层次装备制造大类专业教师团队建设在建设环境层面的特征差异，延续前文对高职院校装备制造大类专业的专业性质划分。表 4-11 列出了非重点专业、省级重点专业和国家级重点专业在“高职院校装备制造大类专业教师团队调查问卷”建设环境层面及其三个子层面上的平均得分、标准差以及方差分析 F 检验之后的结果。

表 4-11　高职院校不同层次装备制造大类专业教师团队建设环境特征比较

维　度	专业层次	总数	平均值	每项平均值	标准差	F 值	事后检验 Scheffe 法
建设环境	非重点专业	826	67.42	3.75	11.88	32.349**	非重点专业＜省级重点专业＜国家级重点专业
	省级重点专业	505	70.82	3.93	10.87		
	国家级重点专业	251	73.47	4.08	10.78		
社会环境	非重点专业	826	11.68	3.89	1.96	14.163**	
	省级重点专业	505	12.11	4.04	1.84		
	国家级重点专业	251	12.31	4.10	1.89		
制度环境	非重点专业	826	20.12	4.02	3.83	23.589**	
	省级重点专业	505	20.99	4.20	3.51		
	国家级重点专业	251	21.80	4.36	3.23		

续表

维　　度	专业层次	总数	平均值	每项平均值	标准差	F 值	事后检验 Scheffe 法
物质环境	非重点专业	826	16.60	3.32	4.42	30.067**	非重点专业<省级重点专业<国家级重点专业
	省级重点专业	505	17.88	3.58	4.08		
	国家级重点专业	251	18.77	3.75	4.26		
文化环境	非重点专业	826	19.02	3.80	3.98	18.781**	
	省级重点专业	505	19.84	3.97	3.64		
	国家级重点专业	251	20.59	4.12	3.62		

注：**表示所标注 F 值对应的 $p<0.01$。

如表4-11所示，5组 F 值对应的 p 值都小于0.01，这说明高职院校不同层次的专业在装备制造大类专业教师团队建设环境层面上存在极其显著的差异；在社会环境、制度环境、物质环境和文化环境这四个建设环境子层面上均存在极其显著的差异。无论是整体上的建设环境，还是四个子建设环境，三个层次的高职院校专业在团队建设环境水平上均呈升序排列：非重点专业<省级重点专业<国家级重点专业。国家级重点专业的团队建设环境最好，省级重点专业的团队建设环境次之，非重点专业的团队建设环境相对较差。这与高职院校不同层次的专业定级存在一定联系，层次水平越高的高职院校专业所具备的装备制造大类专业教师团队的建设环境也越优异。

从具体数据看，不论是整体上的建设环境层面，还是具体的社会环境、制度环境、物质环境和文化环境四个子层面，高职院校国家级重点专业每项平均得分都高于高职院校省级重点专业，高职院校省级重点专业每项平均得分又都高于高职院校非重点专业。在四个子建设环境中，高职院校国家级重点专业只有物质环境子层面的每项平均得分稍低，为3.75分，介于“3(一般)～4(比较符合)”之间，其他3个环境子层面的每项平均得分均介于“4(比较符合)～5(非常符合)”之间，说明高职院校国家级重点专业各项建设环境都比较好，物质环境稍逊；高职院校省级重点专业社会环境和制度环境每项平均得分分别为4.04和4.20分，介于“4(比较符合)～5(非常符合)”之间，其他2个子环境层面则介于“3(一般)～4(比较符合)”之间，说明省级重点专业装备制造大类专业教师团队建设的社会环境和制度环境发展较好；高职院校非重点专业仅制度环境一项子建设环境的每项平均得分介于“4(比较符合)～5(非常符合)”之间，其他3个子环境层面的每项平均得分均介于“3(一般)～4(比较符合)”之间，说明非重点专业建设环境中仅制度环境较好，其他环境则处于中等偏上水平。

六、结论与讨论

1. 高职院校装备制造大类专业教师团队建设环境处于中等偏高水平，其中制度环境水平较高

建设环境在高职院校装备制造大类专业教师团队建设中有着中等偏高水平的地位，说明建设环境在教师团队建设中受到广泛但并不是充分的重视。当前我国高职院校提供给装备制造大类专业教师团队建设的环境不算差，但是还不够理想。值得一提的是，制度环境有相对较好的表现，说明教师团队建设在人才引进、培养和管理等方面的制度环境较为完善。未来，广大高职院校要注意在社会环境、物质环境和文化环境等方面打造适应教师团队建设的优良环境。

2. 一般高职院校、省级重点高职院校和国家级重点高职院校在装备制造大类专业教师团队建设环境层面上存在极其显著的差异

我国不同层次高职院校在装备制造大类专业教师团队建设环境上存在较大差异，国家级重点高职院校建设环境最佳，省级重点高职院校建设环境次之，一般高职院校建设环境较差。在“一般高职”“省级重点高职”和“国家级重点高职（双高、示范、骨干院校建设单位）”三个层次的高职院校中，不论是整体上的建设环境层面，还是具体的社会环境、制度环境、物质环境和文化环境四个子层面，国家级重点高职都好于省级重点高职，省级重点高职都好于一般高职。

3. 行业类高职和地方综合类高职在装备制造大类专业教师团队建设环境层面上不存在显著差异，但在制度环境子层面上存在显著差异

本研究将高职院校划分为“行业类高职院校”和“地方综合类高职院校”两种类型，两种类型的高职院校在装备制造大类专业教师团队建设环境上不存在显著差异，在社会环境、物质环境和文化环境三个子层面上也不存在显著差异，在制度环境子层面上，行业类高职和地方综合类高职存在显著的差异。但是，从具体分数看，两者在社会环境、物质环境和文化环境上的发展都不是很完善，两种类型的高职院校都有必要重视教师团队建设环境的创建。

4. 东部地区、中部地区和西部地区的高职院校在装备制造大类专业教师团队建设环境层面上存在极其显著的差异

东部地区、中部地区和西部地区的高职院校在装备制造大类专业教师团队建设环境层面上存在极其显著的差异。无论是整体上的建设环境，还是社会环境、制度环境、物质环境和文化环境四个子建设环境，东部地区高职院校建设环境最好，中部地区高职院校建设环境次之，西部地区高职院校建设环境相对较差。与东部

地区高职院校相比，中部地区和西部地区应继续加强高职院校装备制造大类专业教师团队建设环境的营造。

5. 国家级重点专业、省级重点专业和非重点专业在装备制造大类专业教师团队建设环境层面上存在极其显著的差异

我国高职院校不同层次专业在装备制造大类专业教师团队建设环境上存在较大差异，国家级重点专业建设环境最好，省级重点专业建设环境次之，非重点专业建设环境相对较差。不论是整体上的建设环境层面，还是具体的社会环境、制度环境、物质环境和文化环境四个子层面，国家级重点专业都高于省级重点专业，省级重点专业都高于非重点专业。其中，国家级重点专业各项建设环境都比较好，物质环境稍逊；省级重点专业的社会环境和制度环境发展较好；非重点专业建设环境中仅制度环境较好。各个层次的专业应当有针对性地改善教师团队建设环境。

第四节 建设策略

本节着重对高职院校装备制造大类专业教师团队建设策略各变量进行描述性统计和相关分析。与本章第二节和第三节类似，通过描述性统计从整体上了解高职院校装备制造大类专业教师团队建设策略的整体状况，对基本特征进行描述；通过相关分析分别讨论学校组织层面不同层次高职院校、不同类型高职院校、不同区域高职院校，专业组织层面高职院校不同层次装备制造大类专业，它们和专业教师团队建设策略的关系，并进行差异比较。

一、基本特征描述

表 4-12 列出了样本在“高职院校装备制造大类专业教师团队调查问卷”中建设策略层面及其五个子层面上的平均值和标准差。

表 4-12 高职院校装备制造大类专业教师团队建设策略描述性统计表

层面	总数		平均值	标准差	题项数	每项平均值
	有效	缺失				
建设策略	1582	0	57.50	11.86	15	3.83
结构优化	1582	0	11.26	2.72	3	3.75
制度规约	1582	0	11.28	2.65	3	3.76
目标规划	1582	0	11.81	2.54	3	3.94
能力提升	1582	0	11.46	2.61	3	3.82
文化建设	1582	0	11.69	2.49	3	3.90

从表 4-12 可以得到如下发现：

第一，就建设策略层面看，高职院校装备制造大类专业教师团队建设策略每项平均得分为 3.83 分，介于“3(一般)～4(比较符合)”之间，处于中等偏高水平。表明高职院校在建设装备制造大类专业教师团队时都较为普遍地注意到了建设策略这一层面的问题，但是建设策略的实施水平却没有很高。

第二，就建设策略层面的五个子层面看，五个子层面的每项平均得分较为均匀，都介于“3(一般)～4(比较符合)”之间，处于中等偏高水平；其中目标规划和文化建设这两个子层面建设策略水平相对最高。表明高职院校在建设装备制造大类专业教师团队时都注意采取结构优化、制度规约、目标规划、能力提升和文化建设五个层面的策略，尤其是目标规划和文化建设这两个子层面采取的建设策略相对较好。

二、不同层次高职院校装备制造大类专业教师团队建设策略特征比较

鉴于我国高职院校层次丰富，情况复杂，为了便于统计和比较分析，进一步探索不同层次高职院校装备制造大类专业教师团队建设在建设策略层面的特征差异，同第二节和第三节一样将高职院校根据学校性质划分为“一般高职”“省级重点高职”和“国家级重点高职(双高、示范、骨干院校建设单位)”三个层次。表 4-13 列出了一般高职院校、省级重点高职院校和国家级重点高职院校在“高职院校装备制造大类专业教师团队调查问卷”建设策略层面及其五个子层面上的平均得分、标准差以及方差分析 F 检验之后的结果。

表 4-13　不同层次高职院校装备制造大类专业教师团队建设策略特征比较

维　度	学校层次	总数	平均值	每项平均值	标准差	F 值	事后检验 Scheffe 法
建设策略	一般高职	677	55.72	3.71	12.08	16.122**	一般高职<省级重点高职<国家级重点高职
	省级重点高职	322	57.66	3.84	11.36		
	国家级重点高职	583	59.49	3.97	11.57		
结构优化	一般高职	677	10.76	3.59	2.80	27.197**	
	省级重点高职	322	11.20	3.73	2.58		
	国家级重点高职	583	11.87	3.96	2.57		
制度规约	一般高职	677	11.05	3.68	2.59	4.874**	
	省级重点高职	322	11.35	3.78	2.60		
	国家级重点高职	583	11.51	3.84	2.72		

续表

<table>
<tr><th>维　度</th><th>学校层次</th><th>总数</th><th>平均值</th><th>每项平均值</th><th>标准差</th><th>F 值</th><th>事后检验 Scheffe 法</th></tr>
<tr><td rowspan="3">目标规划</td><td>一般高职</td><td>677</td><td>11.46</td><td>3.82</td><td>2.60</td><td rowspan="3">12.850**</td><td rowspan="9">一般高职＜省级重点高职＜国家级重点高职</td></tr>
<tr><td>省级重点高职</td><td>322</td><td>11.84</td><td>3.95</td><td>2.38</td></tr>
<tr><td>国家级重点高职</td><td>583</td><td>12.18</td><td>4.06</td><td>2.48</td></tr>
<tr><td rowspan="3">能力提升</td><td>一般高职</td><td>677</td><td>11.05</td><td>3.83</td><td>2.64</td><td rowspan="3">17.603**</td></tr>
<tr><td>省级重点高职</td><td>322</td><td>11.53</td><td>3.84</td><td>2.58</td></tr>
<tr><td>国家级重点高职</td><td>583</td><td>11.91</td><td>3.97</td><td>2.53</td></tr>
<tr><td rowspan="3">文化建设</td><td>一般高职</td><td>677</td><td>11.40</td><td>3.8</td><td>2.52</td><td rowspan="3">9.623**</td></tr>
<tr><td>省级重点高职</td><td>322</td><td>11.73</td><td>3.91</td><td>2.44</td></tr>
<tr><td>国家级重点高职</td><td>583</td><td>12.01</td><td>4.00</td><td>2.43</td></tr>
</table>

注：**表示所标注 F 值对应的 $p<0.01$。

如表 4-13 所示，6 组 F 值对应的 p 值都小于 0.01，这说明一般高职院校、省级重点高职院校和国家级重点高职院校在装备制造大类专业教师团队建设策略层面上存在极其显著的差异；在结构优化、制度规约、目标规划、能力提升和文化建设这五个建设策略子层面上均存在极其显著的差异；无论是整体上的建设策略，还是五个子建设策略，三个层次的高职院校在建设策略水平上均呈升序排列：一般高职＜省级重点高职＜国家级重点高职。这表明，我国不同层次高职院校在装备制造大类专业教师团队建设策略的采取上存在较大差异，国家级重点高职院校采取的建设策略最优，省级重点高职院校的建设策略次之，一般高职院校的建设策略相对较不完善。重点高职院校在装备制造大类专业教师团队建设策略层面上的良好表现与建设动因、建设环境层面相类似，都与高职院校已经取得的办学质量不无关系。

从具体数据看，不论是整体上的建设策略层面，还是具体的结构优化、制度规约、目标规划、能力提升和文化建设五个子层面，国家级重点高职每项平均得分都高于省级重点高职，省级重点高职每项平均得分都高于一般高职。在五个子建设环境中，国家级重点高职在目标规划子层面和文化建设子层面每项平均得分分别为 4.06 和 4.00，介于“4(比较符合)～5(非常符合)”之间，其他 3 个子层面的每项平均得分均介于“3(一般)～4(比较符合)”之间，表明国家级重点高职装备制造大类专业教师团队在目标规划和文化建设两项子建设策略上表现较好，其他子建设策略则处于中等偏上水平；省级重点高职和一般高职院校 5 个子策略层面每项平均得分均介于“3(一般)～4(比较符合)”之间，各项子建设策略发展比较均匀，都处于中等偏上水平。

三、不同类型高职院校装备制造大类专业教师团队建设策略特征比较

为探究不同类型高职院校在装备制造大类专业教师团队在建设策略上的特征差异，同本章第二节和第三节一样把高职院校分为行业类和地方综合类两类。表4-14列出了行业类高职院校和地方综合类高职院校在“高职院校装备制造大类专业教师团队调查问卷”建设策略层面及其五个子层面上的平均得分、标准差以及独立样本 t 检验之后的结果。

表 4-14　不同类型高职院校装备制造大类专业教师团队建设策略特征比较

维　　度	学校类型	总　　数	平　均　值	每项平均值	标　准　差	t 值
建设策略	行业类高职	423	56.89	3.79	12.62	−1.244
	地方综合类高职	1159	57.73	3.85	11.57	
结构优化	行业类高职	423	10.99	3.66	2.92	−2.297*
	地方综合类高职	1159	11.36	3.79	2.64	
制度规约	行业类高职	423	11.22	3.74	2.77	−0.545
	地方综合类高职	1159	11.30	3.77	2.60	
目标规划	行业类高职	423	11.67	3.89	2.63	−1.314
	地方综合类高职	1159	11.86	3.95	2.50	
能力提升	行业类高职	423	11.29	3.76	2.77	−1.577
	地方综合类高职	1159	11.53	3.84	2.55	
文化建设	行业类高职	423	11.72	3.91	2.65	0.256
	地方综合类高职	1159	11.68	3.89	2.42	

注：* 表示所标注 t 值对应的 $0.01<p<0.05$。

如表4-14所示，建设策略层面的 t 值对应的 p 大于0.05，说明行业类高职和地方综合类高职在装备制造大类专业教师团队建设策略层面上不存在显著差异；结构优化子层面的 t 值对应的 p 小于0.05，说明行业类高职和地方综合类高职在装备制造大类专业教师团队结构优化子层面上存在显著的差异；其他4组子层面 t 值对应的 p 均大于0.05，说明行业类高职和地方综合类高职在装备制造大类专业教师团队的制度规约、目标规划、能力提升和文化建设四个子层面上不存在显著差异。

从具体数据看，两种类型的高职院校在建设策略层面及其五个子层面上每项平均得分均介于“3(一般)～4(比较符合)”之间，表明不同类型的高职院校在装备制造大类专业教师团队建设策略上都处于中上水平。

四、不同区域高职院校装备制造大类专业教师团队建设策略特征比较

与本章第二节和第三节类似，考虑到我国不同区域社会发展差异，研究试图分析我国东、中、西部不同区域高职院校在装备制造大类专业教师团队建设策略上的差异。表 4-15 分别列出了东、中、西部高职院校在“高职院校装备制造大类专业教师团队调查问卷”建设策略及其五个子层面上的平均得分、标准差以及方差分析 F 检验之后的结果。

表 4-15　不同区域高职院校装备制造大类专业教师团队建设策略特征比较

维度	学校区域	总数	平均值	每项平均值	标准差	F 值	事后检验 Scheffe 法
建设策略	东部地区	479	58.67	3.91	11.28	6.381**	
	中部地区	772	57.57	3.84	11.99		东部地区 > 中部地区 > 西部地区
	西部地区	331	55.66	3.71	12.18		
结构优化	东部地区	479	11.64	3.88	2.59	7.460**	
	中部地区	772	11.17	3.72	2.74		
	西部地区	331	10.93	3.64	2.80		
制度规约	东部地区	479	11.42	3.81	2.56	2.194	n. s.
	中部地区	772	11.29	3.76	2.70		
	西部地区	331	11.03	3.68	2.62		
目标规划	东部地区	479	12.03	4.01	2.42	5.898**	
	中部地区	772	11.83	3.94	2.55		
	西部地区	331	11.41	3.80	2.63		
能力提升	东部地区	479	11.76	3.92	2.54	7.254**	
	中部地区	772	11.46	3.82	2.62		东部地区 > 中部地区 > 西部地区
	西部地区	331	11.05	3.68	2.65		
文化建设	东部地区	479	11.82	3.94	2.48	7.341**	
	中部地区	772	11.81	3.94	2.45		
	西部地区	331	11.23	3.74	2.53		

注：** 表示所标注 F 值对应的 $p<0.01$；n. s. 表示 F 值对应的 $p>0.5$，无统计学意义。

如表 4-15 所示，5 组 F 值对应的 p 值都小于 0.01，制度规约组的 F 值对应的 p 值大于 0.5，这说明东部地区、中部地区和西部地区的高职院校在装备制造大类专业教师团队建设策略层面上存在极其显著的差异；在结构优化、目标规划、能力提升和文化建设这四个建设策略子层面上均存在极其显著的差异；在制度规约子层面上并不存在显著差异。在整体建设策略上，结构优化、目标规划、能力提升和文化建设四个子建设策略，三个区域的高职院校在建设策略水平上均呈降序排列：东部地区＞中部地区＞西部地区，东部地区高职院校建设策略最优，中部地区高职院校建设策略次之，西部地区高职院校建设策略相对简略。差异表明，一方面，我国不同区域高职院校装备制造大类专业教师团队建设在建设策略层面及其结构优化、目标规划、能力提升和文化建设四个子层面上的表现，都与所处区域经济社会发展相适应，经济社会发展程度越高地区的高职院校，装备制造大类专业教师团队建设所采取的策略也更为完善；另一方面，在制度规约这一具体策略层面上，我国东、中、西部三个区域并不存在明显的差异，全国各地在高职院校教师队伍建设的制度规约上较为一致。

从具体数据看，不论是整体上的建设策略层面，还是具体的结构优化、制度规约、目标规划、能力提升和文化建设五个子层面，东部地区的高职院校每项平均得分都高于中部地区的高职院校，中部地区的高职院校每项平均得分又都高于西部地区的高职院校。在五个子建设策略中，东部地区的目标规划子策略层面的每项平均得分为 4.01 分，介于“4（比较符合）～5（非常符合）”之间，其他 4 个子策略层面每项平均得分均介于“3（一般）～4（比较符合）”之间，东部地区高职院校装备制造大类专业教师团队建设策略中的目标规划更为科学合理，其他策略处于中等偏上水平；中部和西部地区的 5 个子策略层面每项平均得分均介于“3（一般）～4（比较符合）”之间，说明中、西部地区高职院校装备制造大类专业教师团队建设各项子策略较为平均，都处于中等偏上水平。

五、高职院校不同层次装备制造大类专业教师团队建设策略特征比较

为了便于统计和比较分析，进一步探索高职院校不同层次装备制造大类专业教师团队在建设策略层面的特征差异，与本章第二节和第三节相似对高职院校装备制造大类专业的专业层次进行划分。表 4-16 列出了非重点专业、省级重点专业和国家级重点专业在“高职院校装备制造大类专业教师团队调查问卷”建设策略层面及其五个子层面上的平均得分、标准差以及方差分析 F 检验之后的结果。

表 4-16　高职院校不同层次装备制造大类专业教师团队建设策略特征比较

维　度	学校区域	总数	平均值	每项平均值	标准差	F 值	事后检验 Scheffe 法
建设策略	非重点专业	826	55.79	3.72	12.23	23.475**	非重点专业<省级重点专业<国家级重点专业
	省级重点专业	505	58.45	3.90	11.05		
	国家级重点专业	251	61.26	4.09	11.14		
结构优化	非重点专业	826	10.85	3.62	2.79	27.871**	
	省级重点专业	505	11.45	3.82	2.60		
	国家级重点专业	251	12.24	4.08	2.43		
制度规约	非重点专业	826	10.98	3.66	2.68	13.627**	
	省级重点专业	505	11.46	3.82	2.54		
	国家级重点专业	251	11.90	3.97	2.62		
目标规划	非重点专业	826	11.50	3.83	2.63	17.518**	
	省级重点专业	505	11.94	3.98	2.37		
	国家级重点专业	251	12.53	4.18	2.36		
能力提升	非重点专业	826	11.06	3,69	2.70	26.341**	
	省级重点专业	505	11.70	3.90	2.44		
	国家级重点专业	251	12.33	4.11	2.41		
文化建设	非重点专业	826	11.40	3.80	2.57	14.199**	
	省级重点专业	505	11.90	3.97	2.31		
	国家级重点专业	251	12.26	4.09	2.41		

注：** 表示所标注 F 值对应的 $p<0.01$。

如表 4-16 所示，6 组 F 值对应的 p 值都小于 0.01，这说明高职院校不同层次的专业在装备制造大类专业教师团队建设策略层面上存在极其显著的差异；在结构优化、制度规约、目标规划、能力提升和文化建设这五个建设策略子层面上均存在极其显著的差异。无论是整体上的建设策略，还是五个子建设策略，三个层次的高职院校专业在建设策略水平上均呈升序排列：非重点专业＜省级重点专业＜国家级重点专业。国家级重点专业的建设策略最优，省级重点专业的建设策略次之，非重点专业的建设策略表现相对较差。这与高职院校不同层次的专业定级对应，层次水平越高的高职院校专业所采取的装备制造大类专业教师团队的建设策略也越为完备。

从具体数据看，不论是整体上的建设策略层面，还是具体的结构优化、制度规约、目标规划、能力提升和文化建设五个子层面，高职院校国家级重点专业每项平均得分都高于高职院校省级重点专业，高职院校省级重点专业每项平均得分又都高于高职院校非重点专业。在五个子建设策略层面中，高职院校国家级重点专业只有制度规约子层面的每项平均得分稍低，为3.97分，介于“3（一般）～4（比较符合）”之间，其他四个子策略层面的每项平均得分均介于“4（比较符合）～5（非常符合）”之间，说明高职院校国家级重点专业除制度规约外各项建设策略都十分完善，制度规约方面采取的策略略显不足；高职院校省级重点专业和非重点专业五个子策略层面每项平均得分均介于“3（一般）～4（比较符合）”之间，说明省级重点专业和非重点专业在装备制造大类专业教师团队建设策略上的表现差异不大，都处于中等偏上水平。

六、结论与讨论

1. 高职院校装备制造大类专业教师团队建设策略处于中等偏高水平

建设策略在高职院校装备制造大类专业教师团队建设中处于中等偏高水平的地位，说明高职院校在建设装备制造大类专业教师团队时都较为普遍地注意到了建设策略这一层面的问题，但是建设策略的水平有待提高。建设策略的五个子层面发展较为均匀，都有待进一步的发展。

2. 一般高职院校、省级重点高职院校和国家级重点高职院校在装备制造大类专业教师团队建设策略层面上存在极其显著的差异

我国不同层次高职院校在装备制造大类专业教师团队建设策略上存在较大差异，国家级重点高职院校建设策略最优，省级重点高职院校建设策略次之，一般高职院校建设策略较差。在“一般高职”“省级重点高职”和“国家级重点高职（双高、示范、骨干院校建设单位）”三个层次的高职院校中，不论是整体上的建设策略层面，还是具体的结构优化、制度规约、目标规划、能力提升和文化建设五个子层面，国家级重点高职都优于省级重点高职，省级重点高职都优于一般高职。从具体数据看，国家级重点高职装备制造大类专业教师团队在目标规划和文化建设两项子

建设策略上表现较好，其他三项子建设策略有待提高；省级重点高职和一般高职院校各项子建设策略发展比较均匀，都处于中等偏上水平，整体上需要向国家级重点高职院校学习。

3. 行业类高职和地方综合类高职在装备制造大类专业教师团队建设策略层面上不存在显著差异，但在结构优化子层面上存在显著的差异

本研究将高职院校划分为“行业类高职院校”和“地方综合类高职院校”两种类型，两种类型的高职院校在装备制造大类专业教师团队建设策略上不存在显著差异，在制度规约、目标规划、能力提升和文化建设四个子层面上也不存在显著差异，在结构优化子层面上，行业类高职和地方综合类高职存在显著的差异。这种差异表明，两者在制度规约、目标规划、能力提升和文化建设上的发展都不是很完善，都应继续完善建设策略；除了需要共同关注的子策略外，地方综合类高职在结构优化上还应着重提高。

4. 东部地区、中部地区和西部地区的高职院校在装备制造大类专业教师团队建设策略层面上存在极其显著的差异

东部地区、中部地区和西部地区的高职院校在装备制造大类专业教师团队建设策略层面上存在极其显著的差异。不论是整体上的建设策略层面，还是具体的结构优化、制度规约、目标规划、能力提升和文化建设五个子层面，东部地区高职院校表现最优，中部地区高职院校次之，西部地区高职院校相对较差。与东部地区高职院校相比，中部地区和西部地区应继续完善高职院校装备制造大类专业教师团队建设策略，使建设策略更加多元化、科学化。

5. 国家级重点专业、省级重点专业和非重点专业在装备制造大类专业教师团队建设策略层面上存在极其显著的差异

我国高职院校不同层次专业在装备制造大类专业教师团队建设策略上存在较大差异，国家级重点专业建设策略最优，省级重点专业建设策略次之，非重点专业建设策略相对较不完善。无论是整体上的建设策略，还是结构优化、制度规约、目标规划、能力提升和文化建设五个子策略，国家级重点专业都高于省级重点专业，省级重点专业都高于非重点专业。其中，国家级重点专业各项建设策略都比较好，制度规约方面的建设策略略显不足；省级重点专业和非重点专业在装备制造大类专业教师团队建设策略上的表现差异不大，都处于中等偏上水平。省级重点专业和非重点专业在教师团队建设策略上，还需要继续改善，向国家级重点专业层次丰富、举措多元的建设策略看齐。

第五节　建设成效

本节着重对高职院校装备制造大类专业教师团队建设成效各变量进行描述性统计和相关分析。与本章第二、三、四节相类似，通过描述性统计从整体上了解高职院校装备制造大类专业教师团队建设成效的整体状况，对基本特征进行描述；通过相关分析分别讨论学校组织层面不同层次高职院校、不同类型高职院校、不同区域高职院校，专业组织层面高职院校不同层次装备制造大类专业，它们和专业教师团队建设成效的关系，并进行特征比较。

一、基本特征描述

表 4-17 列出了样本在“高职院校装备制造大类专业教师团队调查问卷”中建设成效及其三个子层面上的平均值和标准差。

表 4-17　高职院校装备制造大类专业教师团队建设成效描述性统计表

层面	总数		平均值	标准差	题项数	每项平均值
	有效	缺失				
建设成效	1582	0	62.65	12.89	17	3.69
团队效能	1582	0	19.39	4.00	5	3.88
人才培养	1582	0	15.60	2.96	4	3.90
科技服务	1582	0	27.66	7.03	8	3.46

从表 4-17 可以得到如下发现：

第一，从建设成效层面看，高职院校装备制造大类专业教师团队建设成效整体处于中等偏上水平，每项平均值介于“3(一般)～4(比较符合)”之间。表明高职院校装备制造大类专业教师团队建设整体取得了中等偏上的成效，但还有很大的进步空间。

第二，从建设成效三个子层面看，三个子层面的每项平均得分较为均匀，都介于“3(一般)～4(比较符合)”之间，处于中等偏上水平；其中人才培养和团队效能两个子层面相对于科技服务层面来说，得分略高。表明高职院校装备制造大类专业教师团队建设在人才培养、团队效能和科技服务三个子层面都取得了较为不错的成效，尤其是前两者，表现更为突出。

二、不同层次高职院校装备制造大类专业教师团队建设成效特征比较

为了进一步探索不同层次高职院校装备制造大类专业教师团队建设在建设成效层面的特征差异，同时为了便于统计和比较分析，同本章第二、三、四节一样将高职院校根据学校层次划分为“一般高职”“省级重点高职”和“国家级重点高职(双高、示范、骨干院校建设单位)”三个层次。表 4-18 列出了一般高职院校、省级重点高职院校和国家级重点高职院校在“高职院校装备制造大类专业教师团队调查问卷”建设成效层面及其三个子层面上的平均得分、标准差以及方差分析 F 检验之后的结果。

表 4-18　不同层次高职院校装备制造大类专业教师团队建设成效特征比较

维　度	学校层次	总数	平均值	每项平均值	标准差	F 值	事后检验 Scheffe 法
建设成效	一般高职	677	59.56	3.50	13.07	42.115**	一般高职 < 省级重点高职 < 国家级重点高职
	省级重点高职	322	63.04	3.71	11.99		
	国家级重点高职	583	66.04	3.88	12.17		
团队效能	一般高职	677	18.82	3.76	4.10	15.054**	
	省级重点高职	322	19.43	3.89	3.90		
	国家级重点高职	583	20.04	4.01	3.83		
人才培养	一般高职	677	14.86	3.72	2.97	45.826**	
	省级重点高职	322	15.65	3.91	2.76		
	国家级重点高职	583	16.42	4.11	2.82		
科技服务	一般高职	677	25.88	3.24	7.21	46.210**	
	省级重点高职	322	27.97	3.50	6.45		
	国家级重点高职	583	29.57	3.70	6.60		

注：** 表示所标注 F 值对应的 $p<0.01$。

如表 4-18 所示，4 组 F 值对应的 p 值都小于 0.01，这说明一般高职院校、省级重点高职院校和国家级重点高职院校在装备制造大类专业教师团队建设成效层面上存在极其显著的差异；在团队效能、人才培养和科技服务这三个建设成效子层面上均存在极其显著的差异；无论是整体上的建设成效，还是三个子建设成效层面，三个层次的高职院校在建设成效水平上均呈升序排列：一般高职 < 省级重点高职 < 国家级重点高职。这表明，我国不同层次高职院校在装备制造大类专业教师团队建设成效上差异较大，国家级重点高职院校建设成效水平最高，省级重点高职院校建设成效水平次之，一般高职院校建设成效水平较低。这与高职院校不同层次

的定级有一定关系，重点高职院校在装备制造大类专业教师团队建设动因层面、建设环境层面和建设策略层面都有较好的表现，建设成效水平最高也是顺理成章的。

从具体数据看，不论是整体上的建设成效层面，还是具体的团队效能、人才培养和科技服务这三个建设成效子层面上，国家级重点高职每项平均得分都高于省级重点高职，省级重点高职每项平均得分都高于一般高职。在三个子建设成效中，国家级重点高职在团队效能子层面和人才培养子层面每项平均得分分别为 4.01 和 4.11，介于“4（比较符合）～5（非常符合）”之间，科技服务子层面的每项平均得分为 3.70，介于“3（一般）～4（比较符合）”之间，表明国家级重点高职装备制造大类专业教师团队在团队效能和人才培养两项子建设成效上表现较好，科技服务子建设成效则处于中等偏上水平；省级重点高职和一般高职院校三个子建设成效层面每项平均得分均介于“3（一般）～4（比较符合）”之间，各项子建设成效比较均匀，都处于中等偏上水平。

三、不同类型高职院校装备制造大类专业教师团队建设成效特征比较

为了比较不同类型高职院校在装备制造大类专业教师团队建设成效上的特征差异，同本章第二、三、四节一样把高职院校分为行业类和地方综合类两类。表4-19列出了行业类高职院校和地方综合类高职院校在“高职院校装备制造大类专业教师团队调查问卷”建设成效及其三个子层面上的平均得分、标准差以及独立样本 t 检验之后的结果。

表 4-19　不同类型高职院校装备制造大类专业教师团队建设成效特征比较

维　度	学校类型	总　数	平均值	每项平均值	标准差	t 值
建设成效	行业类高职	423	62.52	3.68	13.37	−0.248
	地方综合类高职	1159	62.70	3.69	12.66	
团队效能	行业类高职	423	19.48	3.90	4.12	0.532
	地方综合类高职	1159	19.36	3.87	3.95	
人才培养	行业类高职	423	15.62	3.91	3.04	0.184
	地方综合类高职	1159	15.59	3.90	2.93	
科技服务	行业类高职	423	27.42	3.43	7.33	−0.832
	地方综合类高职	1159	27.75	3.47	6.92	

如表 4-18 所示，建设成效层面及其三个子层面的 t 值对应的 p 值均大于 0.05，说明行业类高职和地方综合类高职在装备制造大类专业教师团队建设成效上并不

存在显著差异。

从具体数据看，两种类型的高职院校在建设成效层面及其三个子层面每项平均得分均介于“3（一般）～4（比较符合）”之间，表明不同类型的高职院校装备制造大类专业教师团队建设成效均处于中等偏上水平。

四、不同区域高职院校装备制造大类专业教师团队建设成效特征比较

与本章第二、三、四节类似，考虑到我国不同区域经济社会发展的差异，试图分析我国东、中、西部不同区域高职院校在装备制造大类专业教师团队建设成效上的差异。表 4-20 分别列出了东、中、西部高职院校在“高职院校装备制造大类专业教师团队调查问卷”建设成效及其三个子层面上的平均得分、标准差以及方差分析 F 检验之后的结果。

表 4-20　不同区域高职院校装备制造大类专业教师团队建设成效特征比较

维度	学校区域	总数	平均值	每项平均值	标准差	F 值	事后检验 Scheffe 法
建设成效	东部地区	479	64.66	3.80	12.29	14.305**	东部地区>中部地区>西部地区
	中部地区	772	62.64	3.68	12.83		
	西部地区	331	59.79	3.52	13.17		
团队效能	东部地区	479	19.78	3.96	3.86	10.583**	
	中部地区	772	19.53	3.91	3.98		
	西部地区	331	18.53	3.71	4.13		
人才培养	东部地区	479	16.01	4.00	2.74	18.150**	
	中部地区	772	15.69	3.92	2.97		
	西部地区	331	14.78	3.70	3.07		
科技服务	东部地区	479	28.87	3.61	6.83	12.319**	
	中部地区	772	27.42	3.43	7.08		
	西部地区	331	26.48	3.31	6.97		

注：** 表示所标注 F 值对应的 $p<0.01$。

如表 4-20 所示，4 组 F 值对应的 p 值都小于 0.01，这说明东部地区、中部地区和西部地区的高职院校在装备制造大类专业教师团队建设成效层面上存在极其显著的差异；在团队效能、人才培养和科技服务这三个建设成效子层面上均存在极其显著的差异；无论是整体上的建设成效，还是团队效能、人才培养和科技服务这三个子建设成效，三个区域的高职院校在成效水平上均呈降序排列：东部地区>中部

地区＞西部地区，东部地区高职院校建设成效水平最高，中部地区高职院校建设成效水平次之，西部地区高职院校建设成效水平较低。这种差异表明，与建设动因、建设环境和建设策略的差异相对应，不同区域高职院校装备制造大类专业教师团队在建设成效层面及其三个子层面上也呈现差异，经济社会发展水平越高的地区，高职院校装备制造大类专业教师团队的建设成效水平也越高。

从具体数据看，不论是整体上的建设成效层面，还是具体的团队效能、人才培养和科技服务这三个建设成效子层面，东部地区的高职院校每项平均得分都高于中部地区的高职院校，中部地区的高职院校每项平均得分又都高于西部地区的高职院校。在三个建设成效子层面中，东部地区的人才培养子成效层面的每项平均得分为4.00分，介于“4(比较符合)～5(非常符合)”之间，其他两个建设成效子层面每项平均得分均介于“3(一般)～4(比较符合)”之间，东部地区高职院校装备制造大类专业教师团队在人才培养方面取得的成效较为明显，其他子成效层面处于中等偏上水平；中部和西部地区的3个子成效层面每项得分均介于“3(一般)～4(比较符合)”之间，说明中、西部地区高职院校装备制造大类专业教师团队建设各项子成效都处于中等偏上水平，较为平均。

五、高职院校不同层次装备制造大类专业教师团队建设成效特征比较

为了进一步探索高职院校中不同层次装备制造大类专业教师团队建设在建设成效层面的特征差异，同时为便于统计和比较分析，与本章第二、三、四节相同，对高职院校装备制造大类专业的专业层次划分。表4-21列出了非重点专业、省级重点专业和国家级重点专业在“高职院校装备制造大类专业教师团队调查问卷”建设成效层面及其三个子层面上的平均得分、标准差以及方差分析 F 检验之后的结果。

表4-21　高职院校不同层次装备制造大类专业教师团队建设成效特征比较

<table>
<tr><th>维　度</th><th>专业层次</th><th>总数</th><th>平均值</th><th>每项平均值</th><th>标准差</th><th>F值</th><th>事后检验 Scheffe法</th></tr>
<tr><td rowspan="3">建设成效</td><td>非重点专业</td><td>826</td><td>59.93</td><td>3.53</td><td>13.12</td><td rowspan="3">52.571**</td><td rowspan="6">非重点专业
＜
省级重点专业
＜
国家级重点专业</td></tr>
<tr><td>省级重点专业</td><td>505</td><td>64.11</td><td>3.77</td><td>11.68</td></tr>
<tr><td>国家级重点专业</td><td>251</td><td>68.68</td><td>4.04</td><td>11.65</td></tr>
<tr><td rowspan="3">团队效能</td><td>非重点专业</td><td>826</td><td>18.79</td><td>3.76</td><td>4.14</td><td rowspan="3">24.182**</td></tr>
<tr><td>省级重点专业</td><td>505</td><td>19.77</td><td>3.95</td><td>3.71</td></tr>
<tr><td>国家级重点专业</td><td>251</td><td>20.62</td><td>4.12</td><td>3.72</td></tr>
</table>

续表

维　度	专业层次	总数	平均值	每项平均值	标准差	F 值	事后检验 Scheffe 法
人才培养	非重点专业	826	14.99	3.75	3.02	50.116**	非重点专业＜省级重点专业＜国家级重点专业
	省级重点专业	505	15.90	3.98	2.74		
	国家级重点专业	251	16.97	4.24	2.60		
科技服务	非重点专业	826	26.15	3.27	7.17	55.452**	
	省级重点专业	505	28.44	3.56	6.35		
	国家级重点专业	251	31.09	3.89	6.40		

注：** 表示所标注 F 值对应的 $p<0.01$。

如表 4-21 所示，4 组 F 值对应的 p 值都小于 0.01，这说明高职院校不同层次的专业在装备制造大类专业教师团队建设成效层面上存在极其显著的差异；在团队效能、人才培养和科技服务这三个建设成效子层面上均存在极其显著的差异；无论是整体上的建设成效，还是三个子建设成效，三个层次的高职院校专业在成效水平上均呈升序排列：非重点专业＜省级重点专业＜国家级重点专业，国家级重点专业建设成效最佳，省级重点专业次之，非重点专业建设成效相对较差。这与前面研究所得的装备制造大类专业教师团队建设动因、建设环境、建设策略三个层面的结论相对应，层次水平越高的高职院校装备制造大类专业的建设成效也越是显著。

从具体数据看，不论是整体上的建设成效层面，还是具体的团队效能、人才培养和科技服务这三个建设成效子层面，高职院校国家级重点专业每项平均得分都高于高职院校省级重点专业，省级重点专业每项平均得分又都高于非重点专业。在三个建设成效子层面中，国家级重点专业仅科技服务一项每项平均得分为 3.89，介于“3（一般）～4（比较符合）”之间，其余两项每项平均得分均介于“4（比较符合）～5（非常符合）”之间，说明高职院校国家级重点专业装备制造大类专业教师团队在团队效能和人才培养两方面取得的成效较为明显，科技服务成效稍弱；省级重点专业和非重点专业的 3 个子成效层面每项得分均介于“3（一般）～4（比较符合）”之间，说明这两个专业层次的高职院校装备制造大类专业教师团队建设各项子成效都处于中等偏上水平，较为平均。

六、结论与讨论

1. 高职院校装备制造大类专业教师团队建设成效处于中等偏高水平

建设成效在高职院校装备制造大类专业教师团队建设中处于中等偏高水平的

地位，说明高职院校在建设装备制造大类专业教师团队上普遍取得了一定的成效，但是成效水平有待提高。建设成效三个子层面都处于中等偏上水平，存在很大的进步空间。

2. 一般高职院校、省级重点高职院校和国家级重点高职院校在装备制造大类专业教师团队建设成效层面上存在极其显著的差异

我国不同层次高职院校在装备制造大类专业教师团队建设成效上存在较大差异，国家级重点高职院校建设成效最佳，省级重点高职院校建设成效次之，一般高职院校建设成效较差。与前三节的结论相适应，在“一般高职”“省级重点高职”和“国家级重点高职（双高、示范、骨干院校建设单位）”三个层次的高职院校中，无论是整体上的建设成效，还是团队效能、人才培养和科技服务三个子成效，国家级重点高职都好于省级重点高职，省级重点高职都好于一般高职。从具体数据看，国家级重点高职装备制造大类专业教师团队在团队效能和人才培养两项子建设成效上表现较好，科技服务子建设成效则处于中等偏上水平；省级重点高职院校和一般高职院校各项子成效比较均匀，都处于中等偏上水平，整体上需要向国家级重点高职院校学习。

3. 行业类高职和地方综合类高职在装备制造大类专业教师团队建设成效层面上不存在显著差异

行业类高职和地方综合类高职在装备制造大类专业教师团队建设成效及其三个子层面上都不存在显著差异；不同类型的高职院校装备制造大类专业教师团队建设成效均处于中等偏上水平。表明，行业类高职和地方综合类高职的建设成效都还有很大的进步空间。

4. 东部地区、中部地区和西部地区的高职院校在装备制造大类专业教师团队建设成效层面上存在极其显著的差异

东部地区、中部地区和西部地区的高职院校在装备制造大类专业教师团队建设成效层面上存在极其显著的差异。与前三节的结论相适应，无论是整体上的建设成效，还是团队效能、人才培养和科技服务这三个子建设成效，东部地区高职院校表现最佳，中部地区高职院校次之，西部地区高职院校相对较差。东部地区高职院校装备制造大类专业教师团队在人才培养方面取得的成效较为明显，其他成效处于中等偏上水平；中、西部地区高职院校装备制造大类专业教师团队建设各项子成效都处于中等偏上水平，较为平均，在人才培养方面需要更加注重调整以期取得良好的建设成效。

5. 国家级重点专业、省级重点专业和非重点专业在装备制造大类专业教师团队建设成效层面上存在极其显著的差异

我国高职院校不同层次专业在装备制造大类专业教师团队建设成效上存在较

大差异，与前三节的结论相适应，国家级重点专业建设成效最佳，省级重点专业次之，非重点专业建设成效相对较差。高职院校省级重点专业装备制造大类专业教师团队在团队效能和人才培养两方面取得的成效较为明显，科技服务成效稍弱；高职院校国家级重点专业各子成效水平都好于高职院校省级重点专业，高职院校省级重点专业各子成效水平都好于高职院校非重点专业。其中，高职院校国家级重点专业装备制造大类专业教师团队在团队效能和人才培养两方面取得的成效较为明显，科技服务成效稍弱；省级重点专业和非重点专业高职院校装备制造大类专业教师团队建设各项子成效都处于中等偏上水平，较为平均。省级重点专业和非重点专业教师团队还需要继续改善，以期取得良好的团队效能和人才培养成效。

第五章 建设动因、建设环境、建设策略与建设成效的关系

第四章着重分析了高职院校装备制造大类专业教师团队建设动因、建设环境、建设策略和建设成效四个层面的总体情况。以定量的研究方法分别描述了高职院校装备制造大类专业教师团队建设动因、建设环境、建设策略和建设成效的现实状况，并对不同层次、不同类型、不同区域高职院校和不同层次专业的装备制造大类专业教师团队建设动因、建设环境、建设策略和建设成效进行了特征比较，使我们基本了解了高职院校装备制造大类专业教师团队现状。但是，仅仅对高职院校装备制造大类专业教师团队的四个维度分别进行单方面的考察，还不能反映高职院校装备制造大类专业教师团队的全貌。鉴于此，本章试图探究高职院校装备制造大类专业教师团队建设动因、建设环境、建设策略与建设成效的关系，力求对高职院校装备制造大类专业教师团队及其四个维度有更全面的把握。

本章继续使用定量方法，基于前期“高职院校装备制造大类专业教师团队调查问卷”所采集的数据，采用皮尔逊（积差）相关方法、逐步多元回归分析法和多元回归分析法-强迫进入法对数据进行分析。首先采用皮尔逊（积差）相关方法对高职院校装备制造大类专业教师团队建设的四个维度——建设动因、建设环境、建设策略和建设成效开展两两相关分析（其中建设动因、建设环境和建设策略分别作为自变量，建设成效作为因变量），进而得到教师团队建设动因与建设成效、教师团队建设环境与建设成效和教师团队建设策略与建设成效的相关关系和相关程度；然后采用逐步多元回归分析法，对高职院校装备制造大类专业教师团队建设动因、建设环境、建设策略与建设成效展开回归分析，进而得到建设动因、建设环境、建设策略对建设成效的预测力度；最后用多元回归分析法-强迫进入法对研究模式图进行验证。

第一节 关系假设

探讨三个自变量和因变量的因果关系，需要对研究变量做出关系假设。在问卷设计和前述论证中，建设动因由内生动因、控制动因、外显动因三个子动因因素构成，建设环境由社会环境、制度环境、物质环境、文化环境四个子环境因素构成，

建设策略由结构优化、制度规约、目标规划、能力提升、文化建设五个子策略因素构成。在高职院校装备制造大类专业教师团队建设系统中，建设动因是条件输入系统，建设环境是生态环境系统，建设策略是建设过程系统，建设成效则是结果输出系统。建设策略实际上是一个中介变量，建设环境和建设动因一方面直接对建设成效发生作用，另一方面通过建设策略间接地对建设成效发生作用。建设动因、建设环境和建设策略共同影响建设成效。基于上述分析，在高职院校装备制造大类专业教师团队建设的四个变量——建设动因、建设环境、建设策略以及建设成效中，将建设动因、建设环境和建设策略定义为自变量，将建设成效定义为因变量；又将建设动因与建设环境定义为自变量，将建设策略定义为因变量；最后将建设环境定义为自变量，将建设动因定义为因变量。

在定义好自变量和因变量之后，需要进一步构建变量之间的关系。变量之间的关系通常可分为三种：一是自变量与因变量之间的因果关系，二是自变量与自变量之间的关联关系，三是自变量、因变量与无关变量之间的关系。在本研究中，将着重探索自变量与因变量之间的因果关系，主要包括以下六种：教师团队建设动因与建设成效的关系、教师团队建设环境与建设成效的关系、教师团队建设策略与建设成效的关系，教师团队建设环境与建设策略的关系、教师团队建设环境与建设动因的关系、教师团队建设动因与建设策略的关系。尽管自变量之间存在着一些关联，无关变量与自变量共同作用因变量的变化，但是后两种关系与本研究目的并不直接相关，因此在研究中不打算探讨自变量与自变量之间的关联关系和自变量、因变量与无关变量之间的关系。

基于上述分析，进一步构建出高职院校装备制造大类教师团队建设的研究模式图，如图 5-1 所示，椭圆形表示本研究的四个变量，单箭头表示变量之间的因果关系，变量间因果关系影响路径共有六条。

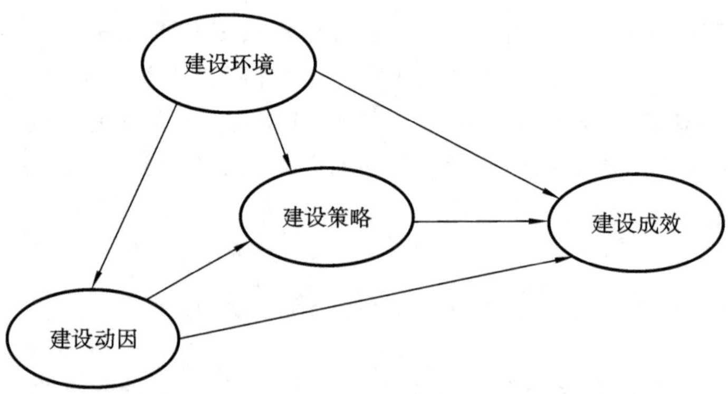

图 5-1　高职院校装备制造大类专业教师团队建设研究模式图

一、教师团队建设动因与建设成效的关系假设

教师是第一资源和核心要素，大力发展职业教育，建立现代职业教育体系，工匠之师的培养尤为重要与迫切。[①] 就高职院校装备制造大类专业发展来说，加强和改进高职院校装备制造大类专业教师团队建设是全面提高装备制造大类专业人才培养质量的关键与保障。职业教育发展的新形势为高职院校装备制造大类专业教师团队提供强劲的动因支持，不少学校融合新时代职业教育发展的目标任务和学校专业发展的现实要求，在教师团队建设动因层面有着较高水平的表现。高职院校专业教师团队的影响因素比较复杂，目前相关研究比较少，可借鉴的理论不多，本研究主要通过调查探究和自下而上的数据分析，做相关的研究假设。基于前述分析，可以认为建设动因对建设成效有着重要影响，根据这样的基本判断，研究将继续深入考察建设动因及其不同层面对建设成效的影响。从前述研究可知，建设动因包括内生动因、控制动因和外显动因三个子层面。因此，本研究对高职院校装备制造大类专业教师团队建设动因与建设成效做出如下假设：

假设 1.1：高职院校装备制造大类专业教师团队的建设动因与建设成效有显著的相关关系；

假设 1.2：高职院校装备制造大类专业教师团队的建设动因与建设成效有显著的正向相关关系；

假设 1.3：内生动因、控制动因和外显动因对建设成效有显著的相关关系；

假设 1.4：内生动因、控制动因和外显动因对建设成效有显著的正向相关关系。

二、教师团队建设环境与建设成效的关系假设

除了建设动因的影响，高职院校装备制造大类专业教师团队建设更离不开制度和环境的作用。只有逐步健全与完善教师团队建设的相关制度体系，创设教师团队建设的良好环境，才能真正加强和改进教师团队的建设。团队的发展建立在相互信赖、互帮互助的环境和氛围中，良好的环境有益于教师团队的建设。[②] 基于上述分析，可以认为建设环境对建设成效有着重要影响，根据这样的基本判断，研究将继续深入考察建设环境及其不同层面对建设成效的影响。从前述研究可知，建设环境包括社会环境、制度环境、物质环境和文化环境四个子层面。因此，本研究对高职院校装备制造大类专业教师团队建设环境与建设成效做出如下假设：

---

① 孙琳. 新时代职业教育师资队伍建设改革定位及发展趋势[J]. 中国职业技术教育，2020(10)：35-40.

② 吴慧，金慧. 促进高校青年教师专业发展团队建设机制研究[J]. 教育发展研究，2013，33(17)：81-84.

假设 2.1:高职院校装备制造大类专业教师团队的建设环境与建设成效有显著的相关关系;

假设 2.2:高职院校装备制造大类专业教师团队的建设环境与建设成效有显著的正向相关关系;

假设 2.3:社会环境、制度环境、物质环境和文化环境与建设成效有显著的相关关系;

假设 2.4:社会环境、制度环境、物质环境和文化环境与建设成效有显著的正向相关关系。

三、教师团队建设策略与建设成效的关系假设

高职院校装备制造大类专业教师团队建设最直接地需要建设策略的实施,需要从结构优化、制度规约、目标规划、能力提升和文化建设等层面系统地推进教师团队建设。已有的教师团队建设研究也往往通过提出策略层面的建议来改进教师团队的现状。基于上述分析,可以认为建设策略对建设成效有着重要影响,根据这样的基本判断,研究将继续深入考察建设策略及其不同层面对建设成效的影响。从前述研究可知,建设策略包括结构优化、制度规约、目标规划、能力提升和文化建设五个子层面。因此,本研究对高职院校装备制造大类专业教师团队建设策略与建设成效做出如下假设:

假设 3.1:高职院校装备制造大类专业教师团队的建设策略与建设成效有显著的相关关系;

假设 3.2:高职院校装备制造大类专业教师团队的建设策略与建设成效有显著的正向相关关系;

假设 3.3:结构优化、制度规约、目标规划、能力提升和文化建设与建设成效有显著的相关关系;

假设 3.4:结构优化、制度规约、目标规划、能力提升和文化建设与建设成效有显著的正向相关关系。

四、教师团队建设动因、建设环境、建设策略对建设成效的预测力假设

在前述研究结果中,教师团队建设动因、建设环境、建设策略与建设成效都表现出较好的水平。研究初步认为教师团队的建设动因、建设环境和建设策略对建设成效都有一定的预测力,而且不同自变量对因变量的预测力是有差异的,建设环境和建设动因都需要通过建设策略这一中介变量对建设成效发生作用。基于这样的基本判断,本研究将继续深入考察建设动因、建设环境和建设策略对建设成效的

预测力，对教师团队建设动因、建设环境、建设策略对建设成效的预测力做出如下假设：

假设 4.1：教师团队的建设动因、建设环境、建设策略能够有效预测建设成效；

假设 4.2：在建设动因、建设环境、建设策略三个因素中，建设策略的预测力最强。

五、研究模式图的可行性假设

如图 5-1 所示的研究模式图中，变量间因果关系影响路径共有六条。其中，建设环境变量对建设成效的影响路径有三条：一是建设环境直接影响建设成效，这是直接效果；二是以建设策略为中介变量进而影响建设成效，这是间接效果；三是建设环境影响建设动因，进而影响建设成效，这也是间接效果。建设动因变量对建设成效的影响路径有两条：一是建设动因直接影响建设成效，这是直接效果；二是以建设策略为中介变量进而影响建设成效，这是间接效果。建设策略对建设成效的影响路径只有一条：建设策略变量直接影响建设成效，这是直接效果。

研究模式图中所包含的因果关系有以下六种：教师团队建设动因与建设成效的关系、教师团队建设环境与建设成效的关系、教师团队建设策略与建设成效的关系，教师团队建设环境与建设策略的关系、教师团队建设环境与建设动因的关系、教师团队建设动因与建设策略的关系。前文已经对前三种因果关系单独做出假设。研究模式图如能得到支持，需要对后三种因果关系也做出假设，假设如下：

假设 5.1：教师团队的建设环境会影响建设动因、建设策略；

假设 5.2：教师团队的建设动因会影响建设策略。

第二节　关系检验

上一节基于分析研究对高职院校装备制造大类专业教师团队建设动因、建设环境、建设策略和建设成效四个变量进行了潜在因果关系假设。本节基于问卷数据，运用 SPSS 22.0 软件的皮尔逊（积差）相关方法等对研究假设进行验证。

一、教师团队建设动因与建设成效关系的检验

运用皮尔逊（积差）相关方法对高职院校装备制造大类专业教师团队建设动因及其三个子动因与建设成效及其三个子成效之间的关系进行分析。表 5-1 列出了高职院校装备制造大类专业教师团队建设动因与建设成效的相关分析结果。

表 5-1　高职院校装备制造大类专业教师团队建设动因与建设成效相关系数矩阵(N=1582)

维　度	建设动因	内生动因	控制动因	外显动因
建设成效	0.723**	0.662**	0.662**	0.654**
团队效能	0.724**	0.698**	0.631**	0.624**
人才培养	0.679**	0.649**	0.586**	0.596**
科技服务	0.624**	0.539**	0.604**	0.590**

注:** 表示所标注 Pearson 相关性系数对应的 $p<0.01$,相关性是显著的。

结果表明:

(1) 总体上的建设动因与建设成效及其三个子成效的 Pearson 相关性系数对应的 p 值都小于 0.01,高职院校装备制造大类专业教师团队的建设动因与建设成效存在显著的相关关系,假设 1.1 成立;

(2) 总体上的建设动因与建设成效及其三个子成效的 Pearson 相关性系数均为正值,高职院校装备制造大类专业教师团队的建设动因与建设成效有显著的正向相关关系,假设 1.2 成立;

(3) 内生动因、控制动因和外显动因三个子动因与建设成效及其三个子成效的 Pearson 相关性系数对应的 p 值都小于 0.01,内生动因、控制动因和外显动因对建设成效有显著的相关关系,假设 1.3 成立;

(4) 内生动因、控制动因和外显动因三个子动因与建设成效及其三个子成效的 Pearson 相关性系数均为正值,内生动因、控制动因和外显动因对建设成效有显著的正向相关关系,假设 1.4 成立。

二、教师团队建设环境与建设成效关系的检验

运用皮尔逊(积差)相关方法对高职院校装备制造大类专业教师团队建设环境及其四个子环境与建设成效及其三个子成效之间的关系进行分析。表 5-2 列出了高职院校装备制造大类专业教师团队建设环境与建设成效的相关分析结果。

表 5-2　高职院校装备制造大类专业教师团队建设环境与建设成效相关系数矩阵(N=1582)

维　度	建设环境	社会环境	制度环境	物质环境	文化环境
建设成效	0.830**	0.451**	0.643**	0.755**	0.805**
团队效能	0.810**	0.441**	0.638**	0.684**	0.833**
人才培养	0.777**	0.444**	0.620**	0.683**	0.751**
科技服务	0.730**	0.387**	0.552**	0.704**	0.681**

注:** 表示所标注 Pearson 相关性系数对应的 $p<0.01$,相关性是显著的。

结果表明：

(1) 总体上的建设环境与建设成效及其三个子成效的 Pearson 相关性系数对应的 p 值都小于 0.01，高职院校装备制造大类专业教师团队的建设环境与建设成效存在显著的相关关系，假设 2.1 成立；

(2) 总体上的建设环境与建设成效及其三个子成效的 Pearson 相关性系数均为正值，高职院校装备制造大类专业教师团队的建设环境与建设成效有显著的正向相关关系，假设 2.2 成立；

(3) 社会环境、制度环境、物质环境和文化环境四个子环境与建设成效及其三个子成效的 Pearson 相关性系数对应的 p 值都小于 0.01，社会环境、制度环境、物质环境和文化环境与建设成效有显著的相关关系，假设 2.3 成立；

(4) 社会环境、制度环境、物质环境和文化环境四个子环境与建设成效及其三个子成效的 Pearson 相关性系数均为正值，社会环境、制度环境、物质环境和文化环境与建设成效有显著的正向相关关系，假设 2.4 成立。

三、教师团队建设策略与建设成效关系的检验

运用皮尔逊(积差)相关方法对高职院校装备制造大类专业教师团队建设策略及其五个子策略与建设成效及其三个子成效之间的关系进行分析。表 5-3 列出了高职院校装备制造大类专业教师团队建设策略与建设成效的相关分析结果。

表 5-3　高职院校装备制造大类专业教师团队建设策略与建设成效相关系数矩阵

维　度	建设策略	结构优化	制度规约	目标规划	能力提升	文化建设
建设成效	0.850**	0.737**	0.714**	0.785**	0.824**	0.823**
团队效能	0.853**	0.705**	0.702**	0.821**	0.812**	0.861**
人才培养	0.780**	0.660**	0.652**	0.732**	0.751**	0.771**
科技服务	0.740**	0.668**	0.631**	0.659**	0.728**	0.691**

注：** 表示所标注 Pearson 相关性系数对应的 $p<0.01$，相关性是显著的。

结果表明：

(1) 总体上的建设策略与建设成效及其三个子成效的 Pearson 相关性系数对应的 p 值都小于 0.01，高职院校装备制造大类专业教师团队建设策略与建设成效有显著的相关关系，假设 3.1 成立；

(2) 总体上的建设策略与建设成效及其三个子成效的 Pearson 相关性系数均为正值，高职院校装备制造大类专业教师团队建设策略与建设成效有显著的正向相关关系，假设 3.2 成立；

(3) 结构优化、制度规约、目标规划、能力提升和文化建设五个子策略与建设成

效及其三个子成效的 Pearson 相关性系数对应的 p 值都小于 0.01，结构优化、制度规约、目标规划、能力提升和文化建设与建设成效有显著的相关关系，假设 3.3 成立；

(4) 结构优化、制度规约、目标规划、能力提升和文化建设五个子策略与建设成效及其三个子成效的 Pearson 相关性系数均为正值，结构优化、制度规约、目标规划、能力提升和文化建设与建设成效有显著的正向相关关系，假设 3.4 成立。

四、建设动因、建设环境、建设策略对建设成效的预测力检验

尽管前文已经验证了高职院校装备制造大类专业教师团队建设动因、建设环境、建设策略与建设成效存在显著的正向相关性，但是高职院校装备制造大类专业教师团队建设动因、建设环境、建设策略能否对建设成效进行预测，仍不可得知。因此，本研究采用逐步多元回归分析，对高职院校装备制造大类专业教师团队建设动因、建设环境、建设策略与建设成效展开回归分析。其中，自变量为建设动因、建设环境和建设策略三个层面的因素，因变量为建设成效。表 5-4 为高职院校装备制造大类专业教师团队建设动因、建设环境、建设策略与建设成效逐步多元回归分析后的标准化回归分析系数。

表 5-4　高职院校装备制造大类专业教师团队建设动因、建设环境、建设策略与建设成效逐步多元回归分析后的标准化回归分析系数摘要表

顺　序	选出的变量	决定系数 R^2	增加解释量 $\triangle R$	标准回归系数 β	p 值
1	建设动因	0.722	0.722	0.492	0.000
2	建设环境	0.748	0.026	0.297	0.000
3	建设策略	0.754	0.006	0.123	0.000

从表 5-4 可以得到如下结论：

第一，在高职院校装备制造大类专业教师团队建设动因、建设环境、建设策略与建设成效逐步多元回归分析模型中，建设动因、建设环境和建设策略三个层面的自变量进入回归模型，三个因素均为显著变量，能够有效预测因变量，假设 4.1 成立。

第二，建设动因、建设环境、建设策略这三个自变量对高职院校装备制造大类专业教师团队建设成效预测的标准回归系数 β 分别为 0.492、0.297 和 0.123，三个因素共同解释了建设成效的 75.4%。

第三，从表 5-4 所示的建设成效逐步多元回归分析可知，建设动因的预测力最大，为 72.2%；建设环境和建设策略的预测力则相对较小，假设 4.2 不成立。

第四，建设动因、建设环境、建设策略这三个自变量的标准回归系数 β 都为正

值，说明三个层面的因素对建设成效都有正效应。根据表 5-4，可得到标准化回归方程式为：

建设成效＝0.492×建设动因＋0.297×建设环境＋0.123×建设策略

五、研究模式图的可行性检验

图 5-1 所示的研究模式图假设高职院校装备制造大类专业教师团队的建设环境会影响建设动因、建设策略与建设成效；建设动因会影响建设策略与建设成效；而建设策略会直接影响建设成效。

本研究对图 5-1 所示的模式图进行检验，运用 SPSS 22.0 统计软件，采用多元回归分析法-强迫进入法，具体包括三个复回归分析：模型 a 的自变量为建设动因、建设环境和建设策略，因变量为建设成效；模型 b 的自变量为建设动因和建设环境，因变量为建设策略；模型 c 的自变量为建设环境，因变量为建设动因。表 5-5 即为高职院校装备制造大类专业教师团队建设动因、建设环境、建设策略与建设成效复回归分析系数摘要。根据分析结果，进一步得到经过验证后的模式图，如图 5-2 所示。

表 5-5　高职院校装备制造大类专业教师团队建设动因、建设环境、建设策略与建设成效复回归分析系数摘要表

模　　型	选出的变量	决定系数 R^2	残 差 系 数	标准回归系数 β	p 值
模型 a	建设动因	0.754	0.496	0.492	0.000
	建设环境			0.297	0.000
	建设策略			0.123	0.000
模型 b	建设动因	0.805	0.442	0.171	0.000
	建设环境			0.759	0.000
模型 c	建设环境	0.591	0.640	0.769	0.000

注：a. 自变量：建设动因、建设环境、建设策略；因变量：建设成效。

b. 自变量：建设动因、建设环境；因变量：建设策略。

c. 自变量：建设环境；因变量：建设动因。

从表 5-5 和图 5-2 可以得到以下结论：

第一，模型 a 的决定系数 R^2 为 0.754，残差系数为 $\sqrt{1-0.754}=0.496$。建设动因、建设环境和建设策略三个自变量的标准回归系数 β 分别为 0.492、0.297 和 0.123。说明建设动因、建设环境和建设策略对建设成效有直接影响，且建设动因的影响最大。

第二，模型 b 的决定系数 R^2 为 0.805，残差系数为 $\sqrt{1-0.805}=0.442$。建设

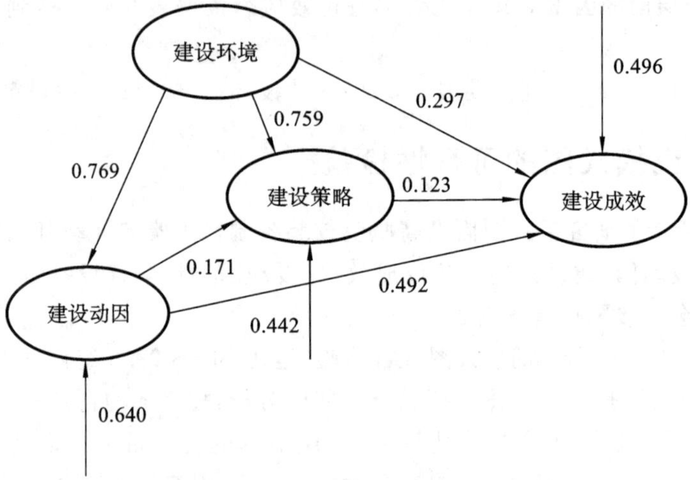

图 5-2　高职院校装备制造大类专业教师团队建设研究模式图(验证后)

动因和建设环境两个自变量的标准回归系数 β 分别为 0.171 和 0.759。说明建设动因和建设环境对建设策略有直接影响,其中建设环境的影响更大。建设动因会影响建设策略,假设 5.2 成立。

第三,模型 c 的决定系数 R^2 为 0.591,残差系数为 $\sqrt{1-0.591}=0.640$。自变量建设环境的标准回归系数 β 为 0.769。说明建设环境对建设动因有直接影响。结合前两点可得,高职院校装备制造大类专业教师团队的建设环境会影响建设动因和建设策略,假设 5.1 成立。

研究模式图中所包含的因果关系影响路径有六条。对假设 1、假设 2、假设 3 的验证,证明了教师团队建设动因→建设成效、建设环境→建设成效、建设策略→建设成效这三条直接影响路径成立。对假设 5.1 的验证证明了教师团队建设环境→建设动因这条直接影响路径成立。对假设 5.1、假设 5.2 的验证证明了教师团队建设动因→建设策略、建设环境→建设策略这两条直接影响路径成立,结合假设 1、假设 2 可以得到建设动因→建设策略→建设成效、建设环境→建设策略→建设成效这两条间接的影响路径。研究模式图中所包含的因果关系影响路径均得到了验证,研究模式图成立。

第三节　结论与讨论

基于“高职院校装备制造大类专业教师团队调查问卷”正式问卷调查数据,研究采用实证的方式运用 SPSS 22.0 软件对高职院校装备制造大类专业教师团队建设动因、建设环境、建设策略与建设成效的关系进行检验,得到了相关结果。本节在相关检验结果的基础上，对相关结论进行总结、讨论。

1. 高职院校装备制造大类专业教师团队建设动因、建设环境和建设策略对建设成效有显著的正效应

相关分析发现，高职院校装备制造大类专业教师团队建设动因、建设环境、建设策略与建设成效存在显著的正向相关关系。逐步多元回归分析结果表明，高职院校装备制造大类专业教师团队建设动因、建设环境、建设策略对建设成效具有显著的正效应。

建设动因是高职院校装备制造大类专业教师团队建设的主要动力来源，是教师团队建设得以运作、维持和生成的重要条件。建设动因是影响建设成效的重要因素，这在研究中也得到了印证，建设动因水平越高，建设成效水平也越高。

建设环境是高职院校装备制造大类专业教师团队建设的必要环境条件，研究进一步表明建设环境水平越高、建设环境越理想，高职院校装备制造大类专业教师团队建设的成效水平也越高。

建设策略是高职院校装备制造大类专业教师团队建设直接采用的策略和手段，是保证建设成效的重要因素。研究表明建设策略对建设成效具有显著正效应，意味着高职院校在装备制造大类专业教师团队建设中所采取的策略水平越高，教师团队建设的成效就越高。

2. 高职院校装备制造大类专业教师团队建设动因对建设成效的预测力最强，建设环境次之，建设策略最弱

虽然高职院校装备制造大类专业教师团队的建设动因、建设环境和建设策略都能够有效地解释和预测建设成效，但是逐步多元回归分析的结果表明，三者的预测力并不相同。结果表明，高职院校装备制造大类专业教师团队建设动因对建设成效的预测力最强，建设环境次之，建设策略最弱。

研究结果说明，建设动因是建设成效的最佳预测指标，动因越强的高职院校装备制造大类专业教师团队建设成效水平越高。这与建设策略这一中介变量预测力最高的假设不符，说明直接影响建设成效的建设策略因素并没能取得良好的实践效果，对建设成效的影响路径有两条的建设动因变量能较好地反映建设成效。

3. 高职院校装备制造大类专业教师团队的建设环境会影响建设动因、建设策略与建设成效，建设动因会影响建设策略与建设成效，而建设策略会直接影响建设成效

虽然高职院校装备制造大类专业教师团队的建设动因、建设环境和建设策略都对建设成效具有显著的正效应，但是变量间因果关系影响路径共有六条：高职院校装备制造大类专业教师团队的建设环境会影响建设动因、建设策略与建设成效，

建设动因会影响建设策略与建设成效,而建设策略会直接影响建设成效。

在图 5-2 所示的经过验证的研究模式图中,建设动因是条件输入系统,建设环境是生态环境系统,建设策略是建设过程系统,建设成效是结果输出系统。建设策略实际上是中介变量,建设环境和建设动因需要通过建设策略对建设成效发生作用。结合结论 2 可知建设策略虽然在整个教师团队建设系统中发挥了中介作用,但是其对建设成效没有最佳预测能力,建设策略的实践效果并不理想。

第六章　高职院校装备制造大类专业教师团队多个案研究

本研究通过问卷调查发现：高职院校装备制造大类专业教师团队建设动因、建设环境、建设策略、建设成效存在显著相关，不同层次、类型、区域的高职院校以及不同层次专业，在装备制造大类专业教师团队建设成效上还有一定的交互作用。但是，各个层面及相关因素对高职院校装备制造大类专业教师团队建设的具体作用机制仍未可知。本章拟进一步通过文献分析和深度调研访谈等，深入地描述若干个典型个案，整体呈现教师团队建设的各种相关因素；然后，运用教育内外部关系规律理论和三角协调理论，通过扎根理论的三级编码聚类分析高职院校装备制造大类专业教师团队建设的主要内外部影响因素，并揭示它们交互作用的特征和具体的作用机制，尝试为分析高职院校装备制造大类专业教师团队建设的现实困境提供有说服力的解释视角，并为对策研究提供必要的依据。

第一节　研究设计与分析框架

研究设计和确定分析框架是进行案例研究的前提。因而，在对案例研究结果进行描述和讨论之前，本节先简要介绍研究设计和分析框架，初步呈现案例研究的思路和过程，借此增加研究的科学性和合理性。

一、研究设计

（一）研究方法

研究问题决定研究方法，本部分研究主要采用多个案研究法，对多个案例进行深描剖析。之所以采用多个案研究法，主要基于以下三个方面的考虑。其一，虽然前文通过量化研究方法，从整体上构建了高职院校装备制造大类专业教师团队建设的真实图景，但对具体情境的真实个案的了解可能是支离破碎的，这也正是本部分研究需要解决的重要问题。其二，通过研究个案全景呈现，有助于细致生动地分析高职院校装备制造大类专业教师团队建设相关因素之间的关系，以及某类现象背后的深层原因。其三，案例研究可以分为内在的个案研究、工具性个案研究和多个案研究。从比较的角度来看，多个案研究具备个案研究和工具性个案研究的基本特征，更强调案例之间的对比和分析。以区域产业为例，不同的区域其产业不同，很大程度上影响了高职院校装备制造大类专业教师团队的建设水平。即使是相同产业但具备不同的产业化程度，也会对高职院校装备制造大类专业教师团队造成很大的影响。因而，进行多个案研究，不仅可以更深入地理解单一个案中高职院校装备制造大类专业教师团队建设过程与结果，厘清各因素之间是如何彼此关联的，如条件是什么，以什么样的方式，又是如何作用的。还有利于进行个案之间的对比分析，并在此基础上探索高职院校装备制造大类专业教师团队建设的普遍性规律，提高研究的概括化程度，增强研究的应用性和普适性。

（二）研究抽样

案例研究多采用目的性抽样，即按照研究目的抽取能够为研究问题提供最大信息量的研究对象。本研究根据异质性典型案例抽样原则，选取5个相对比较典型的专业教师团队作为研究案例，简要情况如表6-1所示。之所以选择这些高职院校的专业教师团队，从区位上来看，考虑了学校所处区域在东中西部的地域划分；从产业上来看，涵盖机械设计制造、铁道装备、航空装备、汽车制造、自动化等多个类别，具有较高的专业类别覆盖度，而且不同学校所在地的产业基础、产业优势和产业发展阶段不同，具有一定的代表性；从学校类型来看，考虑了地方综合类和行业类；从学校层次来看，兼顾了重点院校和一般高职；从依托专业的层次来看，考虑了国家示范重点建设专业、高水平专业群、省特色专业、省优势专业等；从团队的层次来看，可以分为国家级、省级、市级和校级。所有这些考虑的因素，均与高职院校装备制造大类专业教师团队建设高度相关。

表6-1　5个专业教师团队案例基本情况一览表

团队名称	所在地区	学校类型	学校层次	专业层次	团队层次
机械制造与自动化专业教师团队	东部	地方综合类	国家级重点高职	国家级重点专业	省级教学团队
铁道机车车辆制造与维护专业教师团队	中部	行业类	国家级重点高职	国家级重点专业	国家级教学团队
飞行器制造技术专业教师团队	西部	行业类	国家级重点高职	国家级重点专业	—
汽车制造与装配技术专业教师团队	东部	地方综合类	省级重点高职	省级特色专业	—
机电一体化专业教师团队	中部	地方综合类	—	—	校级教学团队

（三）资料搜集

本章的资料来源主要有：①文本资料，与高职院校装备制造大类专业教师团队建设相关的各种文本资料，包括各级政府与教师团队相关的政策、有关院系的双高建设方案、专业调研报告、绩效考核制度、教师培养培训制度、兼职教师管理制度、教师团队申报书，以及行业标准、企业管理制度等；②访谈资料，通过访谈从受访者的回答中获取与研究相关的信息和资料；③直接观察，研究者实地考察个案所在的教室、实训室、活动及阅览室等工作场所以及部分合作企业；④参与观察，此时研究者不只是被动的观察者，而是真正参与正在研究的事件之中。以下重点阐述通过访谈法收集资料的初步设想和实施情况。

1. 半结构型访谈

前文采用问卷调查法，属于量的研究范式，而采用访谈法搜集资料，属于质的研究体系中的一种，是对前文问卷调查法的有益补充。访谈法是一种带着研究目的而进行的对话和交流，访谈的结果是双方在一定社会情境下相互建构的，不是研究者先入为主的主观想法，而是基于受访者的回答重新进行意义上的解释和重构。根据研究者对访谈结构的控制，访谈可以分为结构型、无结构型和半结构型，即封闭型、开放型和半开放型。[①] 一般而言，半结构型访谈既能发挥受访者的积极性，研究者也能较好地收放自如，围绕研究问题把控整个访谈过程。

高职院校装备制造大类专业教师团队建设是一个系统复杂且持续的过程。首先，从建设背景与环境到建设动因及策略再到建设成效及展望，教师是专业教师团队建设的主体，但每位教师参与的程度不一样，感受各不相同，如果按照固定结构和严格问题顺序进行访谈，显然会限制受访者的发挥，也会因此错过专业教师团队建设的一些重要信息。其次，不同高职院校的装备制造大类专业教师团队建设差异较大，这种差异不仅体现在外在的区域产业、政府政策和学校制度方面，也体现在内部建设动因、建设策略等方方面面，如果在访谈过程中，研究者没有事先围绕研究问题准备访谈纲要，受访者可能根据自己的建设经验进行倾向性的谈论，而研究者则可能无法有效地获取自己想要的信息。而这些信息一般都掩藏在建设过程的具体实践中，很难通过观察获得。因此，采用半结构型访谈，以具体的研究问题为指导设计访谈提纲，尽可能提一些开放型的问题，并根据受访者所了解的情况进行追问，如谈到学校对教师团队建设的重视程度如何时，可以继续追问您觉得经费支持力度怎么样，是否有专门的团队建设制度，专业带头人如何遴选、培养等相关的问题，有目的地引导受访者围绕问题进行全方位的回答。总之，半结构型访谈兼

① 陈向明.质的研究方法与社会科学研究[M].北京：教育科学出版社，2000：171.

具灵活性和针对性，能够较好地帮助研究者了解教师对于高职院校装备制造大类专业教师团队建设的感触和思考。

2. 确定访谈对象

访谈对象的确定对研究至关重要。此次访谈研究在对象的选择方面采取了目的性抽样，即从研究需要出发，选择能够为研究提供最大信息量的研究对象。本研究在访谈对象的抽取上主要依据异质性典型案例抽样原则进行，先以组织特征的异质性为基础，如专业教师团队所在学校的区域、产业、学校类型、专业性质和团队层次等，然后再在每个教师团队选取若干名教师作为研究对象(个别院系领导可能不在这个专业，但他是管理这个专业的院系层面的领导，比较熟悉专业的情况)。

由于高职院校装备制造大类专业教师团队的组成人员复杂多元，为了能够较全面地呈现教师团队建设的整体概貌，在选择访谈对象时基于代表性原则，每一个专业教师团队样本对象基本覆盖了二级学院(或系部)相关领导、专业带头人、专业教师、行业企业兼职教师、公共课教师等不同身份的教师群体。总体来说，他们掌握的信息基本上能够反映相关专业教师团队的主要建设情况。这些教师的参与和融入可能在很大程度上影响教师团队整体的建设水平。特别是兼职教师的融入程度越深，越能代表该团队组织管理上的完善和产品改进、技术研发等社会服务功能上的完备。每次访谈持续时间约一至两小时。为了保证研究的真实性以及更好地呈现访谈结果，在征得受访者同意后做了全程录音。为了保护受访者隐私，笔者对受访者信息做了相应处理并编号。以“A-Y-1”为例，其中第一个字母A代表受访者所在学校及专业(本研究一个学校仅选一个特定的专业教师团队)，第二个字母Y代表受访者的身份(Y为院系领导、Z为专业主任、P为普通专业教师、J为行业企业兼职教师、G为公共课教师)，数字为受访者的序号。32位受访者的基本情况如表6-2所示。

表6-2 32位受访教师基本情况一览表

编号	性别	职称	学位	所属专业	访谈时间/分钟
A-Y-1	男	教授	硕士	机械制造与自动化	95
A-Z-2	男	副教授	博士	机械制造与自动化	105
A-P-3	男	教授	博士	机械制造与自动化	90
A-G-4	女	副教授	硕士	机械制造与自动化	55
A-J-5	男	工程师	硕士	机械制造与自动化	45
A-P-6	男	副教授	博士	机械制造与自动化	110
A-P-7	男	副教授	硕士	机械制造与自动化	95
A-P-8	男	教授	硕士	机械制造与自动化	75

续表

编　　号	性　　别	职　　称	学　　位	所属专业	访谈时间/分钟
A-P-9	男	工程师	—	机械制造与自动化	65
A-P-10	男	助教	硕士	机械制造与自动化	55
T-Y-1	男	副教授	硕士	铁道机车车辆制造与维护	45
T-Z-2	男	教授	硕士	铁道机车车辆制造与维护	110
T-P-3	男	讲师	硕士	铁道机车车辆制造与维护	75
T-G-4	女	教授	硕士	铁道机车车辆制造与维护	35
T-G-5	女	工程师	硕士	铁道机车车辆制造与维护	40
T-J-6	男	工程师	学士	铁道机车车辆制造与维护	70
H-Y-1	男	讲师	硕士	飞行器制造技术	60
H-Z-2	男	讲师	本科	飞行器制造技术	65
H-P-3	男	讲师	硕士	飞行器制造技术	35
H-G-4	女	无	硕士	飞行器制造技术	45
H-J-5	男	高级技师	大专	飞行器制造技术	37
C-Y-1	女	副教授	硕士	汽车制造与装配技术	65
C-Z-2	女	—	硕士	汽车制造与装配技术	55
C-P-3	男	讲师	硕士	汽车制造与装配技术	60
C-P-4	男	副教授	硕士	汽车制造与装配技术	65
C-G-5	女	副教授	硕士	汽车制造与装配技术	35
C-J-6	男	高级工程师	硕士	汽车制造与装配技术	55
E-Y-1	男	副教授	硕士	机电一体化技术	43
E-Z-2	女	教授	硕士	机电一体化技术	60
E-P-3	男	副教授	硕士	机电一体化技术	45
E-P-4	男	副教授	硕士	机电一体化技术	87
E-P-5	男	副教授	硕士	机电一体化技术	35

3. 设计访谈提纲

结合研究问题和研究目的，本研究的访谈提纲重点关注学校情况、团队情况和影响因素等三个方面，详见附录C。

(1) 学校情况。主要了解院校支持等相关情况，如学校对教师团队建设的重视程度如何？经费支持力度如何？是否有专门的团队建设制度？学校在高层次人才引进上有什么举措？专业带头人如何遴选、培养？绩效考核和激励制度如何？教师培养培训做得怎么样？在平台建设方面有哪些举措？成效如何？等等。

（2）团队情况。主要从团队目标定位、团队合作、团队特色优势、团队突出成果等方面展开，如您觉得高职院校装备制造大类专业教师团队应如何定位？您觉得自己是否较好地融入了所在团队？您主要发挥了哪些作用？您觉得应该从哪些方面努力形成突出的标志性的成果？您认为如何才能形成团队特色？

（3）影响因素。主要从区域产业、政府政策制度、自身专业基础、行业企业等角度进行提问和追问，引导受访者讲述具体鲜活的事例。如您觉得各级政府的政策制度对教师团队建设是否有影响？请举例说明。

此外，在实际访谈中，还会根据受访者的身份、经历等，另外提一些个性化的问题，并适时追问，以获取更多的研究资料。如对于公共基础课教师，追问其在备课以及教学过程中，是否有意识地根据专业特点对课程内容、教学方法等做针对性处理？如何处理？是否较好地融入团队？对于兼职教师，则追问其所在专业主要采取哪些措施来加强团队合作？是否经常参与一些专业的教科研活动，成效如何？学院对兼职教师参与专业建设是如何规定并管理的？等等。

（四）资料分析

分析资料是一项相当繁杂的工作。首先是资料整理。对每一份资料进行了编号、时间和地点等的标注。为方便事后访谈资料的整理，本研究在访谈的时候用A3大小的纸张记录了访谈的时间、地点、对象和主要访谈内容。如记录访谈中的核心概要，或者对方提到的一个事先没有预想的新概念新想法，或者此次访谈体会颇深的地方，或者对此次访谈的反思，是否充分收集了研究所需要的资料。其次是录音整理。本研究将所有访谈录音转录成文本，然后进行初步的阅读，将访谈中与研究问题密切相关的内容进行归纳整理并标记。最后，文本资料分析。本研究遵循阅读原始资料、登录、寻找“本土概念”、建立编码、归类和深入分析的研究思路，[①]对访谈资料进行系统和深入分析，以确定每一个问题的属性，并理顺问题与问题之间内在的逻辑关系。

二、分析框架

根据适用性原则，本研究拟运用教育内外部关系规律理论和三角协调理论，尝试构建高职院校装备制造大类专业教师团队的分析框架。潘懋元先生的教育内外部关系规律理论，提出教育必然受一定社会的经济、政治、文化等制约，并对一定社

① 陈向明．质的研究方法与社会科学研究［M］．北京：教育科学出版社，2000：257.

会的经济、政治、文化等的发展起作用。内部关系规律的运行受外部关系规律制约，外部关系规律发挥作用需要通过内部关系规律来实现，教育的内部关系规律和外部关系规律相互起作用。伯顿·克拉克的“三角协调理论”是学术界运用比较广泛的研究高等教育系统变革的方法论基础。该理论认为，政府权力、市场力量和学术权威(高校)三要素影响高等教育系统发展。尽管两个理论关注的领域和重点有所差异，但都为高职院校装备制造大类专业教师团队分析框架的搭建提供了逻辑参照，如图 6-1 所示。本研究运用教育内外部关系规律来解释高职院校装备制造大类专业教师团队建设环境、建设动因、建设策略和建设成效之间的交互关系，同时探讨教师个体与教师团队之间的互动关系，以及教师团队在院系、区域以及整个高职教育系统中的发展情况。本研究借助三角协调理论来阐释高职院校装备制造大类专业教师团队建设的背景与环境，涵盖区域产业、政府政策和院系情况等三大要素。

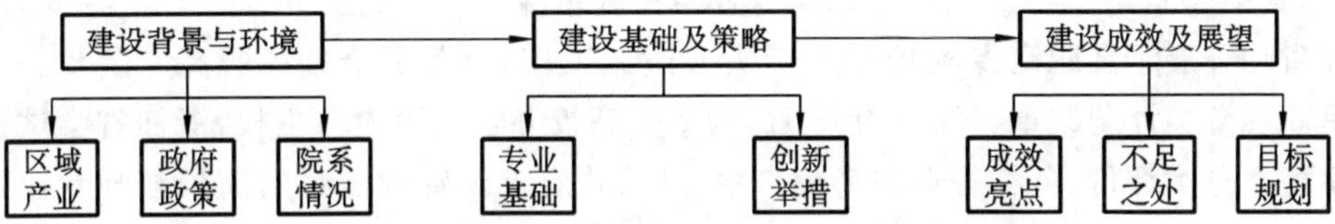

图 6-1　高职院校装备制造大类专业教师团队的案例分析框架

第二节　争创一流：某机械制造与自动化专业教师团队的案例

2008 年 6 月，A 专业教学团队被评为省级教学团队。尽管具有良好的建设基础，但该教学团队一直没能实现国家级教学团队零的突破，遗憾地止步于省级教学团队。多年来，这个始终没有实现的目标更深层地激发了学校、学院和相关专业教师争创国家级教师团队的斗志和热情。

一、建设背景与环境

回顾 A 专业教师团队建设历程，很大程度上受益于区域产业、政府政策和院系情况等多方面的支持，并相应呈现出个性化的特征。

(一) 区域产业

A 专业教师团队所在的浙江省是制造大省，制造业生产总值一直占全省国民经济总量的 50%左右。2017 年，浙江省政府提出了高端装备制造业等八大万亿产业，所在市政府也确立了先进装备制造、信息网络经济等五大千亿产业主导地位，力争成为长三角南翼重要的先进制造业基地。该市装备制造业主要涉及“现代五金”“汽车零部件制造”“智能农机”等特色产业。近年来，该市进一步明确了首批制造业八大重点细分行业，并印发了培育实施方案，着力打造新能源汽车及配件、电动(园林)工具行业等千亿元产业集群。由于浙江省块状经济盛行，受其发展模式影响，该区域以中小微企业为主，如中国皇冠投资集团有限公司、浙江万里扬集团有限公司、浙江今飞集团等。

(二)政府政策

政府政策长期持续的利好，为A专业教师团队发展提供了全方位的保障。从省级政府来看，浙江省地处我国东部沿海发达地区，一直以来高度重视高职教育的发展，紧跟国家政策导向，出台了一系列有利于高职教育创新发展的政策。一是团队打造。2008年6月，浙江省确定了100个教学团队为首届高等学校省级教学团队，其中高职高专类37个。[①] 二是专业带头人培养。“十二五”和“十三五”期间，浙江省均开展了高职高专院校专业带头人遴选工作，覆盖了全省高职高专院校。三是职称分类评聘改革。2014年3月，为落实高校办学和用人自主权，浙江省尝试探索建立分类评价、分类管理和高校自主评聘、政府宏观管理监督的高校教师专业技术职务评聘制度;并在此基础上完善了高校专业技术岗位结构比例，明确了专业技术中级、初级岗位由高校自主设置管理，大幅提高了高职高专院校专业技术高级岗位的比例，充分增加了教师职称评聘的有效供给，如表6-3(调整前)和表6-4(调整后)所示。四是省重点校建设。2016年9月，浙江省启动了优质高职院校建设工作，最终确立了5所学校为省重点建设高职院校和15所学校为优质高职院校，并对列入重点建设高职院校平均每校每年安排建设资金5000万元，地方属高职院校按照省级财政支持标准，按隶属关系由地方财政落实资金，A校就属于重点建设范围。[②] 五是优势特色专业建设。2016年8月，浙江省启动了“十三五”优势特色专业建设工作，先后确立了150个优势专业建设项目和200个特色专业建设项目。A专业教师团队所在的专业正属于省优势专业建设范围。另外，从市级政府来看，最为突出的表现是市政府为A校量身打造了高水平高职学校建设的若干意见，在高层次人才引进培育、财政经费保障、深化人事制度改革等方面给予重点支持，如绩效工资总量参照省属高校和省重点建设高校考核政策，在现有基础上上浮10%予以核定。此外，该市还创新性地开展了“百博入企”“机器换人企业服务专家团队”等企业服

---

① 浙江省教育厅关于公布首届高等学校省级教学团队名单的通知[Z].浙教高教〔2008〕142号，2008-06-26.

② 浙江省教育厅浙江省财政厅关于公布高职重点暨优质建设校名单的通知[Z].浙教高教〔2017〕23号，2017-06-12.

务工程，为A专业教师团队开展新产品开发、专利申请、工装设计、工艺改进、生产线改造等搭建了良好发展平台。

表6-3　浙江省高职高专院校专业技术岗位结构比例控制标准（调整前）

<table>
<tr><th rowspan="2">学校类别</th><th colspan="2">高级岗位/(%)</th><th rowspan="2">中级岗位/(%)</th><th rowspan="2">初级岗位/(%)</th></tr>
<tr><th>正高/(%)</th><th>副高/(%)</th></tr>
<tr><td>示范性高职院校</td><td>8</td><td>27</td><td>50</td><td>15</td></tr>
<tr><td>一般高职院校</td><td>6</td><td>26</td><td>50</td><td>18</td></tr>
</table>

表6-4　浙江省高职高专院校专业技术高级岗位比例控制标准（调整后）

<table>
<tr><th rowspan="2">学校类别</th><th colspan="2">专业技术高级岗位比例/(%)</th></tr>
<tr><th>正高/(%)</th><th>副高/(%)</th></tr>
<tr><td>重点暨优质建设高职院校</td><td rowspan="2">≤14</td><td rowspan="2">≤29</td></tr>
<tr><td>高等专科学校</td></tr>
<tr><td>一般高职院校</td><td>≤12</td><td>≤29</td></tr>
</table>

（三）院系情况

A校创办于20世纪90年代，由多所国家和省级重点中专合并而成，继承了鲜明的职业教育传统和特色。创建以来，学校赶上了我国高职教育大发展的时代，先后入选国家示范性高职院校、国家优质高职院校，2019年又成功入选国家“双高计划”高水平高职学校建设单位（A档），这标志着A校进入了高标准、高质量、高水平的发展时代。

在全国1400多所高职院校中，A校的办学规模位居前列，招生专业64个，在校生2.2万余人，教职工1500余人，现设有13个二级学院。A专业教师团队所在的二级学院——机电工程学院，是学校的领头学院，担负着很多学校改革发展的重任。其下设的机械制造与自动化专业（简称“机制专业”）是国家示范专业、全国装备制造类专业示范点、浙江省四年制高职人才培养试点专业、浙江省优势专业，也是此次“双高计划”重点建设专业群的龙头专业。

基于发展角度，学校高度重视机电工程学院、机械制造与自动化专业以及教师团队的建设，并给予各方面的重点支持，如出台了专门的教师团队管理制度、高层次人才引进政策等。以高层次人才引进为例，学校《引进高层次人才若干规定》将引进高层次人才划分为Ⅰ类、Ⅱ类、Ⅲ类三种类型，根据学校“双高计划”建设的专业布局将专业分为A、B、C、D四个层次，并按照三种类型确定购房（或住房）补贴标准。其中机械制造与自动化专业就属于A层次，Ⅰ类人才给予300万购房补贴（或140m^2住房1套）；Ⅱ类人才给予180万购房补贴（或120m^2住房1套）；Ⅲ类人才给予100万购房补贴，远超其他专业类别的Ⅱ类人才（120万购房补贴）和Ⅲ类人才（40万购房补贴）。

学校对机制专业和团队建设非常重视。从学校高层次人才引进的标准来看，机制专业就比别的专业高一档。同样是Ⅲ类人才，机制专业是100万购房补贴，而其他专业就只有40万。（A-Z-2）

二、建设基础及策略

（一）专业基础

机械制造与自动化专业毕业生社会需求非常大，全国大多数高职院校都设有这个专业。据统计，在机械设计制造类专业中，2019年全国高职院校机械制造与自动化专业点有487个，仅次于数控专业（687个）。仅浙江省范围，就有11所高职院校设有机械制造与自动化专业，还有专门培养机电类高等技术应用型人才为主的全日制高职院校。因而，尽管A校的机电工程学院和机械制造与自动化专业在学校属于第一方阵的学院和专业，但是从全国或者全省范围来看，在众多院校的机械制造与自动化专业中，其领先优势并不是特别明显，特别是与无锡职业技术学院、陕西工业职业技术学院等老牌的机械制造与自动化专业相比，仍有较大发展空间。这种客观存在的差距，实际上让A专业教师团队感受到巨大的压力。

从建设经费来看，机械制造与自动化专业一直以来都是学校重点建设专业，经费相对充裕。在示范建设时期，就投入了794.7万元用于教学实验实训条件建设、师资队伍建设和课程体系与教学内容改革。2016年，在国家职业教育产教融合工程规划项目中，A校联合地方政府部门以及西子联合控股集团等单位共同申报建设“智能化精密制造实训中心”，获国家发改委立项，项目总预算投入1.28亿元。2019年，机械制造与自动化专业又成为A校“双高计划”重点建设专业群，更是获得了政府、学校配套经费的大力支持，总预算投入22 900万元，其中专门用于专业教师团队方面的建设经费约700万元～800万元。

从教师团队自身来看，经过近10年的努力，教师的数量、结构和质量有了显著改善。特别是高层次人才建设卓有成效，A专业教师团队现有省教学名师2人，省优秀教师1人、省151人才2人，省教坛新秀2人，全国技术能手、省首席技师1人，省优秀青年教师资助计划2人，为高质量发展奠定了良好基础。

（二）创新举措

教师是教师团队建设的核心资源，A专业教师团队主要从以下三方面入手。

1. 坚持类型特征引进人才

教师团队建设既需要研发型人才，也需要应用型人才，必须两手都要抓，两手都要硬。

(1) 柔性引进高层次研究人员。高层次研究人员具有很强的引领和标杆作用，该教师团队引进了1名“国千人才”，建立了院士专家工作站等，通过参与课题研究和技术攻关项目，大幅提升了该专业的应用技术研发水平和自主创新能力。

(2) 大力引进高层次博士人才。博士是教师团队建设的骨干力量，学校每年都不对该专业限定博士引进指标。

(3) 大力引进应用型技能人才。A专业教师团队不断拓宽人才引进渠道，一方面从行业企业引进，一方面从中职学校引进，另外还积极尝试将技术技能水平高的毕业生留下来充当实习实训教师。

2. 坚持分层分类培养培育人才

教师的专业水平决定团队的整体战斗力，个人强，则团队强。

(1) 完善教师职业生涯发展规划。A专业教师团队不仅注重团队的发展规划，也重视教师个体的发展规划。尤其是骨干教师，因为大部分骨干教师都是年轻人，他们的专业成长直接决定教师团队和整个专业的建设水平。

我对年轻教师发展是这样规划的，新进教师前5～7年时间专心带竞赛。通过带竞赛，加深自己对专业和学生的认识，然后建一门属于自己的课程，并在课程改革方面继续探索5年。差不多到40岁左右，既带过竞赛，也建过课程，就可以出自己的教材了。45岁以后，再指导年轻教师重复一遍。如果每一位教师都能够按照这样的成长路径，那么国家级竞赛有了，省级课程有了，省级教材也有了，我觉得这是一个较理想的教师专业发展规划。(A-Z-2)

(2) 推进教师分层分类发展。A专业教师团队人才类型发展的特征非常明显，主要分为骨干领军人才、高水平专业教师和技能型教师。

团队教师培养主要分三类。第一类是骨干领军人才，如专业主任，主要是在加任务的基础上给予荣誉和发展机会；第二类是高水平专业教师，这类教师主要通过“百博入企”“校企合作访问工程师”等项目进行培养，使他们既能适应新形态教学方式方法，具有较强的课程教学创新能力，也具备一定的职业技能和专业水平，能够帮助地方行业企业突破技术瓶颈；第三类是技能型教师，教师团队既需要高层次研发型人才，但从技能形成的角度同样需要应用型技能人才，需要在技能方面进行打造。(A-Y-1)

除了根据类型进行培养，A专业教师团队还建立了青年教师、骨干教师和专业带头人良好的人才发展梯队，有效解决了人才断档难题。

机械制造与自动化专业比较特殊，设有专业主任、副主任和教学秘书岗位，一般其他专业是没有的(只设专业主任)。专业带头人的培养路径是教学秘书、副主任和主任。教学秘书主要负责处理事务性工作;副主任主要负责排课、毕业设计、教学管理等整个专业建设的具体事情,再往上就是了解整个专业的运行状况,参与重要项目的文本撰写、方案设计等,可能以后就会让他当主任……后面又会有新的人跟上来。这个模式很多年了,也进入了良性循环,可能别的专业会出现专业主任断档,但机械制造与自动化专业至少近几年内都不会出现这种情况。(A-Z-2)

3. 项目化运行灵活组建若干小团队

除了专业层面的大团队,A 专业教师团队采用项目化运行的方式灵活组建了若干小团队。如按机械设计、电气控制、机械加工、机电装调维护、工作站系统集成等 9 个课程组,组建了“一课多师”的共享型团队。按不同竞赛项目,组建了学生技能大赛、教师教学能力竞赛等不同教育教学竞赛团队。按不同研究方向,组建了自动化改造、工业机器人等已颇具规模和经济效益的技术创新团队。

依托大平台大团队发展小平台小团队。希望在智能化精密制造产教综合体、农机装备技术协同创新中心等大平台的基础上,个性化灵活地组建发展一个个小平台小团队。(A-Z-2)

团队的发展需要时间,是一个持久战,可在现有发展基础上,鼓励灵活组建一些课程组、项目组等探索性的团队,寻找一两个突破口,树立发展标杆。(A-P-6)

三、建设成效及展望

(一) 成效亮点

1. 教育教学标志性成果突出

围绕教育教学和技术技能人才培养,A 专业教师团队获得了系列标志性成果。2018 年 8 月,A 专业教师团队的“面向中小微企业的‘一对多’现代学徒制人才培养创新与实践”获得了职业教育国家级教学成果奖二等奖。这份沉甸甸的荣誉和成果是对 A 专业教师团队建设的充分肯定。在教学资源库建设方面,该专业虽然没有独立主持,但联合主持了工业设计等 4 个国家级职业教育专业教学资源库子项目,成为教学资源库建设重要的支持单位。学生竞赛成绩在全国名列前茅。A 专业教师团队指导学生在全国职业院校技能大赛、全国大学生机械设计竞赛等科技竞赛中取得了优异成绩,荣获 20 项国家级竞赛一等奖,其中全国职业院校技能竞赛一等奖 17 项、二等奖 7 项、三等奖 5 项,这在全国高职院校同类专业中位居前列。此外,访谈中有专业教师特地提到了工程创新班培养模式,并把它定义为近十年高职院校具有代表性的一个教育教学改革实例。

之所以说创新班成功,主要在于它对学生的影响正慢慢扩大。进入前,学生会主动关注咨询创新班的选拔；进入后，这一批学生在教师的带领和感染下，愿意钻研、愿意吃苦、拼搏能干，经常在实验室待到半夜甚至就睡在实验室；最后，创新班的学生每人成果标配至少一个比赛获奖和一个专利。由于创新班的学生都比较拔尖，也容易出成果，教师们也都争着抢着要带创新班。(A-Z-2)

2. 科研与社会服务紧贴区域需求

一直以来，A校高度重视科研制度的供给和科研实力的提升，尤其是入选"双高计划"高水平高职学校建设单位后，学校更是前所未有地关注省级及以上纵向科研项目和横向科研经费到款额，一定程度上推动了教师团队向更高层次科研成果的攀登。在纵向科研项目方面，A专业教师团队近三年获得了2项国家自然科学基金课题、45项省级课题，并继续朝着国家级项目努力。在专利方面，A专业教师团队近三年获授权专利305项，其中发明专利62项。在横向科研经费到款额方面，往年学校对该专业的要求在200万元左右，而今年提高至700万元。另外，近五年，A专业教师团队开展国培、省培、企业员工培训等项目100多个，为企业开发新产品50余款，自动化专机改造项目30多个，年创造产值超亿元。A专业教师团队社会服务贡献非常突出，与它所在的区域高度相关，学校周围企业以中小微企业为主，既缺乏研发实力又缺乏科研资源，A校是当地企业技术服务重要的支撑。

3. 团队奋进的文化氛围浓郁

A专业教师团队所有成就的取得都是团队教师努力奋进的结果。与学校其他专业或团队相比，A专业教师团队的博士集聚程度最高，在这一批年轻且干劲十足的教师的辛劳付出和专注努力下，近五年学生技能竞赛、教学能力竞赛等团队成果涌现较多，特别是学生技能竞赛方面的提升幅度较大。目前，A专业教师团队正朝着团队文化建设的方向发展，筹划出版《"工匠精神"培育操作手册》等专业文化建设方面的书籍，为制造类专业职业素养养成提供范本。

（二）不足之处

通过深入的访谈，发现A专业教师团队建设的成效是显著的，但也存在一些突出问题，急需解决。

1. 团队成员偏少，专业任务繁重

学校很多重任压在学院，学院很多重任压在机械制造与自动化专业，最终都落在了A专业教师团队身上。一方面生师比居高不下，随着高职扩招，机械制造与自动化专业的学生将要突破1000人，而A专业教师团队专业教师仅18人。另一方面机械制造与自动化专业任务"层层加码"，不仅比其他专业多出很多工作量，且要求高标准、高质量。面临高生师比和繁重任务的双重压力，很多教师忙于应付学校各类教学考核任务，在科研和社会服务方面则显得心有余而力不足。

专业教师课时普遍偏多，教师一年课时量平均在500～550节，而学校考核要求的教学工作量是360节，大多数教师都处于超负荷状态。(A-P-3)

2. 激励机制缺乏，内动力待激发

经济学上的“二八定律”同样适用于A专业教师团队建设，即20%～30%的教师干了70%～80%的活。这意味着两方面的问题，一是团队中部分教师的活力未激发，存在“大锅饭”“搭便车”行为，二是需要考虑教师动力维持问题，不能“又让马儿跑，又让马儿不吃草”。

部分专业教师动力不足主要有三方面的原因，一是年纪大了，还有两三年就退休了；二是职称已经评了，达到了自己的期望目标；三是佛系型的教师，对于职称、薪资待遇无所谓，只求任务少点舒服点。(A-Z-2)

应该加大激励力度，激发团队教师的积极性、主动性和创造性。比如学生技能竞赛，目前大多数教师带学生技能竞赛是出于集体荣誉感，但从长远可持续发展的角度，应加大对带竞赛教师的各方面奖励。(A-P-7)

(三) 目标规划

通过访谈发现，A专业教师团队目标明确，并制定了较完善的规划，锚定国家级教学团队目标而奋进。

我们目标非常明确，就是争创国家级教学团队。在技术方向上，分为机械设计和智能制造两方面，教师配备也按照这两个方向。一些年纪稍偏大点的教师，就让他们往机械设计类发展，新进教师则要求往机器人控制方向靠。哪怕他原来不是学这个，也要求他在进来后转方向。(A-Z-2)

在定位上，A专业教师团队以教学团队、科研团队和社会服务团队“三合一”为目标。一个团队既能做好教学，又能做好科研，还能做好社会服务，是非常理想的状态，但真正能做到的极少，这注定是一条充满艰难险阻的曲折道路。但总体来看，在明确目标定位的引导下，A专业教师团队具有很强的内生动因。上文现状调查结果也显示，高职院校装备制造大类专业教师团队普遍具有较高的建设动因，尤其是内生动因，国家级重点高职院校＞省级重点高职院校＞一般院校。

A专业教师团队之所以齐心聚力争创国家级教师团队，是因为在2008—2010年间高等院校国家级教学团队评选工作中，A校没有实现零的突破。而在2019年6月教育部启动的首批国家级职业教育教师教学创新团队遴选中，由于受专业领域(集中在重点产业领域和民生紧缺领域专业)和数量(一所学校只能上报1个)的限制，A专业教师团队又与国家级教学团队“擦肩而过”。因而，无论是教师个体，还是团队本身，或者学校层面，都铆足了劲，等待下一次突围机会，为A专业教师团队“正名”，以弥补长期以来“有实无名”的遗憾。未来，A专业教师团队将重点从以下

四个方面加强建设。

1. 精准引才聚才育才

教师团队的人才队伍建设不仅要“引得进”“留得住”，更要“发展好”。首先是引才。A专业教师团队面向国内外重点引进知名专家、技术领军人才、博士、技能大师等，在增加教师供给的基础上给教师“解压”，以便释放更多科研和社会服务的活力。其次是聚才。科学研究和社会服务最忌“单打独斗”，接下来A专业教师团队将结合专业和博士研究特长，组建液压装备、机电控制、智能农机等技术创新团队，充分发挥博士集聚成效。最后是育才。A学校所在地并非省会城市，缺乏高层次人才引进的区位优势。因而，A学校不仅重视从外引进博士人才，也注重自身人才培养，鼓励教师脱产读博、晋升学历。

2. 打造高水平发展平台

目前，A专业教师团队已经有了机械高新技术研发中心、电动工具研发中心、汽摩配模夹具研发中心、浙江省技能大师工作室、全国示范职业技能鉴定所、高技能人才实训基地等科研与企业服务平台。但仍缺乏高识别度、高影响力、高代表性的教师发展平台。未来，A专业教师团队将重点打造“一软一硬”品牌工程，其中“硬”指的是智能化精密制造产教综合体，“软”指的是智能化精密制造虚拟工厂，这在全国范围内都是较为前瞻和领先的。

3. 改革评价激励机制

教师团队建设的核心是管理，重点在于挖掘教师潜力和动力，形成资源整合优势。针对原来绩效激励相对平均化现象，A专业教师团队正着手开展以绩点制为主的系列制度改革，将职称、学历和绩效挂钩，拉大教师收入差距，给予团队建设中贡献突出、表现出色的教师一定的物质、荣誉或专业发展奖励，维持这一类教师的发展动机，如将原来学校2%的横向科研经费到款额的管理费以奖励的形式返还教师等。这对于工作不努力的教师也是一种鞭策和激励，更有利于促进团队整体的分工与协作，提高整体实力。

4. 提升教师团队影响力

A专业教师团队通过多种途径提升影响力。一是业内权威专家的引领。权威专家将带来团队和资源的集聚效应，通过项目参与的方式给年轻教师提供更多更好的发展机会。二是参与国家行业标准制定。当前，A专业教师团队已经承担了一些国家标准的开发，如主持编写“电动工具制造工”国家职业技能标准。为进一步提高业内影响力和认可度，A专业教师团队将更多地参与国家或者行业的专业教学标准、企业产品标准和职业技能等级标准的开发和研制。

第三节 保持领先:某铁道机车车辆制造与维护专业教师团队的案例

得益于得天独厚的产业和地域优势,电气化铁道技术专业(2016 年改名为铁道机车车辆制造与维护专业,简称“铁制专业”)教学团队于 2008 年获批成为省级教学团队,2010 年一跃成为国家级教学团队,奠定了其全国领先的发展基础。

一、建设背景与环境

在区域产业、政策环境和院系的支持下,经过长期积累与革新,T 专业教师团队逐渐形成了自己的特色与优势。

(一) 区域产业

T 专业教师团队所在的湖南省是国内最大的先进轨道交通装备研发生产基地,目前轨道交通装备制造产值已经突破千亿,位居世界轨道交通装备制造业的第一方阵。湖南省轨道交通装备制造产业以 T 专业教师团队所在市为核心。该市提出,力争到 2020 年建成现代轨道交通科技城,打造世界一流的轨道交通装备研发中心、世界一流的轨道交通装备智造中心、全国最大的轨道交通产业服务中心。T 校位于该市轨道交通千亿产业园区,毗邻中国中车株洲电力机车有限公司(简称“中车株机”)、中国中车株洲电力机车研究所有限公司(简称“中车株所”)和中国中车株洲电机有限公司(简称“中车电机”)等轨道交通装备制造领军企业。这三家企业隶属于中国中车集团,年产值达 600 多亿,而中车集团是国内电力机车、城轨车辆制造的最大的总成企业。另外,园区有轨道交通装备制造产业链上配套的中小微企业 37 家。

(二) 政府政策

T 专业教师团队所在省、市政府一直高度重视教师队伍建设,并将之作为基础工作来抓,在教学团队建设、专业带头人队伍建设、专业人才引进机制等方面出台了系列政策,为教师团队建设提供了强有力的政策支持和资源保障。

从省级政府来看,主要有以下举措。一是省级教学团队建设。湖南省自 2008 年开始立项资助建设一批高等职业教育省级教学团队。二是卓越职业院校建设。2015 年,湖南省启动实施了省卓越职业院校建设计划,首批确立了 8 所高职院校为省卓越高等职业技术学院建设单位,T 校是其中一所。三是优势特色专业及专业群建设。湖南省先后发布了《湖南省高等职业院校示范性特色专业建设基本要求》《湖南省职业院校示范性特色专业群建设方案》等文件,不断推动优势特色专业或者专业群建设工作。2018年，T专业教师团队所在的轨道交通装备制造专业群被评为省高等职业教育一流特色专业群建设项目。四是开辟产业大师进校园绿色通道。湖南省《芙蓉人才行动计划》明确提出，支持高等院校建设双一流，支持高职院校建立灵活的专业人才引进机制，择优聘任专业群带头人、产业导师、技能大师，按聘期每人每年资助10万元。[①] 五是搭建“政校企”交流平台。湖南省以品牌院校为龙头、行业企业为骨干、专业为纽带，对接湖南重点产业，先后组建了36个省级职教集团。[②] 2009年成立的湖南省轨道交通装备制造职业教育集团（现更名为湖南省轨道交通装备制造与运用职业教育集团）已成为T专业教师团队建设的重要平台。

从市级政府来看，主要有以下举措。一是出台了《XX市现代职业教育发展规划（2015—2020年）》，规划提出，制定和改进职业院校教师招聘办法、落实“XX市万名人才计划”、建立企业能工巧匠进职校的“绿色通道”、建设校企合作职教“名师工作室”等，为T专业教师团队建设提供了良好的政策环境。二是高水平建设职教科技园。所在市要将职教科技园打造成为中南地区一流、全国有重要影响的职教园区，对T校在内的5所院校新校区建设给予大力支持。三是启动实施办学水平提质工程。《XX市职业教育发展三年攻坚计划（2015—2017年）》提出建设6所市级卓越职业院校，3所省级卓越职业院校，1所国家示范性技师学院，1所全国一流、国际知名的职业院校；依托骨干专业建设10个具有校企合作特点的职业教育“名师工作室”。

（三）院系情况

T校始建于1951年，是全国唯一主要面向轨道交通装备制造产业的高职院校，先后入选国家示范性高职院校、省卓越高职院校、国家优质高职院校和国家“双高计划”高水平高职学校建设单位（C档）。该校坚持走产教融合、校企合作之路，依托牵头成立的“湖南省轨道交通装备制造与运用职业教育集团”和与中车株机共同成立的智能制造产业学院，实现资源共享，提升人才培养质量和服务企业能力。依托校办企业、学校科研创新团队和生产型实训基地，为湖南轨道交通千亿产业开展研发、技术服务以及轨道牵引机车部件生产，年产值达1.5亿元。T专业教师团队所在的学院是轨道交通装备智能制造学院。学院现有教职工52名，其中教授2名，副教授、高级工程师20人，10余人具有技师、高级技师等职业资格，“双师型”教师占专任教师比例超过80%，拥有省级教学团队2个，省级专业带头人2名。

① 中共湖南省委办公厅关于印发《湖南省芙蓉人才行动计划》的通知[Z].湘办发〔2017〕42号，2018-01-11.

② 中国职业教育与成人教育网.机械行业装备制造职教集团在湘成立[EB/OL]. http://www.cvae.com.cn/zgzcw/hnsq/201809/e2c3e21d5ca941b99a289a438e9da425.shtml，2018-09-28.

依据专业建设和发展要求，T校高度重视教师团队在专业建设、人才培养和学院各方面工作中的地位和作用。一是加强教学团队和科研团队建设。该校印发了《教学团队建设标准》《科研创新团队管理办法（试行）》等文件，围绕专业建设，打造品牌教学团队和科研创新团队。二是重视专业带头人培养。该校为教师设计了“合格教师—骨干教师—专业带头人—教学名师”的职业发展通道。通过制定《专业（学科）带头人选拔与管理办法》《专业带头人选拔标准》《中青年骨干教师选拔与管理办法》等文件，建立了专业带头人、骨干教师的选拔、推荐、培养、验收机制。此外。T校还印发了《高层次人才管理办法（试行）》《“双师型”教师培养和管理办法》《技能（技术）大师工作室管理办法》《XX职业技术学院师资队伍建设三年行动计划（2018—2020年）》等文件，为教师团队建设提供了各项政策支持。

二、建设基础及策略

（一）专业基础

随着我国铁路事业的飞速发展，T专业毕业生的社会需求越来越大。但从人才供给的角度来看，T专业较特殊，全国仅有湖南、新疆、西安、昆明、郑州、吉林和重庆等地的9所高职院校开设了该专业。尽管大都属于铁道类的行业院校，但T校是全国第一个开设铁道机车车辆制造与维护专业，率先成立铁道机车车辆制造与维护专业群的高职院校。

T专业始办于1984年，原名电气化铁道技术专业（2016年改名为铁道机车车辆制造与维护专业），是国家教学改革试点专业、国家精品专业、国家示范高职院校重点建设专业、全国职业院校装备制造类示范专业点、湖南省示范特色专业、湖南省轨道装备制造示范特色专业群牵头专业，也是该校“双高计划”铁道机车车辆制造与维护专业群的牵头专业，其专业建设水平属国内一流。

该专业基于学校与中国中车等先进轨道交通装备制造企业亲密的血缘关系，利用厂门对校门的地理优势，依托轨道交通装备制造与运用职业教育集团以及中车牵头成立的先进轨道交通装备产教联盟，与中车株机、中车株所和中车电机等轨道交通装备制造与运用领军企业，深度开展校企合作，在校企人员双向交流协作方面具有得天独厚的优势，为T专业教师团队建设提供了有力支撑。近年来，学院通过“外引”和“内培”等方式积极强化T专业教师团队建设。目前，该专业教师双师素质比例达80%，有专任教师11人，其中教授2人，湖南省“百优工匠”1人；兼职教师有15人；在校学生近600人。

（二）创新举措

通过对文本资料和访谈资料的进一步分析，发现T专业教师团队建设的创新举措主要体现在建立专兼教师紧密联系纽带和常态化开展教师培训与交流两个方面，具体如下。

1. 建立专兼教师紧密联系纽带

T 专业教师团队建设具有“与生俱来”的优势。教师团队中有专任教师 11 人，其中有企业经历的专业教师超过 60%，整体具有较高的教师教育教学能力和专业实践能力，这在全国范围内都是不多见的。一是实施校企双专业带头人模式。T 专业的校企双专业带头人，即一个企业专业带头人，一个学校专业带头人，且学校对校企双专业带头人提出了较高的要求。依据学校相关专业带头人遴选管理办法，企业专业带头人必须是正高职称(一般都是企业总工、总开发设计师等)，学校专业带头人原则上也要求教授职称。二是推动校企人员双向流动协作机制。T 校利用所处“中国电力机车摇篮”的地缘优势，与中车株机、中车株所、中车电机等轨道交通装备制造领军企业，建立了校企人员双向交流协作机制。一方面邀请企业技能大师到学校设立“大师工作室”，另一方面也派专业教师到企业设立“教师工作站”，有效促进了校企专兼教师之间的双向流动与协作。

我在中车株机工作，从事装备制造行业 20 多年了，主要负责动车机车车辆组装、调试、维护等技术工作，是中车株机的高级技师。在学校我也有技能大师工作室，并依托这个平台参与学校团队、教学、竞赛、课程、教材等业务。我觉得这是一个很好的交流平台，可以把我在工厂遇到的问题跟学校教师和学生进行沟通，或许他们会有很好的解决办法。(T-J-6)

得益于地理优势，学校和企业关系紧密，为教师到企业实践和兼职教师到校任教创造了便利条件。一方面，学校根据《职业学校教师企业实践规定》明确要求专业教师每 5 年必须累计不少于 6 个月到企业或生产服务一线实践。另一方面，学校邀请的兼职教师，尽管是不固定的，但通常都是行业企业中的重量级人物。(T-P-3)

2. 常态化开展教师培训与交流

T 专业教师团队不仅注重内部教师之间的交流，还注重内外部教师之间的互动。其中内部交流主要体现为固定的教研活动。经常性地开展教研活动是增进团队成员相互了解、增强团队凝聚力的重要举措。T 校将每周四下午定为开展教研活动的时间，当天下午所有教师都不排课，各自参加学院或专业组织的教研活动，主要交流日常教学中的经验和问题。如此一来，既促进了单一教师的专业成长，又加强了教师团队协作能力、合作精神以及发展共识的培养。T 校也很重视教师外部的交流，内容和形式也较为广泛和多元，最常见的便是邀请企业兼职教师给专业教师进行培训。目前，不仅培训本身形成了常态化机制，而且促进了专兼教师之间的交流由临时性向经常性转变。

我经常去学校参加教师培训交流活动，并和专业里80%的教师加了微信。学校很多教师很年轻，有朝气有想法，而且积极上进，遇到问题也经常跟我沟通。(T-J-6)

三、建设成效及展望

（一）成效亮点

1. 产教深度融合双向反哺

深化产教融合、推进校企合作是实现职业教育高质量发展的根本出路。T专业教师团队产教深度融合的成果主要体现在人才培养方面的“双向反哺”。这个词很好地形容了校企在人才培养中的双向嵌入、双主体关系。一方面，企业孕育了学校，企业参与了学校人才培养始终。以中国中车为例，不同于中小微企业，这类国有大企业很好地履行了参与职业教育的社会责任与担当，从方案制定到实习就业全程参与，为学校培养企业需要的合格高技能人才贡献了自己的智慧。另一方面，学校也成就了企业。据学校教师反馈，学校培养的学生很大一部分到企业工作，并逐渐成长为企业技术骨干。进一步分析可知，T专业教师团队产教融合之所以能够如此紧密无缝对接，很大程度上得益于“血缘”优势、产业优势和地缘优势。首先是“血缘”优势。T校前身是铁道部工业职工大学，2009年11月，由中国南车集团(现改为“中国中车集团”)移交省人民政府管理。因而，学校与中车集团原本就是“一家人”，学校很多教师原来也是中车集团的员工。其次是产业优势。近年来，我国铁路事业(尤其是高铁)蓬勃发展，对高技能人才需求旺盛。从国内看，我国已形成世界上规模最大、发展最快的轨道交通建设市场。而放眼国际，“一带一路”倡议为轨道交通装备走出去打开了广阔市场，海外市场已成为我国轨道交通装备发展的蓝海，潜在需求相当可观。最后是地缘优势。T校所在的城市被誉为“火车拉来的城市”，是京广线、浙赣线、湘黔线等全国铁路大动脉的重要枢纽，目前正在打造轨道交通装备制造千亿产业群。而T校与中车株机、中车株所和中车电机等企业毗邻，甚至仅“一路之隔”、校门对厂门，为教师的企业实践、实习实训、项目合作、竞赛指导等提供了巨大便利。

中国中车是大型国企，具有承担社会责任的自觉意识。它非常重视高技能人才培养，也很支持企业员工到学校任教，希望通过到学校锻炼能够拓展员工的能力。另外，学校培养的学生，有一大部分也会选择中车企业，所以从长远考虑，企业对校企合作很认可。(T-J-6)

2. 团队影响力全国领先

从专业名称由来看，T专业原来叫电气化铁道技术专业，2016年，T专业教师团队参与了教育部高职院校专业目录调整工作，而后共同确定了将T专业改名为铁道机车车辆制造与维护专业。目前，T专业教师团队建有国家精品在线开放课程2门、省级精品在线开放课程5门，开发了2个国家专业教学标准，正在承担建设集教学、培训、自主学习、职业启蒙教育、国际化人才培养等服务于一体的"4馆2库"国家级开放共享型教学资源库。在"1+X"证书制度试点方面，T专业教师团队对接国家轨道交通装备制造行业相关职业标准、工业机器人等国际标准，与中国中车合作开发机车车辆电气装调等2个职业技能等级标准，与西门子、ABB等企业深度合作。同时，积极开展机车车辆电气装调、自动化生产线装调与运维等职业技能等级证书认证。此外，T专业教师团队的全国影响力还体现在学生的培养与就业方面，该专业学生就业面非常广，不局限于本地区，而是面向全国各铁路局和地铁公司。

毕竟是高职院校，铁制专业生源以湖南省为主，但就业则面向全国各地的铁路局，分散到各地。以广铁为例，如果学生到广铁工作后，他可能会被分到广东、湖南或海南。另外，南京地铁、上海地铁等也来我们这边招人。由于社会需求大，学生就业非常紧俏。(T-G-4)

3. 公共基础课教师深度融入团队建设

本研究访谈了T专业教师团队两位公共基础课教师，分别担任思想政治课和职业生涯规划与就业指导课的教学工作。在交流中，能够深刻感受到两位公共基础课教师切切实实地参与并融入了T专业教师团队建设。这和学校的制度设计有较大关系，T校建立了"一对一"联系服务师生工作机制，[①]其中就要求思政课教师与专业群"一对一"。因而，对接T专业(群)的思政课教师对专业(群)的认知程度较高，在教学内容方面也都有意识地结合专业、学生需要进行选择。除了日常教学之外，思政课教师也会参与二级学院的学生管理、校园文化等。除此之外，这也和教师之间的非正式交流有关，由于隶属于不同的二级学院，公共基础课教师尽管没有正式地参与T专业教师团队的教研活动，但私下里教师之间都比较熟悉，非正式的交流比较多。

素质教育课是为人才培养服务的，这也是学校为什么搞"一对一"联系服务师生工作机制的原因。近年来，讲究思政课程与课程思政同向同行，意味着每一个教师都要参与课程思政的建设……学校也非常重视，通过专业资源库建设建立起了思政课教师与专业课教师沟通交流的桥梁。(T-G-5)

---

① "一对一"联系服务师生工作机制是指党委委员与二级学院"一对一"、中层领导与辅导员"一对一"、思政课教师与专业群"一对一"、党总支委员与教研室"一对一"、教师党员与学生班级"一对一"、学生党员与寝室"一对一"。

(二) 不足之处

1. 团队科研实力略显薄弱

在科研与技术服务方面，T 专业教师团队建有国家先进轨道交通装备创新中心(国家级创新中心)、轨道交通装备智能制造技术应用中心等平台，努力朝着高端研发“跟着做”和技术应用“领着跑”的方向发展。但整体来看，T 专业教师团队的科研实力有待提升，其原因是多方面的。一是团队职称结构不合理，由于学校之前未能独立开展职称评聘工作，而与其他本科院校一起竞争，无疑加剧了职称评聘难度。二是学校本身科研基础偏弱。很多高职院校都是由原来中专学校升格而来，T 校也不例外。科研水平偏弱是大多数高职院校的通病。“双高计划”建设背景下，全国各高职院校也在拼命追赶，努力补齐“科研短板”。三是行业科研要求的特殊性。由于行业的特殊性，该行业对专业性和技术性要求极高，属于高精尖技术范围，因而，T 专业教师团队在满足其科研需求时略显“力不从心”。

团队教学、竞赛等成绩比较突出，相对来说，科研是最大的短板。其实，轨道交通方向搞科研是非常难的，因为领域非常广、专业性非常强，教学和科研的结合也比那些通用性强的专业要难得多。且学校边上也有中车株所，另外企业很多科研方面的需求肯定找本科院校合作，只有一些偏向技能方面的才会找高职院校合作。(T-P-3)

2. 教师团队激励作用偏弱

从 T 专业教师团队内部来看，教师的发展参差不齐，优秀的特别优秀，教学、科研和社会服务都非常拔尖。但也有部分教师缺乏进取心，存在一种无所谓的心态。从根本上说，这不仅仅涉及教师的个人能力问题，更是团队内部治理、绩效激励的问题。

理想状态是教师个体和团队整体达成发展共识，团队整体有一个明确的发展定位，教师个人则有针对性的培养方案。(T-Y-1)

(三) 目标规划

T 专业教师团队已是国家级教学团队，为继续保持其全国领先的实力和影响力，其发展目标瞄向了新时代高水平“双师型”教师教学创新团队，并在定位上主张教学、科研和社会服务“三合一”全面发展。未来，T 专业教师团队将重点从以下三个方面着力。

1. 遴选培育高水平“名师名匠”

只有高水平的“名师名匠”，才能成就高水平的教师团队。T 专业教师团队“名师名匠”培养工程涵盖省级教学名师、省级专业带头人、省级技术技能人才等多元人才。基于教学水平突出、科研能力强、技能水平高的标准，T 专业教师团队遴选一批教师作为“名师名匠”培育对象，通过引领模块化教学改革、牵头企业技术难题攻关、开展科研课题研究等，以期培育出一批行业认可的高水平“名师名匠”，支撑教师团队高水平发展。

2. 建设高水平兼职教师队伍

兼职教师是专业教师团队的重要组成部分。T 专业教师团队在实施“固定岗＋流动岗”教师资源配置新机制的基础上，进一步完善兼职教师聘用条件、聘用程序、考核评价，着力打造 20 人左右的高水平兼职教师队伍。源于高水平建设需要，T 专业教师团队对兼职教师提出了专业能力和教学能力的双重标准。如专业方面要求有本科及以上学历；高级工程师/高级技师及以上职称，教学方面要求教学能力测评在 85 分以上。此外，为进一步提升兼职教师教学能力，还开设了兼职教师教学能力提升培训班，重点培训其教学方法、授课技巧和信息化教学等能力。

3. 深化绩效工资分配制度改革

绩效工资是教师动力调节的重要杠杆，实施的本意是实现“多劳多得，少劳少得”的分配目标。但在具体实践中，很多教师并未从中获得“制度红利”，存在“干多干少、做好做坏都一样”的情形。因而，在“双高计划”建设大背景下，如何进一步优化完善绩效分配制度，成为每一所高职院校面临的重大治理难题。T 校也在积极行动，深化绩效工资分配方案改革，尝试运用利益杠杆更大范围更深层次激励教师个体和团队的活力和潜力。

学校之前的教师绩效差距拉得挺大，因而，教师看得很重，有些人觉得不公平，评价过程中也经常出现一些矛盾。后来经过调整，差距逐步拉近，但教师动力不足的问题就凸显了。有利就有弊，现在我们正在重新调整绩效分配方案。(T-Z-2)

第四节　行业翘楚：某飞行器制造技术专业教师团队的案例

H 专业教师团队虽然既不是国家级教学团队，也不是省级教学团队，但在整个航空工业领域，得益于与航空工业同根同源、同步发展的天然优势，它处于行业领先地位，未来发展前景可观。

一、建设背景与环境

H 专业教师团队建设离不开区域产业、政策环境的支持，更离不开学校、院系的重视以及教师们的不懈努力。

(一)区域产业

H专业教师团队所在的四川省是航空工业大省,是国家重要的航空产业基地之一,拥有覆盖航空产业链的科研院所及行业龙头企业,在飞机整机、航空发动机、航空配套产品等民用航空高技术产品研发制造方面具有明显的技术优势与产业化能力,是西南地区通用航空现有和筹建企业最多的省份。H专业教师团队所在市的航空产业规模位居全国第四,是全国唯一低空空域管理改革试点城市。该市具有较强的航空科研实力和产业基础,目前形成了集飞机研发、设计、制造、测试与维修于一体的较为完整的航空产业链。① H校依托该市"中国空港第四城""全面推进军民融合协同发展改革试验区""国家级天府新区的高端制造产业功能带"等区位优势,服务航空与燃机等高端装备制造业转型升级的区域产业重大需求,已成为助推区域经济社会发展的中坚力量。

(二)政府政策

近年来,H专业教师团队所在省、市政府高度重视教师队伍建设工作,先后出台了一系列政策措施,为教师团队建设提供了强有力的政策支持。

从省级政府来看,一是教学团队评选。从2007年起,四川省组织开展"高等学校教学团队"建设单位的评审工作,并在此基础上推荐国家级教学团队。目前,H校拥有国家级教学团队2个,省级教学团队4个,为H专业教师团队建设树立了榜样、提供了经验。二是双师型教师队伍建设。2018年,四川省人民政府出台了《关于全面深化新时代教师队伍建设改革的实施意见》,提出大力实施职业院校教师素质提高计划,推动建立一支技艺精湛、专兼结合的双师型教师队伍。三是职称评审制度改革。2017年,四川省教育厅、四川省人力资源和社会保障厅出台的《关于改进职称管理服务方式推进高等学校职称评审制度改革的意见》(川教〔2017〕64号)提出,以优化岗位管理为基础,下放高等学校职称评审权,建立分类评价、分类管理和高等学校自主评审、政府宏观管理相结合的职称评审制度,这对于高职院校凝聚专业技术人才、激励人才专业发展、促进人才队伍建设具有重要意义。

从市级政府来看,一是出台了《XX市现代职业教育体系建设规划(2014—2020年)》。为推动职业院校教师专业化发展,提出要完善师资培训体系,加强"双师型"教师队伍建设,改革职业院校用人制度,建立职业院校教师专业成长激励机制,并提出到2020年实现"双师型"教师比例达到85%、培养2000名"双师型"骨干教师、培育30名职教名师和15名技能大师的发展目标。二是重视人才引进。该市出台

① 陈劲松,李晓东,周洪双.将军工优势转化为经济社会发展优势——来自四川军民融合发展一线的报告[N].光明日报,2018-06-05(07).

了《XX 市鼓励企业引进急需高层次人才暂行办法》《实施人才优先发展战略行动计划》等文件，在保障人才住房、提高人才医疗待遇、简化外籍人才停居留手续、激励产业人才、发放人才绿卡等方面给予优惠政策，为 H 专业教师团队高层次人才引进提供了政策保障。

（三）院系情况

H 校是我国办学历史最悠久、开设专业最齐全、资源配套最完善、办学特色最鲜明、办学优势最显著的航空类高职院校（其前身是 1965 年国家“三线建设”时期配套成都飞机工业公司和成都发动机公司创建的中等技术学校）。该校始终坚持与中国航空工业同向同行、共生共长，是首批国家示范性高职院校、国家“双高计划”高水平专业群建设单位（A 档）、中国航空工业集团有限公司唯一战略合作高职院校、四川省航空与燃机产业发展推进小组成员单位唯一高职院校。H 专业教师团队所在的航空工程学院是全国唯一培养飞机、发动机集成制造与维修人才的综合性二级学院，是 H 校最具航空文化特色、最具航空维修特质的二级学院。学院现有教职工 50 人，其中副教授以上 12 人，具有研究生学历的教师约占全体教职工的 90%，在校学生近 2300 人（含士官生）。

近年来，H 校不断健全师资建设制度，提升教师综合能力。一是加大实施“人才强校”工程力度，出台了《高层次人才引进实施办法》《激励校内高层次人才成长管理办法》《专业带头人选拔培养实施办法》《教师赴企业锻炼管理办法》《校内兼课教师管理办法》等，从制度激励、培训培养、过程管理、评价改革等方面给予支持，全面提升教师队伍执教能力。二是组织教学设计与教学方法培训，开展信息技术教学培训，组织教师赴企业顶岗锻炼，选派校内骨干教师参加国内外培训与交流等，以培训为主要渠道，拓展教师国际视野，提高教师教学技能。目前，H 校虽尚未出台专门的教师团队建设制度文件，但正抓住高水平专业群建设契机，不断加大对 H 专业教师团队的经费支持力度，积极向国家级教学团队的目标努力。

二、建设基础及策略

（一）专业基础

开办 H 专业，重点是为解决飞行器制造业高端关键零部件制造高级技术技能人才短缺问题。据统计，2019 年全国高职院校飞行器制造技术专业点有 39 个，其中，四川省开设该专业的高职院校有 6 所，即成都航空职业技术学院、天府新区通用航空职业学院、中国民用航空飞行学院、四川西南航空职业学院、四川工程职业技术学院、四川航天职业技术学院。

目前，H 专业是 H 校“双高计划”高水平专业群“飞行器制造技术专业群”的牵头专业、全国职业院校装备制造类示范专业、中央财政支持高等职业学校提升专业服务产业发展能力专业、省级重点专业、中国航空工业集团共建专业等。该专业与中国航空工业集团有限公司、中国人民解放军海军部队等开展协同育人,共建技能大师工作室、航空技能学习平台和军民融合航空教学资源。

H专业教师团队是由行业领军技术专家和国家技能大师领衔的专兼结合、结构合理的“双师型”教师团队。如从行业聘请了歼-20总设计师杨伟和中华技能大奖获得者、首席技能专家刘时勇等一批行业领军人才。航空工程学院有专兼职教师50人,具有企业工程经验的占比超过75%,整体师资力量雄厚。同时,涌现了一系列标志性的教育教学成果,如主持制定教育部《飞行器制造技术专业标准》《飞行器制造技术专业顶岗实习标准》,主持建成航空行指委的航空发动机装试技术企业生产实际教学案例库,建有国家级精品资源共享课程2门等。

(二)创新举措

H专业教师团队建设主要从校企命运共同体和兼职教师队伍两方面入手。

1. 构建校企命运共同体

H专业根植航空沃土,行业特色鲜明,与瑞士GF阿奇夏米尔集团(简称GF)、海克斯康测量技术(青岛)有限公司(简称海克斯康)、海德汉HEIDENHAIN公司(简称海德汉)、德国西门子股份公司(简称西门子)、ABB(中国)有限公司(简称ABB)等国际一流加工方案企业和航空工业成都飞机工业(集团)有限责任公司(简称成飞)、中国贵州航空工业(集团)有限公司(简称贵飞)以及中航工业成都发动机(集团)有限公司(简称成发)、中国航发贵州黎阳航空发动机有限公司(简称中航发黎阳)等企业深度合作,构建了“校企命运共同体”,建立了人才培养、专业建设、资源共享、科研服务等融合发展平台和机制。如2012年,H校牵头组建了实体化运行的职教集团——西南航空产教联盟,为教师团队建设创设了良好的产教融合制度环境。

教师的发展得益于校企间互融互生的关系,与行业企业的支持密不可分……西南航空产教联盟成员以西南地区航空企业和航空院校为主,联盟的成立对整个专业和教师发展的支持力度很大,涵盖招生、就业、科研、教师培养培训等多方面。(H-Y-1)

平台建设方面,我们很早成立了西南航空产教联盟,最近在和航空产业园合作,可能后期要建一个分校、搭一个平台,深化校企合作。(H-Z-2)

2. 建设高质量兼职教师队伍

H专业教师团队主要从源头聘请和管理考核两方面保障兼职教师的高质量。在源头聘请方面,H专业教师团队坚持高标准高要求,从行业企业聘请有实践经验的行业专家、企业工程技术人员、高技能人才和社会能工巧匠担任兼职教师。如聘请了国家航空数字化制造特级专家、研究员级高级工程师汤立民担任飞行器制造技术专业群带头人，与成飞共建1个省级、1个市级和3个校级航空技能大师工作室等，他们为H专业和团队高水平发展贡献了宝贵的智慧和力量。在管理考核方面，H专业教师团队根据教学实际需要动态调整兼职教师，每年定期对兼职教师开展教育教学方法、信息化技术培训和考核，并通过与专任教师互相听课、评课，提高兼职教师的教学水平。此外，航空工业成飞培训部常年派驻2名实践教师在校任教，主要负责学生技术技能和行为规范的培养。

团队从行业聘请了国家航空数字化制造特级专家汤立民，他是这个行业的权威专家，技术达到了最高层次，又是学校校友，有较强的回学校帮忙建设专业和团队的意愿。(H-Z-2)

要想办好专业，离不开专业的师资力量。特别是技能培训这块，要有那种具备多年经验积累的专职师资力量，才能真正教会学生技能，光靠从学校毕业的教师是不行的。(H-J-5)

三、建设成效及展望

（一）成效亮点

1. 设备条件先进一流

硬件条件好对专业和团队建设有很好的促进作用。与其他专业类别相比，装备制造大类专业办学成本高、投入大，对设备的依赖程度极高。可以说，设备的先进水平很大程度上决定了人才培养、专业建设和团队发展的水平。在这方面，H专业教师团队凭借突出的行业优势，与行业企业共建了20余个水平先进、条件完善的校内实训基地和完整的专业实训体系，实训场地总面积达6000 m^2，拥有激光跟踪仪、自动钻铆设备、五轴高速加工中心、三坐标测量机、工业机器人等一批价值8000多万元的航空先进教学科研设备，能够很好地满足学生实训、校外培训和技术服务等需求。如H专业与海克斯康和GF公司合作，建成了具有国际先进水平的数字化几何测量公用服务平台和智能制造技术应用创新基地，这在全国都处于领先水平。

与企业合作最核心的问题就是设备条件是否匹配、工艺水平能否达到对方需求。如果设备条件跟不上，那么学生技能和教师工程技术发展就会受到很大限制。目前，我们的设备条件算是全国比较先进的，而且都在学校里面，教师有需要可以随时使用，这对团队建设非常有利。(H-Z-2)

2. 团队成果全国领先

H专业教师团队成果丰硕、全国领先，主要体现在标准的制定和培训资源的开发两个方面。一是标准的制定。H校是航空工业职业教育教学指导委员会副主任委员单位，H专业是飞行器制造技术专业教学指导委员会主任委员单位，在航空工业教育领域具有较大的话语权。H专业教师团队主持制定了教育部飞行器制造技术专业标准、飞行器制造技术专业顶岗实习标准等，并继续朝着形成具有国际技术水准、中国特色的航空制造技术职业教育标准体系努力，以引领全国装备制造类专业职业教育高质量发展。二是培训资源的开发。除了输出航空智能制造相关专业标准、课程标准和教学资源，H专业教师团队还开发了系列航空装备行业零部件智能制造的技术技能培训标准与培训资源，建成100个以上航空特色培训方案，全面融入航空工业高技能人才培训体系。如对接CAAC、FAA、EASA标准，开发涡喷6发动机、CFM56-7发动机和活塞发动机结构，装配培训资源。

3. 教师团队水平一流

一是应用技术创新能力卓越。教师团队中75%的教师具有行业背景和企业工作经验，具备较强的应用科研能力，如在高效工艺、虚拟仿真、智能检测、产品试制等方面为企业提供技术支持和服务，年收入达1000万元。二是技术技能培训服务突出。如为成飞、中航发等20多家企业提供相关技术技能培训，近两年累计培训7751人；同时，还面向现役、退役军人开展大规模技术技能培训。三是国际化水平领先。教师团队中70%～80%的专任教师具有国外学习经历，以德国、美国、英国和澳大利亚为主。

团队的特色和优势体现在专兼结合，团队中80%的教师有至少2年以上的企业工作经验，拥有多位装备、钣金等技能大师，不像有些团队以新教师和大学毕业生为主……其成效主要体现在三个方面：一是应用科研突出，团队成员核心能力与企业需求非常匹配；二是企业培训能力较强，作为中航集团的高技能人才培训基地，每年企业培训量很大；三是指导竞赛能力较强，团队教师结合竞赛内容，设计了从航模设计到制作整个过程的课程内容，在航模比赛制作能力方面深得企业认同。(H-Y-1)

最大的优势就是团队中的教师有一技之长，他们本身学的就是这个专业，而且都是从企业过来，既懂企业技术，也懂学校教学。(H-J-5)

（二）不足之处

1. 团队成员人数不足且引进困难

据H专业带头人介绍，该专业学生每届3个班，一个班约45人，在校生共400人左右，而教研室仅8位专任教师。因而，每位教师的教学任务相对较重。学校对教师一年课时量要求是340节，但每位教师实际的课时量基本都在500～600节。因此，为解决繁重的教学任务，释放教师发展活力，学校高度重视教师队伍建设，一直在努力引进高层次人才，但因薪酬、平台、发展前景等因素影响，依然面临较大困难。

我们想从成飞这类技术先进的企业里招聘对企业技术现状比较了解的人，但这类好的航空企业薪酬待遇好、工作稳定性高、研究平台好，所以他们都不太愿意来学校工作。(H-Z-2)

学校缺编现象严重，团队教师任劳任怨不分周末地加班是常态。(H-G-4)

2. 团队成员理论水平有待提升

H专业教师团队整体的科研服务水平较高，应用科研成效突出。但航空工业属于高垄断性和高封闭性的行业，具有知识密集、技术密集、综合性强和多学科集成的特点，这要求教师不仅具有工程实践能力，还要具备一定的理论高度和深度。该团队年轻教师居多，高级职称教师偏少，理论水平有待提升。

团队教师具有较强的工程应用能力，但因缺乏高水平的科研人员，理论性不够。其实，技术服务也要站在一定的理论高度，如果理论太薄弱的话，技术服务质量也会打折的。(H-Z-2)

(三) 目标规划

教师团队建设是支撑整个专业发展最核心、最关键的部分。H校高度重视教师团队建设，已有机械设计制造教学团队和计算机网络技术专业核心课程教学团队2个国家级教学团队。目前，正结合“双高计划”，将H专业教师团队按照国家级教学团队来规划和建设。

在定位方面，与其他专业教师团队不同，H专业教师团队并没有从教学、科研和社会服务三个方面出发，而是站在更广阔的视野，提出了“对接国际、引领国内专业发展”的定位，全力建设高水平、国际化、一流的教师团队，准备打造飞行器制造职业教育的第一品牌。重点从以下四个方面着手。

1. 实施教师卓越成长计划

H专业教师团队系统设计了不同类型不同层次的教师发展通道，通过实施“德胜学者”“成航名师”“科技菁英”“技能大师”等计划，推进学术技术带头人、教学名师、科研骨干、技能大师等培育，优化专任教师结构，全面提升教师团队的科研能力、技术应用能力和科研成果转化能力。

2. 注重高层次人才引进

H校注重高层次人才引进工作，要求每个专业按照“至少一个博士、一个教授”的标准配备师资，并给予高层次人才引进系列福利待遇，如提供购房权限、科研经费及场地配套，按最高岗聘任等。基于专业高水平发展的考虑，H 专业教师团队大力推进人才引进工作，希望依靠博士的力量弥补团队短板，带领团队实现科研能力的提升和突破。

我们一贯坚持师资配比高才能更好地引领专业发展的原则，要求教师第一学历是 985 或者 211 院校，且有 1～2 年的企业工作经历……博士对团队具有重要的牵引作用，计划是想引进一个行业内比较厉害的博士，发挥其领头羊作用，带领其他教师提升科研能力，然后再像蓄水池一样慢慢孵化。(H-Y-1)

3. 搭建高水平技术创新平台

得益于良好的产教融合机制，H 专业教师团队围绕技术技能积累创新核心能力建设，建有院士工作站、名师工作室以及技术创新平台等重大基础设施平台。在"双高计划"的引领下，H 专业教师团队正在成体系地构建国内领先的多层次技术技能创新服务平台，即打造建设一个高层次高水平重点实验室（航空智能制造工装省级重点实验室）、两个示范工程中心（四川省模具行业智能制造应用技术工程中心和四川省航空复合材料成型技术工程中心）、两个高水平研究所（工业互联网技术研究所和航空智能制造工艺装备研究所）、两个军民融合公共技术服务平台（复合材料检测应用公共技术服务平台和数字化测量公共技术服务平台）和多个技能大师工作室（刘时勇技能大师工作室、飞机钣金工技能大师工作室等）。

4. 提升团队师资国际化水平

H 专业教师团队在对接"一带一路"倡议、服务航空装备"走出去"方面成效显著，与中航成套国际设备公司、航空工业成飞等合作，为"一带一路"沿线国家、非洲国家和"走出去"的中资企业提供职业教育与技术技能培训。对标"对接国际、引领国内"的发展定位，为进一步实现国际一流制造方案与国内一流装配制造技术需求衔接，形成航空智能制造领域的国际化技术经验、人才培养经验、师资培养优势，成为输出行业标准、专业教学标准和职业培训标准的中国样本，H 专业教师团队还需加大教师赴国外进修访学力度，加大语言类和专业类外籍专家的引进力度，提升教师的英语交流、双语教学、国际化课程开发等国际化教学与合作能力，进而提高国际话语权。

只有跟国外交流先进制造技术和管理技术，才能真正支撑教师团队高水平建设。通过"引智"工程，我们引进了一些国外优质的专家、教师资源，一方面想对接国际标准、融入国际标准，另一方面，也想输出具有国际影响力的中国制造技术职业教育标准和方案，助推中国航空装备更好地走向"一带一路"国家。(H-Y-1)

第五节　寻求突破:某汽车制造与装配技术专业教师团队的案例

C专业教师团队的特殊之处在于"新"。汽车制造与装备技术专业(简称汽制专业)在C校是一个比较新的专业,2014年才开始招生,原来一年招一个班(40人左右),2019年开始一年招两个班。相对于C校所在市较为成熟的汽车制造产业,汽制专业属于"大产业"下的"小专业",C专业教师团队则属于"小专业"里的"新团队"。

一、建设背景与环境

伴随着产业需求的扩大和政策环境的优化,C校愈发重视教师团队建设,在实践中不断寻求新的突破。

(一)区域产业

C专业教师团队所在的浙江省,汽车制造产业尤其是汽车零部件产业颇具代表性。据统计,浙江省有上万家汽车零部件生产企业,汽配品种规格达万余种,众多特色产品打入国际市场。浙江省汽车零部件产业已成为全球汽车产业链条中不可缺少的一环,已形成沪杭甬、甬台温、杭金衢高速公路沿线的汽车及零部件产业集聚带和1个国家级出口基地、4个省级出口基地。① C校所在市更是中国民营汽车制造的发源地。"十三五"期间,该市将汽车产业作为重点发展的八大主导产业之首,以项目为引领,以创新为动力,努力建设国际先进、国内一流的汽车城,已形成了整车生产、配件生产、原材料供应整个完整的产业链体系。据有关数据显示,目前该市有6000多家汽车零部件生产企业,②每年对汽车制造及装配的高素质技术技能型人才需求达上千余人,人才缺口极大,对汽制专业及专业教师团队建设有很好的推动和导向作用。

(二)政府政策

C专业教师团队和A专业教师团队同在浙江省,因而省级政府层面的政策举措不再赘述(参见本章第二节的相关内容)。从市级政府来看,该市高度重视高职

---

① CAPA FAIR.一花一世界:汽车零部件的浙江、中国与世界[EB/OL]. http://www.exponingbo.com/news/148.html,2020-03-28.

② 中国台州网.吉利汽车台州基地:助力汽车梦再腾飞[EB/OL]. http://paper.taizhou.com.cn/taizhou/tzrb/pc/content/201902/11/content_20234.html,2019-02-11.

教育发展，关于印发《XX市教育事业发展“十三五”规划的通知》(X政办发〔2016〕108号)明确提出：“要重点扶持高职院校的发展，并将C校建设成为特色鲜明、优势明显、省内一流的高职院校”。市政府在财政经费保障、学校基础设施建设、深化人事制度改革、高层次人才引进培育等方面给予重点支持，并注重打造政校企协同育人平台，加强汽车全产业链人才培养。目前，市教育局、市发改委、市经济与信息化局、C校以及该市各职业院校和相关汽车企业、行业协会正共同筹备组建“汽车产教融合联盟”，这对C专业教师团队建设和发展具有重要意义。

(三) 院系情况

C校1999年筹建，2001年正式批准建立。自成立以来，学校始终坚持“高教性、职教性、地方性”的“三性”办学定位，以服务区域经济发展为宗旨，秉承“源于产业、依托产业、服务产业”的专业建设思路，深入推进产教融合、校企合作。2012年，C校入选浙江省示范性高等职业院校。

C专业教师团队所在的汽车学院(笛威金桥汽车工程学院)成立于2017年，是由C校、珠海市欧亚汽车技术有限公司、浙江台州金桥集团有限公司三方合作办学的混合所有制二级学院。汽车学院以原机电工程学院汽车专业群为基础组建，现设有汽车检测与维修技术、汽车制造与装配技术、汽车营销与服务、新能源汽车技术四个专业。学院为教育部现代学徒制试点单位，现有普通全日制在校生600余人。学院还充分发挥混合所有制办学优势，积极推进产教融合，主动对接汽车全产业链行业企业，联合成立台州汽车生产技术研究所，开展汽车生产力提升相关技术研究。

近年来，C校越来越重视教师队伍建设，以全面提升师资队伍素质为核心，以双师型师资队伍建设为突破口，努力构建高素质的“校企互通、专兼一体”的双师结构教师团队。一是提高专业教师“双师素质”。C校逐步完善教师专业实践锻炼管理制度，出台了《“双师”素质教师资格认定办法》。二是加强兼职教师队伍建设。C校出台了《校企人才资源互通互培互管实施办法》，充分利用产业优势和社会人力资源，逐步建立专兼职教师交流制度，打造了相对稳定的兼职师资队伍。虽然C校尚未出台专门的教师团队建设文件，但为确保教师团队建设取得实效，出台了《青年教师助讲培养制度实施办法》《高层次人才引进工作实施办法》《教学名师评选与管理办法(试行)》《教师发展培训学时管理办法》等系列文件，为C专业教师团队建设提供了一定的制度支撑。

二、建设基础及策略

(一) 专业基础

汽制专业需求较大，专业点分布较广。据统计，在汽车制造类专业中，2019年全国高职院校汽制专业点有218个。就浙江省内，仅浙江汽车职业技术学院、杭州职业技术学院等4所高职院校开设汽制专业。与其他学校相比，虽然名称上都是汽制专业，但C专业主要往汽车零部件方向而不是整车方向发展。因为在区域范围内，除了几家较大的整车生产企业，还有上千家汽车零部件制造企业。区域产业的发展决定学生的就业面向。经过3年学习，学生既具备扎实的机械专业基础知识与技能，又懂得汽车产业链特需的实用知识，毕业后大多在汽车零部件和整车制造企业以及机电类企业从事产品研发、质量管理和实验室技术岗位工作。

整体来看，C专业是国家现代学徒制试点专业、市优势特色专业，虽然建设基础较为薄弱，但C专业是适应区域产业发展、具有良好发展前景的专业，是C校重点打造的专业，也是C校申报省“双高计划”汽车制造与装配技术专业群的牵头专业。相信不久的未来，C专业建设水平和层次将进一步提升，与省内兄弟院校之间的差距也将进一步缩小。

从专业教师团队自身来看，其突出特点是“小而精”。C专业教师团队是校企共同组成的有理论、有技术、能操作、能教学的专兼结合的“双师”团队，专任教师高级职称比例高，兼职教师能力也很强。未来，C专业教师团队将以“双高计划”为契机，紧密依托汽车产教融合联盟、汽车生产技术研究所等平台资源，深入服务本地产业发展，全方位提升团队教学、科研和社会服务能力，促进教师团队建设实现新突破。

（二）创新举措

C专业教师团队建设主要从教师培养培训和平台搭建两方面着手。

1. 依托教师发展中心开展教师培养培训

教师专业发展的常态化、规范化和持续化离不开专业组织的支撑。近年来，C校越来越重视教师发展和团队建设，并依托学校的教师发展中心，组织教学能力、课程建设、教学改革、科研项目等各类培训活动，进一步优化了教师专业发展环境。以青年教师为例，教师发展中心开设了青年教师研修班，定期开展教学、科研等方面的培训与交流，为青年教师成长提供了多元发展机会。

学校重视青年教师培养，为了让教师能够迅速成长起来，一方面建立新老教师传帮带机制，另一方面开设专门的青年教师研修班，重点提高教师教学和科研能力。(C-Z-2)

以前教师发展都是各自为政，现在主要依托教师发展中心和二级学院两个主体，一般前者组织开展专业培训，后者主要负责教师到企业实践锻炼。(C-P-3)

2. 搭建产教融合多元化平台

产教融合平台是教师发展和团队建设的重要载体。一是成立汽车产教融合联盟。汽车产教融合联盟由市教育局、市发改委、C校等共同发起，联合地区内职业院校和相关汽车企业、行业协会参与，其目的在于进一步推进职业教育汽车产教融合，打造政校行企协同育人平台，加强汽车全产业链人才培养。二是申报省级产教融合示范基地。学院联合浙江台州金桥集团有限公司等企业申报省级产教融合示范基地，该企业是浙江省首批107家产教融合型试点企业，具有较好的产教融合基础。三是成立汽车生产技术研究所。专业的发展方向决定了C专业教师团队的发展方向。C专业教师团队依托汽车生产技术研究所主要针对当地制造汽车零部件的中小微企业开展精益生产、质量管理、设备改造、自动化、员工培训等服务，共同打造校企命运共同体。

三、建设成效及展望

（一）成效亮点

1. 小而精且凝聚力强

与A和T专业教师团队相比，C专业教师团队中专业课教师仅5人，是属于规模较小的教师团队。这和C专业的院系隶属有关，原来C专业属于机电工程学院，该学院是学校规模最大、整体实力最雄厚的院系之一，2017年，在原机电工程学院汽车专业群基础上新组建了汽车学院。尽管C专业教师团队属于新团队和小团队，但反而因为“新”和“小”，彰显出精干和更强的团队凝聚力优势。C专业教师团队虽然人数少，但师资力量相对比较强，超一半以上的教师来自企业。另外，事实也证明，专业教师团队的发展并不是规模越大越好，而是取决于整体的团队凝聚力，凝聚力强则团队强。

汽制专业一共5位教师，一个教授，一个副教授，一个高工，剩下2位教师也都来自企业，虽然人数少，但都比较精干，无论是个人还是整体实力，都比较强……从管理的角度，我觉得人多有人多的优势，但也有人多的劣势，如一般人多的专业发展基础都比较好，职称高的教师自然比较多，也必然存在年轻教师发展受限和年龄大的教师动力不足的问题。而汽车学院比较新、比较小，年轻教师居多，大家都在铆足劲儿地干，相对来说比较好管理，也容易形成一个新的团队发展模式……我们团队意识真的很强，院长在企业里做了20多年的工艺，自身很厉害，也愿意花时间带团队培养年轻教师。得益于和谐的团队氛围，这几年团队和教师成长非常快。(C-Y-1)

团队建设规划上就朝着打造小而精团队努力。每一个项目都以团队的名义参与，而不是个人名义。整体来看，目前团队成员比较团结，心往一处想，劲往一处使。当然，一起做事情也有一个慢慢磨合的过程。(C-P-3)

2. 应用技术研发服务领先

C校属于省示范高职院校，在浙江省众多高职院校中，整体实力并非靠前，但应用技术研发服务首屈一指。在2020年的“中国高校专利转让排行榜(TOP100)”中，有4所高职院校冲进高校专利转让百强，分别位居63、68、79和82(其中浙江省就有三所)，而C校以排名63居4所高职院校之首。这与C校主动对接融入区域产业发展、打造技术技能积累与创新中心、联合企业开展技术攻关与项目开发密不可分。目前，C校已建立浙江省模具产业技术联盟、浙江省工业机器人与智能制造生产线集成推广应用协同创新中心、市院士工作站等省市级研发平台以及14家校内研究所，技术服务平台形成规模，技术服务效益彰显成效。

我们最大的优势就是和企业零距离接触，非常接地气，大多数教师来自企业，有非常好的企业实践经验，具备较强解决实际问题的能力，也确确实实为企业提供了真正的技术服务。如果没有对接区域产业，没有联合企业，仅眼巴巴地靠着省里的项目，那么应用技术研发肯定是很难，也很虚。(C-Y-1)

3. 教学和社会服务紧密结合

C专业教师团队在产教深度融合的基础上，将教学和社会服务很好地结合起来，既服务教师发展，也服务学生就业。对教师而言，该市汽车产业处于转型升级中，又以中小型企业居多，对技术改进、精益生产、管理培训的需求量很大，给教师创造了很好的发展机会。

有很好的平台、市场和机会，教师就能从企业找到项目。先积累一些横向项目，在做的过程中可能会慢慢发现一些可纵向研究的问题。且教师接触企业多了，科研和社会服务能力会很快提升，对教学的反哺效果也是非常明显的，我就是受益于这样的发展模式。(C-Y-1)

学生是教学和社会服务紧密结合的最大受益者，主要表现在就业率、岗位类型和起薪等方面。汽制专业学生的就业率100%，大多从事产品研发、质量管理等技术相关的工作，起薪水平相对较高，每月6000元左右。据学校调查，汽制专业学生毕业半年后的收入居全校各专业首位。

做社会服务的同时，如果企业需要精益生产、质量管理等方面的员工，学生可以无缝对接岗位，因为学生接触学习的就是这方面的知识和技能，符合企业需求。(C-P-3)

(二) 不足之处

C专业教师团队的优势和成效比较突出，但其不足之处也是显而易见的。

1. 团队成员人数不够且偏年轻

从规模来看，C专业教师团队规模偏小，面对繁重的专业建设任务，教师很难兼顾教学、科研、社会服务以及自我提升。如C专业很难批量地派出教师外出培训、交流访学等，工学矛盾比较突出，用教师自己的话说就是有种“揭不开锅”的感觉。从年龄结构来看，年轻是C专业教师团队的优势，集聚了一批愿意干、能干活、干好活的年轻教师，满怀“撸起袖子加油干”的澎湃激情。但从另一方面考虑，团队师资力量偏年轻，意味着团队缺少强有力的中坚力量，职称水平也相对偏低。此外，C专业教师团队中缺乏博士人才，虽每年都在大力引进，但由于区位和学校各方面因素的影响，始终未能如愿以偿。

团队没有博士，很多高新技术或者科研任务就很难完成。我们很想招博士，但从区位来看，毕竟是地级市，吸引力比不上杭州这些大城市。从学校来看，在浙江省内可能还不是博士们的首选学校，所以特别想要的可能来不了，而有一些我们又不想要。(C-Y-1)

2. 教育教学成果积累不足

C专业教师团队虽然在育人方面成效显著，但是精品课程、教学成果、资源库、技能竞赛等方面的成果积累并不是非常凸显。这主要受新学院、新专业、新团队的客观因素影响。而且教育教学成果的培育本身需要一个较长的周期，还需要经得起时间的考验。

教学方面的成果不突出，包括精品课程、省级教学团队等，目前都还没有。不过科研方面完成了2项省公益项目，获得省科技进步三等奖。(C-P-3)

教学方面的标志性成果还没有。其实不管是教学、科研还是社会服务或培训，我们做得比较实在，但缺少总结提炼。毕竟很多年轻教师来自企业，没有经过系统的训练，不太擅长写教改、教研论文等总结性的材料。(C-Y-1)

(三) 目标规划

作为一个新生团队，C专业教师团队还处于起步发展阶段，基础较为薄弱，也远未成熟完善，但它踩准了产业行业发展的脉搏，也是C校接下来要重点打造的团队，未来发展前景广阔。

基于现状和未来发展考虑，不同于A和T专业教师团队，C专业教师团队在定位上并非朝着教学、科研、社会服务“三合一”全面发展的方向努力，而是聚焦在教学和社会服务方面。对于一些新团队和小团队而言，科研的目标过于远大，而教学属于团队的基本功能，社会服务更是团队容易出彩的特色和亮点。为进一步打造精品特色团队，C专业教师团队将着力从以下三个方面着手。

1. 优化专业教师团队结构

C专业教师团队发展的首要之事就是吸引人才，扩大规模，同时注重团队结构的优化和人才梯队的形成。一方面“外引”，注重博士等高层次人才引进，发挥高精尖领军人才的示范引领作用，另一方面“内培”，重点盘活现有团队教师资源，努力让教师成长为团队的中坚力量，形成合理的人才梯队，如组织专业主任的专项培训，挖掘和培养专业带头人等。

要想打造高水平教师团队，在成员数量上要达到一定规模，成员结构上要有强有力的带头人和各能力梯度的团队成员。如本科及以上学历比例达80%以上；高级职称比例达到30%以上，中级职称比例达50%以上；“双师型”教师达80%以上等。(C-P-4)

2. 打造团队社会服务品牌

C专业教师团队社会服务品牌打造具有很好的产业优势、平台优势和人力优势。一是区域汽车产业链完善，拥有上千家汽车零部件中小微企业，特别是在产业转型升级背景下，技术服务的需求比较大。二是汽车生产技术研究所为C专业教师团队社会服务提供了重要平台，依托平台拓展业务相对比较容易，能为教师创造更多发展机会。三是教师本身倾心社会服务，服务的过程就是深入了解企业的过程，而且一个项目可以带出好多项目。基于这些优势考虑，C专业教师团队正在重点打造社会服务品牌，努力扩大专业影响力。

汽车是当地较大且发展较完善的产业，汽车学院对接整个汽车产业链，企业本身数量很多，汽车零部件厂就有几千家，对技术和学生的需求都较大，这对团队来说既是压力也是动力，一定要做大做强。(C-Z-2)

社会服务想做得更好一点，在当地形成品牌，形成知名度。如果企业需要精益生产、质量管理等服务，能第一个想到我们汽车学院(包括汽制专业)的社会服务团队。(C-P-3)

3. 培育系列教育教学成果

教育教学成果关涉人才的系统培养，是C专业教师团队建设的薄弱环节，也是未来团队建设中急需加强的重点内容。目前，对于C专业教师团队来说，课程、教材、资源库、竞赛等各方面成果都在规划建设中、起步发展中和努力加强中。此外，在成果积累的基础上还要进一步加强成果的凝练、提升和宣传。

有发展规划，想分年度地逐渐把精品课程、教材、课改、教改等项目培育起来、建设起来，这是我们团队需要加强的地方。(C-Z-2)

第六节　适者生存：某机电一体化专业教师团队的案例

与上述H和C专业教师团队类似，E专业教师团队既不是国家级教学团队，也不是省级教学团队，但H和C专业教师团队都具有很好的行业背景和建设基础，且团队自身也在积极主动地适应区域经济发展需求。相对而言，由于客观产业基础和主观发展意愿等因素，E专业教师团队面临较大的求生存求发展的困境。

一、建设背景与环境

E校正抓住区域产业变革的战略机遇以及所处区域良好的教师队伍建设政策环境，加快教师团队建设步伐。

（一）区域产业

E专业教师团队所在的江西省从最初一个基础薄弱、只有零星工业的农业大省，已发展为一个门类布局齐全、规模和体系比较完善、质量稳步提升的工业发展中省份，实现了从传统农业大省向新兴工业省份的华丽转身，三次产业结构现已为5.3∶48.5∶46.2，[①]工业正日益成为江西省国民经济的支柱。E专业教师团队所在市自古有“上乘富饶、生态之都”之称。近年来，该市重点发展机电汽配、有色金属、新型建材、电子商务四大支柱产业，并大力培育光伏、光学和汽车三大主导产业，筑强“两光一车”产业集群发展优势，为该市工业经济转型升级聚集新动能。2016年，该市提出打造“江西汽车城”的目标，尤其是瞄准新能源汽车发展方向，加快引进培育产业龙头企业和重大项目，已成功引进了长安汽车、中汽瑞华、吉利汽车等知名品牌。

（二）政府政策

随着高职教育跨越式的发展，E专业教师团队所在省、市政府进一步认识到高职院校教师团队建设的重要性和紧迫性，先后出台了一系列相关政策。

省级政府主要采取了以下措施。一是教学团队的遴选建设。从2008年起，江西省组织开展了“高校教学团队”建设单位遴选、建设工作。目前，该省共有205个省级教学团队，10个国家级职业教育教师教学创新团队。二是双师型教师队伍建设。省教育厅出台了《江西省高等职业院校“双师型”教师认定办法（试行）》和《江西省高等职业院校“双师型”教师认定标准（试行）》，为E校建设“双师型”教师队伍提供了政策依据。三是重视骨干教师、带头人等教育人才培养。省教育厅印发《关于加强十三五期间教育人才队伍建设的意见》，提出“培育职业院校骨干教师14 000人、培育职业院校学科带头人2000人、培育引进高层次人才赣鄱工匠、职业院校技术技能名师1000人和打造200个创新平台及团队”。

从市级政府来看，主要聚焦于高校的人才引进工作。一是扩大高校人才招聘的自主权。该市出台了《2016年推进简政放权放管结合优化服务改革工作方案》，提出高校在招聘高层次人才时，可以依法依规自主决定招聘的岗位和条件、自主决定招聘时间、自主决定招聘人员的数量、自行组织开展考试或考核、自主公示拟聘

---

① 胡晓军.江西从传统农业大省跨越到新兴工业省份[N].光明日报，2019-07-22(01).

人员。二是出台了《XX市高层次人才引进暂行办法》。在工资待遇、生活待遇、购房补贴、成果奖励、旅游优惠等方面给予优惠政策，为E校积极引进高层次人才、建设高水平教师团队提供了有力支持。

（三）院系情况

E校创办于2004年，是在上饶市工业学校基础上，合并上饶市工业学校、上饶市农业学校、江西省文艺学校上饶分校而成的，是上饶市唯一一所工科为主的、专科层次的、全日制高等职业技术学院。该校响应市委市政府的发展战略，先后与吉利集团、滴滴集团、爱驰汽车有限公司等诸多知名企业达成了校企合作协议，但校企间的联系并不紧密。该校设有5个教学系，开设了电子工程、机械工程、信息工程、管理工程、艺术等5大类专业。E专业教师团队在电子工程系。该系拥有一支实践经验和教学经验较丰富的师资队伍，现有专业教师23人，其中电子高级工程师3人，电子、电器工程师1人，副教授9人，讲师5人，双师素质教师17人，硕士学位研究生15人，专业带头人2人，骨干教师5人。

E校在教师团队建设方面主要采取了以下举措：一是注重人才引进和培养。制定了《E校人才培养、引进办法》，建立人才培养激励机制，对参加进修取得研究生学历和硕士学位以上的教师，学校给予学费上的资助。二是加强“双师”队伍建设。制定了《E校“双师素质”教师认定与管理的暂行办法》《E校教师社会实践暂行管理办法》等文件，积极支持教师参加各种业务培训，安排教师到企业锻炼，鼓励教师考取各种职业资格、技能等级证，提升“双师”比例。

二、建设基础及策略

（一）专业基础

机电一体化技术专业是一个宽口径专业，适应范围很广。随着现代工业的发展，机电一体化技术技能型人才缺口逐年加大，高职院校机电一体化技术专业也随之成为热门专业，发展很快。据了解2019年全国高职院校机电一体化技术专业点有1106个。E校的机电一体化技术专业于2008年开始招收首批学生。现每年招两个班，一个是三年制统招（一届70人左右），一个是五年制招生（一届40～50人左右）。该专业开设较晚，专业建设基础相对薄弱，与东部地区的高职院校相比，在实习实训条件、设备更新以及相关实验室建设等方面相对落后，严重影响了学生培养、教师专业发展和教师团队建设。

近年来，E校所在市经济开发区依靠自身的发展优势和市场特色，大力培育光伏、光学和汽车三大主导产业，为E专业建设带来了新的机遇。E专业成为学校重点建设专业，E专业教师团队也在学校和专业的发展中不断壮大，师资力量不断充实，现有专兼职教师10余名，专业课教师80%以上是双师素质教师，形成了老、中、青结合的梯队结构。但总体来看，专业教师团队实力较弱，师资结构还有待优化。

（二）创新举措

近年来，E校师资队伍建设逐渐规范起来，也越来越注重教师团队的建设和教师个体的培训发展。

1. 开展校级教师团队遴选

E校教师团队建设推动较晚，建设水平相对滞后，目前仅有应用电子技术专业1个省级教学团队。为培育一批教学成果优秀、科研社会服务突出、具备良好发展潜力的教师团队，2019年12月，E校开展了校级优秀团队建设遴选工作，第一批有5个教师团队入选。由于E专业是学校重点发展专业之一，因而，E专业教师团队成功入围，为争创省级教师团队积蓄力量。

从学校专业地位来看，机电一体化技术专业地位还可以，属于学校重点培育的专业，也是有希望拿各类荣誉的专业。(E-Z-2)

2. 多形式加强教师团队合作

E专业教师团队主要通过老带新、传帮带的机制加强团队合作。一是联合申报项目。无论是教改项目，还是社会服务项目，都离不开团队的支撑，这已成为E专业教师团队项目申报的共识。同时，通过联合申报项目，能够充分发挥团队中各个教师的专业所长，增强教师团队整体实力。二是开展教研活动。和T校一样，E校每周也有固定开展教研活动的时间，规定每周二下午开展公开教学听评课活动，或老教师授课，或新教师授课。三是竞赛培训。E校每年都要搞一些竞赛培训，要求年轻教师积极参与，这对年轻教师融入专业和团队建设具有一定的带动作用。

加强团队合作的方式多种多样，可能每个学校的具体情况不一样，主要是项目推动，以科研、课题等项目为抓手，不然就停留在口号上了。(E-Y-1)

三、建设成效及展望

（一）成效亮点

与前面四个专业教师团队相比，E专业教师团队的成效亮点不多也不突出，主要体现在两个方面。

1. 涌现若干教科研成果

E专业教师团队总体上教科研项目不多，也没有获得国家级项目，但有若干省级层面的教改项目。团队教师围绕项目也发表了较多论文，编写了PLC校本教材等，这在全校范围内算是比较突出的成果。

2. 学生就业质量良好

机电一体化技术专业综合性比较强，包含机械、电子、信息等，像汽车、电子行业都需要这方面的人才。相对来说，该专业就业面比较宽泛，社会需求量比较大，全国就业形势比较好。据专业教师反馈，E 专业学生就业不愁，主要面向机电设备生产和应用企业，从事机电一体化设备的制造、装配与调试等工作，薪酬也处于中档水平。

很多教师在访谈中也分析了 E 专业教师团队成效和特色不明显的原因。

特色不明显主要有两方面原因。一是硬件投入不足。机电一体化技术专业想搞出特色，需要大量的硬件投入。如果没有硬件支持，只能是纸上谈兵。我们学校财力有限，无法跟江浙的高职院校相提并论。如常州某职院机电一体化技术专业的实训室就有二十个，且每个实训室的设备都非常先进，智能制造、自动化生产、机器人、PLC 等俱全，而我们只有两个实训室，设备基本都一样，是 2011 年采购的。二是校企合作对接不协调。周边工业区内的企业大部分还是粗放型的生产方式，它的用工需求并不要求学生具备多么强的职业技能或创新能力，只要求你吃苦耐劳、肯干事就够了。如此一来，就算高职院校培养出非常优秀的学生，也很难在企业施展所学技能。(E-P-4)

成果不是很多，主要是因为竞争大，不仅校内有竞争，省里也有竞争。(E-Z-2)

（二）不足之处

1. 经费不足设备落后

经费投入有限、实训设备建设不足是地方性高职院校的通病，E 校也不例外，这主要和政府支持及学校的财政相关。学费收入是办学经费的重要组成部分，但 E 校面临着较大的招生压力，且生源结构不合理，以五年制招生为主。一般三年制大专一年学费 6000 元左右，而五年制大专一年学费仅 1000 多元（另外政府补贴 2000 元）。可见，E 校每年的学费收入非常少，实际上是在亏本运营。因而，受经费影响，E 专业在设备投入方面严重不足。访谈中每一位教师都反复强调投入不足和设备落后的问题，主要表现在设备单一化、陈旧老化严重，远远滞后于当前技术和设备更新的步伐。

作为一所地方性高职院校，实验室建设有待加强……不足主要体现在两方面，一是实训设备不足，二是设备更新换代滞后。可能后者是一个普遍性问题，因为现在技术变化太快了，说实话，很难跟得上。(E-Y-1)

没有设备学生无法实训，教师也无法实践……每年，我们都会派教师去沿海城市培训交流，如去深圳职业技术学院学习激光打印技术，但回来没有相应设备，教师技能提高也就无从谈起……每年我们都提出了设备投入不足的问题，但一年一年过去了还是这样，老师也没有办法，相当于陷入了恶性循环。(E-P-3)

我们最苦恼的事情是硬件条件实在太差了。即使教师得到培训提升的机会，但掌握了技能回来也无用武之地。(E-P-5)

2. 团队结构不够合理

注重教师队伍的“双师”结构，加强专兼结合是专业教师团队建设的重要内容。但在“双师”结构方面，E专业教师团队中的年轻教师定位不准，基本都是从学校到学校，既缺乏企业实践的经验，也缺乏企业实践的自主概念。而年长的教师则面临着知识结构老化、学习新知识困难等问题。在专兼结合方面，E专业教师团队以校内教师为主，兼职教师仅1人，尚未形成从行业企业聘请若干兼职教师参与实践教学的机制，且与兼职教师的联系不多，仅停留在人才培养方案修订、讲座等浅层面的交流。此外，完全贴合E专业的教师比较难招，大都是相关专业，因而，新招教师后期还需要下较大的工夫从其所学专业转到机电一体化技术专业上来。

与年长教师相比，年轻教师的专业动手能力会差一点。他们大多刚从学校毕业，一方面，主观上还没形成要加强实践动手能力的概念；另一方面，客观上学校对教师到企业实践未做强制要求。(E-Z-2)

很多学校都是根据教育部1∶1要求聘任兼职教师承担实习实训课程，但我们聘任的兼职教师比较少，实训课基本都由校内老师授课。(E-P-5)

(三) 目标规划

整体来看，E专业基础偏弱，跟江浙等地一些高职院校相比，存在较大的差距，但在江西省同类专业里，E校E专业属于中等偏上水平。再加上，E专业社会需求大，且属于E校重点发展专业。因而，尽管目前E专业教师团队整体实力相对偏弱，但在各方的支持和努力下，具备较大的提升空间。

已经是校级优秀教师团队的E专业教师团队，正依托专业做大做强，朝着省级教学团队的方向规划和努力。在发展定位上，E专业教师团队凸显了教学的重要性，倾向于教学团队的定位，但也并未完全忽视科研和社会服务。毕竟，对于高职院校的专业教师团队而言，教学、科研和社会服务，有时候很难完全分离。尽管E校在管理上没有对教师的科研和社会服务做硬性的考核要求，但有隐性的要求，再加上教师上进心强，E专业教师团队整体建设动力较足。

目标定位主要是集体发展、共同进步，同时把学生培养放在首位，重点培养学生的实践动手能力。(E-Z-2)

未来，E专业教师团队将重点从以下方面着力。

1. 加大设备经费投入

设备条件不仅影响学生的技能实训，也影响教师发展，已成为当前制约E专业教师团队发展的最大因素。每年教师都向学校反映设备投入不足的问题。另外，机电一体化技术专业本身教学设备成本非常高，不像应用电子技术专业只需要电子元器件即可。因而，无论是从教学，还是从社会服务的角度，E 专业教师团队要想求生存求发展，必须加大设备经费投入，以解决专业教学设备长期不足且更新难的问题。这是 E 专业教师团队所有教师共同的期盼。

2. 夯实师资队伍建设

尽管建设经费紧张，但 E 专业教师团队还是比较重视师资培养，每一年都尽量派专业教师参加国培、省培等各类培训交流活动，帮助教师开阔视野，学习新知识、新技术和新理念。一是落实新教师企业实践活动。学校已经意识到教师到企业实践的必要性，并出台相关文件，从下学期开始落实教师到企业实践的要求。二是加强专业带头人培养。专业带头人不仅是教师团队的排头兵，更是团队合作的重要促成者，E 专业教师团队还需进一步完善专业带头人遴选和培养制度，充分发挥专业带头人在教师团队建设中的重要作用。三是加大教师引进力度。当前，E 专业教师普遍反映教师数量偏少、教学工作量偏重，平均每人每周 20 多节课，且因实训设备等教学条件比较差，教师上课更加费劲受累。

3. 推进校企深度合作

深化校企合作能够很大程度上缓解 E 专业教师团队建设投入不足、设备不足和学生就业等矛盾。E 校边上就是工业园区，重点发展光伏、光学和汽车产业，为 E 专业教师团队建设创设了良好的市场环境。且双方都有需求，一方面企业需要机电一体化技术专业的学生，另一方面学校也希望得到企业经费、设备、平台等方面的支持。因而，尽管当前 E 专业教师团队与企业的联系不那么深、不那么到位，仅停留在教师参观访学、学生顶岗实习层面，但其正在积极努力尝试，想方设法促成校企深度合作，互利共赢，共促发展。

第七节　专业教师团队建设的主要影响因素及作用机制

在表层，大样本获得的共性往往是肤浅的、表面的；在中层，对小样本的探究可以了解它们的个性；在深层，所有的人和事又都是相通的了，获得了一种更加深层的共性。[①] 本研究在教育内外部关系规律理论和三角协调理论的指导下，结合宏观层面上对建设动因、建设环境、建设策略、建设成效的相关分析，以及中微观层面上对 5 个典型案例院校中各类型受访对象的深入访谈，通过扎根理论的三级编码(见表 6-5)将高职院校装备制造大类专业教师团队建设的影响因素聚类为四个，即区域产业、政府政策、学校管理和团队自身。其中，区域产业对高职院校的影响是最

① 陈向明. 质的研究方法与社会科学研究[M]. 北京：教育科学出版社，2000：413.

具特殊性的，体现出一种“需求—回应—反哺”的微妙的互融共生关系。在政府政策上从中央、省级、市级三级来分析，中央提供政策导向为各校创造理念共识的基础，省级制定行动计划在很大程度上决定地方对中央政策的实施，市级的重视程度和财政实力则在实质上影响建设效果。学校管理体现在发展理念、重视程度、团队制度和二级管理四个方面。团队自身则涵盖专业基础、团队带头人、建设策略和发展定位四个方面，且体现出与外部因素的相互影响与作用。

表 6-5 高职院校装备制造大类专业教师团队建设影响因素编码表

三级编码	二级编码	一级编码
区域产业	区域产业是专业和团队建设的关键基础	专业和产业贴得很牢，区域产业影响人才培养、区域产业影响技能竞赛、区域产业影响团队建设、区域产业影响校企互融共生关系
	教师团队服务区域产业的发展	自动化生产线等技术改造、中小微企业技术研发、中小微企业员工培训、到企业去、在工艺上服务于企业、百博入企
政府政策	中央提供政策导向	立项建设国家级教学团队、“双师型”教师队伍建设、国家级职业教育教师教学创新团队遴选
	省级制定行动计划	省人才行动计划、完善高校专业技术岗位结构比例调控、投入重金发展职业教育、优势特色专业建设、省级专业带头人培养
	市级投入存在差异	地方政府财政实力、地方政府重视程度、地方政府投入、市级政策的区域差异性
学校管理	发展理念	学校领导懂且支持职业教育、老师是最重要的、领导要善于整合资源
	重视程度	教师团队是支撑整个专业发展的核心和关键、高层次人才引进奖励高、师资团队建设经费高、注重教师培训、专门经费支持、引进博士
	团队制度	学校团队建设文件、双高方案、优秀教学团队管理办法、校级教学团队
	二级管理	专兼教师常态化交流和管理考核机制、“一对一”联系服务师生工作机制、绩效管理、1：1配套建设经费、目标责任制考核、开展绩点制改革

续表

三级编码	二级编码	一级编码
团队自身	专业基础	扶优扶强原则；专业基础好，教师发展平台大、资源多；专业基础扎实对专业建设和发展影响较大；得到企业认同与扎实的基础密不可分
	团队带头人	带头人有一定的权威和亲和力、有行业话语权、参与制定标准、担任全国行业专业委员会主任委员
	建设策略	国家级教学团队、省级教学团队，产教融合联盟、省级产教融合示范基地、生产技术研究所等多元平台，组建若干项目团队、团队培育
	发展定位	教学、科研、社会服务“三合一”，教学和社会服务相结合，重点是人才培养

正如潘懋元先生的“教育内外部关系规律理论”提出，教育的内部关系规律和外部关系规律相互作用，内部关系规律的运行受外部关系规律制约，外部关系规律发挥作用需要通过内部关系规律实现。教育应“主动适应”社会发展，而不是“被动适应”。这里的“适应”涵盖“受限制”和“起作用”两方面内涵。[①] 教育内外部关系规律是高等教育的基本规律，以唯物主义实践论为理论依据，恪守理论解释世界和改造世界的承诺，重视自身对高等教育改革发展的解释力和改造力。[②] 因此，高职院校专业教师团队建设应综合考虑内外部因素及相互作用，不能仅从单一因素进行判断。为了能够更加清晰地呈现相关专业教师团队不同的影响因素及作用机制，本研究在前述5个高职院校装备制造大类专业教师团队个案描述的基础上，编制了个案排序结果矩阵表，如表6-6所示。之所以采用个案排序结果矩阵表，是因为它是根据研究者所研究的主要因素，依其强弱程度来排列个案的一种表，能够比较直观地显示出每个个案不同的结果，[③]同时，有利于后续分析能超越描述层次，到达解释层次。

① 方泽强. 正确认识“教育内外部关系规律”理论[J]. 大学教育科学，2013(06)：3-8.

② 邬大光. 潘懋元：高等教育学的中国符号[J]. 高等教育研究，2020，41(07)：1-12.

③ 〔美〕Matthew B. Mile，A Michael Huberman. 质性资料的分析：方法与实践（第2版）[M]. 张芬芬，译. 重庆：重庆大学出版社，2008：282.

表 6-6　5 个高职院校装备制造大类专业教师团队个案排序结果矩阵表

	A 专业教师团队	T 专业教师团队	H 专业教师团队	C 专业教师团队	E 专业教师团队
区域产业	现代五金、汽车零部件制造、智能农机等	轨道交通等	航空工业等	汽车整车及零部件制造等	光伏、光学、汽车产业等
政府政策	1. 省级：教学团队遴选、专业带头人培养、职称评聘改革、重点校建设、优势特色专业建设等； 2. 市级：出台《关于推动 A 校建成中国特色高水平高职学校建设的若干意见》、开展“百博入企”“机器换人企业服务专家团队”等企业服务工程等	1. 省级：教学团队遴选、卓越职业院校建设、优势特色专业及专业群建设、人才行动计划、搭建“政校企”交流平台等； 2. 市级：出台《XX 市现代职业教育发展规划》、高水平建设职教科技园、启动实施办学水平提质工程等	1. 省级：教学团队遴选、双师型教师队伍建设、职称评审制度改革等； 2. 市级：《XX 市现代职业教育发展规划》、《实施人才优先发展战略行动计划》等	1. 省级：教学团队遴选、专业带头人培养、职称评聘改革、重点校建设、优势特色专业建设等； 2. 市级：关于印发《XX 市教育事业发展“十三五”规划的通知》等	1. 省级：教学团队遴选、双师型教师队伍建设、专业带头人、骨干教师培养等； 2. 市级：扩大高校招聘自主权、出台《XX 市高层次人才引进暂行办法》等
学校层次	国家示范性高职院校、国家优质高职院校、“双高计划”高水平高职学校建设单位（A 档）	国家示范性高职院校、国家优质高职院校和“双高计划”高水平高职学校建设单位（C 档）	国家示范性高职院校、“双高计划”高水平专业群建设单位（A 档）	省级示范性高职院校	一般高职院校

续表

	A专业教师团队	T专业教师团队	H专业教师团队	C专业教师团队	E专业教师团队
专业层次	国家示范专业、省优势专业、省特色专业、全国机械行业特色专业、“双高计划”高水平专业群牵头专业	国家教学改革试点专业、国家精品专业、国家示范专业、全国职业院校装备制造类示范专业点、“双高计划”高水平专业群牵头专业	全国职业院校装备制造类示范专业、中央财政支持高等职业学校提升专业服务产业发展能力专业、省级重点专业、“双高计划”高水平专业群牵头专业	国家现代学徒制试点专业、市优势特色专业	校重点专业
突出成果	1.职业教育国家级教学成果奖二等奖； 2.联合主持4个国家级职业教育专业教学资源库子项目； 3.学生技能竞赛成果位居全国前列； 4.全国技术能手1人，省教学名师2人，省优秀教师1人，省高职高专专业带头人4人，省“151人才工程”第三层次入选2人，省教坛新秀2人，省首席技师1人，省优秀青年教师资助计划2人； 5.国家级精品课程2门，国家级精品资源共享课程2门，省级精品课程3门	1.开发2个国家专业教学标准； 2.开展“1+X”证书制度试点，开发5个职业技能等级标准； 3.承担国家级开放共享型教学资源库建设； 4.国家级精品在线开放课程2门，省级精品在线开放课程5门	1.主持制定1个专业教学标准、1个顶岗实习标准； 2.国家级精品资源共享课程2门； 3.建设完成航空行指委的航空发动机装试技术企业生产实际教学案例库等	位列2020年“中国高校专利转让排行榜（TOP100）”第63名，居全国高职院校之首	

续表

	A 专业教师团队	T 专业教师团队	H 专业教师团队	C 专业教师团队	E 专业教师团队
团队荣誉	省级教学团队	国家级教学团队			校级教学团队
团队带头人	国家级教学名师、教授	省级专业带头人、教授	全国航空职业教育教学指导委员会飞行器制造技术专业教学指导委员会主任委员、教授	副教授	教授
建设策略	1. 坚持类型特征引进人才； 2. 坚持分层分类培养培育人才； 3. 项目化运行灵活组建若干小团队等	1. 建立专兼教师紧密联系纽带； 2. 常态化开展教师培训与交流等	1. 构建校企命运共同体； 2. 建设高质量兼职教师队伍等	1. 依托教师发展中心开展教师培养培训； 2. 搭建产教融合多元化平台等	1. 开展校级教师团队遴选； 2. 多形式加强教师团队合作等
发展定位	教学、科研、社会服务“三合一”	教学、科研、社会服务“三合一”	对接国际、引领国内	教学和社会服务	教学
建设目标	国家级教学团队	继续保持行业领先	国家级教学团队	省级教学团队	省级教学团队

一、区域产业是基础性因素

区域产业是高职院校装备制造大类专业教师团队建设的基础性因素，与团队建设是互动、伴生、融合发展的关系。前文的实证研究也证实了社会环境与团队建设成效间的正相关关系。

一方面，区域产业决定了专业教师团队发展的前景和特色。我国幅员辽阔，各地区域产业不尽相同，专业教师团队建设也各有特色。以首批国家级职业教育教师教学创新团队为例，绍兴职业技术学院的建筑工程技术团队对接建筑产业，而建筑业是绍兴市的重要支柱产业和特色优势产业，位居全省之首、全国前列。长沙航空职业技术学院的飞行器维修技术团队对接航空工业，长沙已经形成千亿级的产业集群，涉及航空航天制造业、航空航天服务业、航空航天配套业等三大产业板块。与养老服务、电子商务、旅游管理等专业教师团队相比，装备制造大类专业教师团队的通用性不强，与区域产业的关联更为紧密。如 A 专业教师团队主动对接现代五金、汽车零部件制造、智能农机等产业，T 专业教师团队主动对接轨道交通等产业，H 专业教师团队主动对接航空工业等产业，C 专业教师团队则主动对接汽车整车及零部件制造等产业。这也是 A、T、H 和 C 专业教师团队建设取得成效的重要原因。在调研访谈中，不少教师表达了社会不需要的专业再好也没用的类似观点，暗含专业教师团队的发展要对接和适应区域产业需求之意。以模具设计与制造专业为例，宁波北仑享有“中国压铸模之乡”的美誉，源于区域产业需求，宁波职业技术学院专门成立海天学院培养模具设计与制造专业的技术技能人才，且该专业群入选“双高计划”高水平专业群建设单位。而湖南一所高职院校的老牌专业——模具设计与制造专业却因两次招生只招到 16 人，达不到一个班至少 30 人的规模，2019 年被迫停招。据了解，该专业是省精品专业和省高职特色专业群建设项目，一直都是学校的招牌专业，师资力量雄厚。

专业和产业贴得很牢。基于区域产业建有该专业，然后才招这个方向的教师，组建专业教师团队。团队中教师的发展也都迎合产业需要，差不多 3 年内都会转到契合需求的方向。(A-P-9)

区域产业影响方方面面，如人才培养、项目服务、技能竞赛等，如果没有这个产业，专业不可能取得今天的成绩，团队更无从谈起。(T-Z-2)

区域产业直接影响团队建设。如果我们区域没有这样的产业，没有成飞这类高技术的企业，其实这个专业完全就没有存在的必要。(H-Z-2)

另一方面，专业教师团队成为区域产业技术服务的重要支撑。专业教师团队的发展得益于区域产业的支持，同时，也通过社会服务反哺行业企业发展，正体现了其“地方离不开”的价值定位。在所选的五个专业教师团队中，铁道机车车辆制造与维护专业和飞行器制造技术专业较特殊，属于“高精尖”技术范围，使得T和H专业教师团队在技术服务方面略显心余力绌。但A和C专业教师团队的社会服务贡献非常突出，它们同在浙江省。浙江是中小微企业大省，在目前全省30多万家企业中，中小微企业占了99%以上。这些中小微企业既缺乏研发实力也缺乏科研资源，又赶上产业转型升级的压力和契机，因而，A校和C校紧密对接区域经济发展需求，积极开展技术研发和技术服务，深化产学研合作，促进科研成果转化，自然成了当地企业技术服务重要的支撑。面临疫情复工复产压力，A专业教师团队第一时间帮助当地企业调试口罩机、改造生产线，助力吹响复工复产“冲锋号”。C校在技术服务方面更是首屈一指，位列2020年“中国高校专利转让排行榜(TOP100)”第63名，居全国高职院校之首。

教师团队的反哺主要体现在两个方面，一是自动化生产线等技术改造，中小微企业没有研发部，生产遇到问题就会主动寻找学校合作；二是中小微企业员工培训，这些无论是对企业、学校，还是团队都是互利双赢的。(A-P-3)

可见，专业教师团队要适应区域产业发展需求，因为只有区域产业发展好，产业有需求，行业企业积极参与专业教师团队建设，专业教师团队才具备发展好的基础条件。反过来，专业教师团队也要积极对接、适应市场需求，更好地融入和服务产业的转型升级。

二、政府政策是保障性因素

政府政策是高职院校装备制造大类专业教师团队建设的保障性因素，对专业教师团队建设起着重要的导向作用，具有代表性的政策文件详见表6-7。

表6-7　高职院校专业教师团队建设相关政策文件汇总表

序　号	级　别	名　称	文件号
1	国家级	《教育部 财政部关于立项建设2007年国家级教学团队的通知》	教高函〔2007〕23号
2		《教育部 财政部关于立项建设2008年国家级教学团队的通知》	教高函〔2008〕19号
3		《教育部 财政部关于立项建设2009年国家级教学团队的通知》	教高函〔2009〕18号
4		《教育部 财政部关于立项建设2010年国家级教学团队的通知》	教高函〔2010〕12号
5		《国务院关于印发国家职业教育改革实施方案的通知》	国发〔2019〕4号

续表

序　　号	级　　别	名　　称	文　件　号
6	国家级	《深化新时代职业教育“双师型”教师队伍建设改革实施方案》	教师〔2019〕6 号
7		《教育部关于公布首批国家级职业教育教师教学创新团队立项建设单位和培育建设单位名单的通知》	教师函〔2019〕7 号
8	省级	《关于完善高校专业技术岗位结构比例调控的通知》	浙人社发〔2017〕105 号
9		《关于印发湖南省芙蓉人才行动计划的通知》	湘办发〔2017〕42 号
10		《关于全面深化新时代教师队伍建设改革的实施意见》	川委发〔2018〕22 号
11		关于印发《江西省高等职业院校“双师型”教师认定办法(试行)》和《江西省高等职业院校“双师型”教师认定标准(试行)》的通知	赣教职成字〔2018〕18 号
12	市级	《关于推动 A 校建成中国特色高水平高职学校建设的若干意见》	X 政发〔2020〕14 号
13		关于印发《XX 市现代职业教育发展规划(2015—2020 年)》的通知	X 教〔2015〕号
14		《关于印发〈XX 实施人才优先发展战略行动计划〉的通知》	X 委办〔2017〕23 号
15		关于印发《XX 市教育事业发展“十三五”规划的通知》	X 政办发〔2016〕108 号
16		关于印发《XX 市高层次人才引进暂行办法》的通知	X 发〔2016〕18 号

从国家层面来看，2007 年，教育部、财政部启动了国家级教学团队遴选建设工作，2007—2010 年共立项了 1013 个国家级教学团队，其中高职院校共 125 个国家级教学团队。尽管数量不多，但为国家级职业教育教师团队的建设积累了重要经验。2019 年 1 月，《国务院关于印发国家职业教育改革实施方案的通知》(国发〔2019〕4 号)明确提出，“探索组建高水平、结构化教师教学创新团队。”《深化新时

代职业教育“双师型”教师队伍建设改革实施方案》(教师〔2019〕6号)也明确了“分年度、分批次、分专业遴选建设360个国家级职业教育教师教学创新团队,全面提升教师开展教学、培训和评价的能力以及团队协作能力”的发展要求。2019年6月,教育部启动了首批国家级职业教育教师教学创新团队遴选工作,确认了120个国家级职业教育教师教学创新团队。国家层面政策既为专业教师团队建设提供了根本遵循,也解决了团队经费保障问题。此外,越来越多的政策也都朝着有利于专业教师团队建设的方向发展。

在国家政策的指引下,各个省、市、自治区陆续开展了省级教学团队建设工作,并给予充足经费保障。据统计,全国31个省、市、自治区中,除山西、青海、云南、内蒙古、西藏和宁夏,其余地区均启动了省级教学团队建设工作。但由于教学团队建设的阶段性,省级教学团队建设也各异。如国家级教学团队遴选建设止于2010年,北京、河北、江苏、浙江和安徽等省市2010年后也未开展省级教学团队建设工作,而河南、山东、上海和甘肃等地区,依然继续开展省级教学团队的建设工作。

除以上和教学团队建设直接相关的国家政策外,事实上,省级、市级其他一些相关政策也是专业教师团队建设的重要保障,如高层次人才引进、优势特色专业建设、职称评聘改革、省级专业带头人培养等。尽管这些政策更多的是从专业发展的角度设计的,但是专业教师团队依托专业发展,对专业有益等同于对专业教师团队有益。如《关于完善高校专业技术岗位结构比例调控的通知》(浙人社发〔2017〕105号)、《关于印发湖南省芙蓉人才行动计划的通知》(湘办发〔2017〕42号)等。从表6-7可知,省级政策的区域性差异较小,如A、T、H、C和E专业教师团队所在省份均出台了教学团队遴选、专业带头人培养、师资队伍建设、产教融合平台等较完整的政策。以T专业教师团队为例,该校联合省市政府共同组建了全国高铁装备制造职业教育产教联盟和湖南省轨道交通装备制造与运用职业教育集团等平台,为T专业教师团队发展搭建了产教融合高端平台。

省、市、区的政策支持主要体现在新校区的建设。老校区空间不够,也无法拓展,而专业设备更新快,又有空间要求,即使我们有钱购买新设备,也面临无地摆放的尴尬情况……其实建新校区征收拆迁面临很大的阻力,但从省里到市里再到区里都给予了非常大的支持。现在,新校区已经基本建好了,对改善教学环境和条件具有重要意义。(T-P-3)

事实上,这并不意味着各个省份对专业教师团队建设的支持力度是相同的。不同地区经济发展程度不一,尤其是经费投入存在显著差异。这方面E和H专业教师团队深有感触。

江苏和浙江的职业教育之所以办得好,一是地方政府财政有钱,二是地方政府较重视且肯投入……而我们学校这么多年新建的教学楼、引进的实训设备等全部是学校掏钱，拿不到政府一毛钱。团队建设、设备采购、教师培训等，无一不是建立在有经费的基础上。如果顶层设计不好，没有经费投入，不仅仅影响专业教师团队发展，更影响学校的可持续发展。(E-P-4)

广东、江苏、浙江一带比较重视职业教育，投入重金发展，而内陆省份的经费支持不到位，甚至国家要求的1∶1配套经费都存在打折扣的现象。(H-Z-2)

相对来说，市级政策的区域差异性较明显。如A专业教师团队所在市专门出台了《关于推动A校建成中国特色高水平高职学校建设的若干意见》(X政发〔2020〕14号)，从人才、经费、职称等全方位助力A校创建高水平高职学校。

政府政策影响比较大，以前市里有开展科研创新团队建设，给予10万～30万的经费支持。近年来，团队方面的政策少了，但是个人的人才项目多起来了，如首席技师、高技能人才、技能大师工作室等，通过个人带动团队发展。(A-P-8)

可见，专业教师团队建设依赖利益驱动，无论是国家政策，还是省、市级政策，政策的主导和推动对专业教师团队建设至关重要，尤其是经费的投入和保障。政策支持力度大，则专业教师团队建设强。相对来说，东部地区的政策支持力度大于中西部地区。

三、学校管理是关键性因素

学校管理是高职院校装备制造大类专业教师团队建设的关键性因素，深层次地影响团队建设的成效和水平，主要体现在发展理念、重视程度、团队制度、二级管理和绩效管理等方面。前文的实证研究也证实了制度环境和物质环境与团队建设成效之间成正相关关系。

发展理念看不见、摸不着，但切切实实地影响了团队发展。如T和H专业教师团队借"一带一路"倡议的东风朝着国际化方向努力，而E专业教师团队却举步维艰。访谈中发现，发展理念是影响E专业教师团队一个较重要的因素。E专业教师团队所在的江西省，虽然靠近江浙沿海一带，也在努力学习一些先进的发展理念，但很难学到位。不少教师也表示，如果思想不开放的话，团队建设就很难有活力。此外，访谈还发现，E校的领导更换比较频繁，而且很多领导本身不是职业教育出身。与之相反，A校的领导结构较为稳定，而且对职业教育有比较深的理论认知和实践经验。

学校领导懂且支持职业教育这点很重要。这么多年我们换了这么多领导，没有一个是职业教育出身的，而且来校时间都特别短，基本不会超过3年。我觉得一个领导要想扎扎实实做实事，起码要在学校待上5～8年，之后他就知道自己该做什么，该发挥什么功能，也能很好地整合一些资源。(E-P-4)

重视程度主要是指专业教师团队依托的专业是否是学校优先发展的对象，学校是否给予经费、人才等特别支持。从专业地位来看，A、T、H、C和E专业都是相关学校重点发展专业，但学校本身的性质、基础不一样，获得的资源支持存在较大区别。A、T 和 H 专业都是"双高计划"高水平专业群牵头专业，将获得更多设备、经费、人才等支持，专业教师团队建设也将"更上一层楼"。而 E 校不是国家级或省级重点高职，E 专业也仅是校级重点专业，尽管学校重视，但专业和专业教师团队建设的支持资源捉襟见肘，硬件投入严重不足。

学校对机制专业的政策倾斜还是很明显的，一是高层次人才引进奖励高，一个就是 100 万购房补贴，远超其他专业，且学校不限定博士引进指标，按需引进；二是师资团队建设经费高，双高建设方案预算为 700 万～800 万左右，教师团队建设经费较为充足。(A-Z-2)

重点发展专业，学校会在项目申报时给予倾斜政策。其实学校给任务就是给机会，机会多了，专业成果也就积累多了。(T-P-3)

虽然专业比较新，团队也比较新，但因符合区域发展方向，学校非常重视和支持，有很多的倾斜政策。(C-Y-1)

工科类的专业必须要有硬件投入，而且硬件投入要与时俱进。比如学生竞赛，基本上是采购比赛组委会指定的设备，但指定设备价格比较高，基本都是 50 万～60 万一台，便宜的也要 10 万左右，但由于学校财力有限，基本不采购这样的设备，所以每年比赛，学生很难拿到好的奖项，最多就是个三等奖。(E-P-4)

团队制度主要是指学校是否有专门的团队建设制度。据分析，5 个案例中只有 A 校和 E 校制定了专门的团队建设制度。其中 A 校 2011 年就制定了《关于加强教学团队建设的实施意见》《优秀教学团队建设与管理办法》，给予每一个团队 8 万元建设经费，并要求所在二级学院 1∶1 配套建设经费，而 E 校 2019 年才启动校级优秀团队遴选工作。随着国家越来越重视专业教师团队建设，相信越来越多的高职院校会形成"校级—省级—国家级"的团队培育意识。

二级管理是高职院校治理的重要内容，全国不少高职院校都在探索实施二级管理模式(E 校尚未设置二级分院，而是采用系部的治理模式)，涉及面极广。本研究则主要探讨兼职教师和公共基础课教师管理自主权问题。兼职教师管理涉及学校人事、教务、二级学院等单位。通常人事处负责制定兼职教师管理办法，经费在教务处，课酬标准及发放由教务处负责，二级学院负责具体的联络。但兼职教师并不归属学校管理，难免存在人员流动性大、重聘任轻管理等问题。这方面，T 和 H 专业教师团队凭借行业优势探索建立了专兼教师常态化交流机制和管理考核机制，保障兼职教师很好地融入团队建设，发挥团队建设的重要功能。公共基础课教师与专业课教师同隶属于学校，但归口管理部门不一样。访谈中，当被问及"是否经常参与团队教研活动，很好地融入团队建设"，不少公共基础课教师表示，公共基础课的课程安排均由公共基础课教师所在部门(或学院)统一安排，不过公共基础课教师会依据不同的专业面向在教学内容上相应结合专业所需，但很少甚至不参与专业教师团队的教研活动。不过T专业教师团队的公共基础课教师通过“一对一”联系服务师生工作机制较深度地融入了团队建设。A专业教师团队虽没有像T专业教师团队一样形成固定交流机制，但也会主动与相关教师沟通教学需求，邀请公共基础课教师参与教研活动。

学校有意识地将专业和思政课程一对一结合，2013年就建立了“一对一”联系服务师生工作机制，现在还在延续，如此一来，教学更有针对性。(T-G-5)

我教的是机制专业本科班的英语，二级学院领导非常重视学生的英语等级通过率，会组织一些教研活动，我也参与过。平时抓得比较紧也比较严，甚至主动联系我好几次，请我给他们的学生辅导英语等级考试。(A-G-4)

绩效管理直接影响专业教师团队的动力和活力，是所有教师团队发展面临的共同难题。访谈中发现，不管团队规模如何，大部分团队教师认为始终存在专业任务偏重和团队人数不够的矛盾。客观上可能人数确实不足，但主观上团队内部激励机制缺乏也是重要原因。因而，团队考核激励机制不能没有，且教师之间的收入差距不宜拉得过大也不能过小，过大可能会激化教师内部矛盾，过小则容易损害部分教师的发展权益。如T校正从校级层面尝试改革绩效工资分配制度，适度拉开教师收入差距，激活教师内生动力。A校则通过目标责任制考核的形式加强绩效管理，但这对于A专业教师团队来说过于简单，因而，该团队正尝试从二级学院层面探索实施绩点制改革，以成果为导向更好地发挥绩效工资激励作用。

学校贫富差距其实并没有拉开，导致很多老师完成基本工作后不愿意多干别的事。其实教师是比较现实和直白的，他们希望付出就有回报。学院下一步准备开展绩点制改革，多劳多得，拉开教师收入差距。我想这不一定能刺激全部的老师，但部分老师可能会比以前多做一些，积极性和主动性会高很多。(A-Z-2)

四、团队自身是能动性因素

团队自身是高职院校装备制造大类专业教师团队建设的能动性因素，这是一种内在影响因素，主要包括专业基础、团队带头人、建设策略和发展定位等方面。

专业基础对团队的影响是深远的，无论是政府，还是学校本身，专业教师团队建设都遵循扶优扶强的原则，难以避免强者恒强、弱者恒弱的马太效应。依据专业基础和发展前景两个维度，可以将专业教师团队划分为四类，即成熟类(基础好前景好)、成长类(基础差前景好)、转型类(基础好前景差)和后进类(基础差前景差)。如图6-2所示，A、T、H专业教师团队属于基础好前景好一类，这类专业教师团队发展较成熟，进入了良性循环。C专业教师团队属于基础差前景好的成长型教师团队。E专业教师团队则属于后进类，基础差前景差，面临诸多发展困难。

原来的基础奠定了团队发展的基石，就像盖房子一样，地基要扎实牢固，否则就是空中楼阁。从品牌效应看，这都是一届一届的努力奋斗才有今天的专业成果。从科研看，有前一代人的带动和铺路，后一代人才有更好的成长提升，创造出更多的成果与价值。(T-Y-1)

专业特色突出、设备先进、师资雄厚，也能吸引更优质的教师资源，对团队建设非常有利。(H-Z-2)

专业基础好，教师发展平台大、资源多。如果专业比较新，那么基础就比较弱，再加上政策的扶强扶优趋势，新专业会比较吃亏。(C-Y-1)

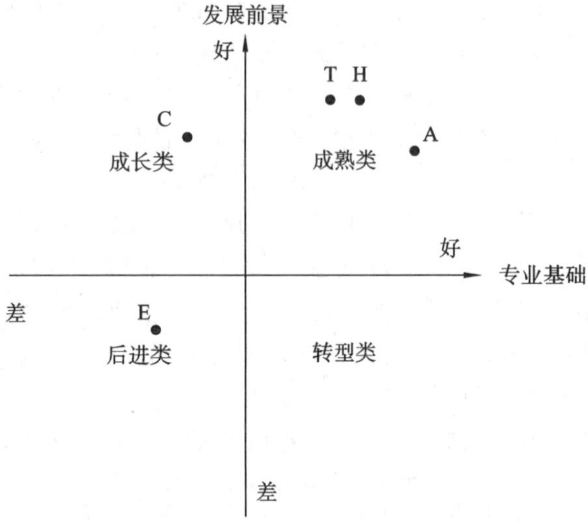

图 6-2　高职院校装备制造大类专业教师团队的四种类型

团队带头人对专业教师团队建设至关重要，大多数高职院校都建有专业带头人遴选培养办法，并对带头人提出了较高的要求。团队带头人不仅要有较高的专业水准和一定的行业话语权，更要有一定的团队管理能力，才能够引导并充分激发团队合力。如 H 专业教师团队的带头人是全国航空职业教育教学指导委员会飞行器制造技术专业教学指导委员会主任委员，A 专业教师团队的带头人是国家级教学名师。访谈中，E 专业教师团队的教师也反复强调团队带头人的重要作用。

带头人不一定是团队中技术层面最好的，但必须具有一定的权威和亲和力，能够像胶水一样把大家粘在一起，我觉得这是一个团队带头人发挥的最大作用。(A-Z-2)

团队带头人一方面要有行业资源和人脉，否则校企很难深入合作，另一方面对专业理解要深，能够把握专业发展趋势。我们今天有这样的成绩，和当初对专业的判断有很大关系。(H-Z-2)

前文实证探究发现，团队建设策略与建设成效显著相关，其中结构优化、制度规约、目标规划、能力提升和文化建设与建设成效之间成正相关关系。通过多个案研究发现，专业教师团队的建设策略主要有以下方面。一是明确发展规划和目标。5个专业教师团队建设都有明确的发展规划，并制定有适用于自己的发展目标，如T专业教师团队已经是国家级教学团队，其目标是继续保持行业领先，A和H专业教师团队的目标是争创国家级教学团队，C和E专业教师团队的目标是努力建成省级教学团队。二是增加规模优化结构。一方面坚持类型特征引进人才，另一方面重点抓高质量兼职教师队伍建设，如T和H专业教师团队。三是搭建多元教师发展平台。C专业教师团队搭建了汽车产教融合联盟、省级产教融合示范基地、汽车生产技术研究所等多元平台，通过项目制将教师个人和团队发展很好地融合。四是建立教师常态化培养培训机制。这适用于任何类型任何阶段的专业教师团队建设，教师个体素质能力提升了，团队实力也会水涨船高。五是增强团队交流合作，主要通过项目合作、教研活动、团建活动等形式，如A专业教师团队创新性地依托项目灵活组建若干小团队。六是完善制度建设激发内在动因。制度完善，则团队建设动力足。与环境、策略因素相比，动因对成效的预测力最强，大于50%，因而，制度建设显得尤为必要，如团队培育制度、教师培养培训制度、绩效考核奖励制度等。

在发展定位上，尽管教学、科研和社会服务很难相互割裂，但不同类型不同基础不同发展阶段的团队在定位上差别较大。如成熟类的A和T专业教师团队以教学、科研、社会服务“三合一”为发展定位，成长类的C专业教师团队定位在教学和社会服务相结合，而后进类的E专业教师团队则聚焦在教学功能方面。

综合来看，如图6-3所示，A专业教师团队除了区域产业较弱，政府政策、学校管理、专业基础等内外影响因素方面都具有比较优势。T专业教师团队在政府政策和团队带头人方面略微偏弱，其他影响因素方面的优势非常凸显。H专业教师团队除了政府政策支持，其他影响因素方面的优势也非常凸显。相比较C和E专业教师团队，两者共同之处在于学校管理、团队带头人和建设策略方面偏弱，也都将争创省级教学团队作为建设目标，但C专业教师团队具有较好的区域产业、政府政策和专业基础，能够较好地将教学和社会服务相结合，而E专业教师团队由于内外因素影响，基础薄弱发展困难，更多的只是满足基本教学需求。

综上所述，高职院校装备制造大类专业教师团队建设的影响因素很多，主要有外部的区域产业、政府政策和学校管理等，以及内部的专业基础、团队带头人、建设策略和发展定位等，且内外部因素之间相互联系相互影响，形成一个复杂的系统。因此，高职院校装备制造大类专业教师团队建设既要遵循外部关系规律，主动适应，也要遵循内部关系规律，突出能动性，还要全面、系统地协调区域产业、政府以及学校的内外部关系，统筹推进相关建设工作。

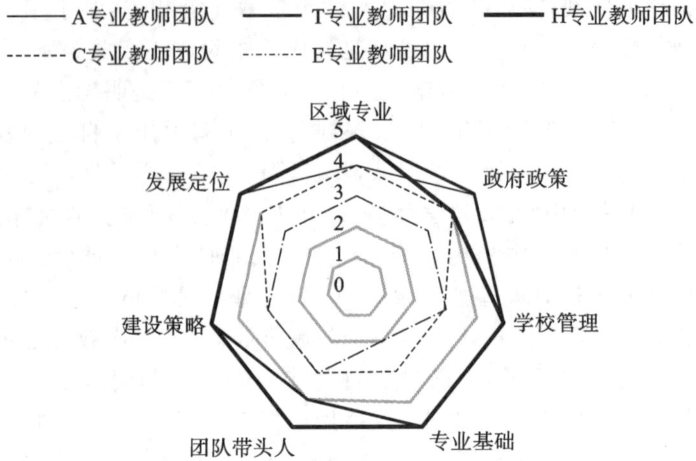

图 6-3　高职院校装备制造大类专业教师团队的多个案对比分析图①

① 区域产业、政府政策、学校管理、专业基础、团队带头人、建设策略的数字 1 代表“差”，数字 2 代表“较差”，数字 3 代表“一般”，数字 4 代表“较好”，数字 5 代表“好”。发展定位的数字 3 代表“教学单一功能”，数字 4 代表“教学和社会服务二合一”，数字 5 代表“教学、科研和社会服务三合一”。

第七章　高职院校装备制造大类专业教师团队建设的困境与对策

随着高职院校专业建设的不断深入和强化，从专业层面加强教师团队建设已成为提升专业建设水平和质量的一个重要举措。经过二十多年的发展，我国高职院校的教师团队建设已经取得了很大成效，涌现出了一批高水平、实力强的教师团队。从 2007 年以来，教育部共立项建设了 1013 个国家级教学团队，其中高职（高专）院校国家级教学团队 125 个。各省也相应启动了优秀教学团队的评选，高职院校也积极开展校级优秀教学团队的评选和建设工作。2019 年，教育部遴选了 120 个国家级职业教育教师教学创新团队立项建设单位，正在示范引领各地各校进一步做好省级、校级团队整体规划和建设布局。目前，我国装备制造业正处在高速发展期，"双高计划"和《全国职业院校教师教学创新团队建设方案》的实施，对高职院校装备制造大类专业教师团队建设提出了更高的要求，装备制造大类专业教师团队建设与现实需求之间的矛盾也日益凸显。本部分研究综合前述问卷调查数据、个案访谈资料和文献资料，从目标定位、团队结构、整体合力、内部治理、建设环境等方面，概要分析高职院校装备制造大类专业教师团队建设面临的现实困境，并提出对策建议。

第一节　专业教师团队建设的现实困境

一、团队目标定位偏差

"团队是由少数技能互补，愿意为了共同的远景目标、业绩目标和方法而相互承担责任的个体所组成的群体"。[①] 还有学者认为，"在人类组织中，愿景是唯一最有力的、最具激励性的因素，它可以把不同的人联结在一起。"[②]因此，教师团队建设首先要结合实际，制定专业教师团队建设规划，明确共同的发展目标和任务。但是，通过调研发现，我国大部分高职院校装备制造大类专业教师团队对于团队目标

---

① ［美］斯蒂芬·P·罗宾斯. 组织行为学（第 14 版）[M]. 孙建敏，等，译. 北京：中国人民大学出版社，2012：266.

② ［美］戴维·W·约翰逊，罗杰·T·约翰逊. 领导合作型学校[M]. 唐宗清，等，译. 上海：上海教育出版社，2003：52.

定位仍存在理解和认识上的偏差，亟须制定明确的教师团队建设目标以及长远规划。具体来说，主要存在以下三种倾向。

（一）“重教学、轻科研、轻服务”倾向

目标是团队的灵魂，一个团队从组建开始就必须有明确的目标，它是驱动团队及成员工作的原动力。[①] 团队发展目标应该是由团队成员通过讨论达成的一致共识，是大家愿意全力以赴的未来方向。然而，大部分高职院校装备制造大类专业教师团队在建设过程中未能制定明确的发展目标。

团队建设的目标，我们这个好像还没有很明确的，比如说在打造什么，建设什么。(C-Z-2)

通过调研发现，高职院校装备制造大类专业教师团队目标定位的综合性不足，“重教学、轻科研和社会服务”的定位偏向明显。结合高职院校的职能要求，高职院校装备制造大类专业教师团队应承担教学、科研和社会服务三大职能。教学、科研、社会服务是相辅相成的关系，在目标定位上将三者有机结合是最理想的状态。目前，受各种外在因素的影响，大部分高职院校装备制造大类专业教师团队的目标定位并没有将教学、科研、社会服务整合起来，主要还是定位于教学。教学是最重要、最根本的，但如果教师团队一味只注重教学，忽视科研和社会服务，将来很可能面临被淘汰的危险。因为这种团队将会逐渐失去更新教学内容、改革教学方式的能力，会逐渐失去竞争力。比较理想的应当是“重教学，兼顾科研和社会服务”。由此可以看出，目标定位单一，不利于高职院校装备制造大类专业教师团队基本职能的整体发挥和长远发展。

我们团队的目标定位，首先第一位是教学。我们通常围绕教学这个中心来开展科研和技术服务，技术服务和科研只是教学过程中的手段。但现在的团队在技术服务和科研方面还是比较薄弱的。(T-Y-1)

我们这个团队除了注重教学、人才培养以外，科研也有所涉及的，但是社会服务这一块还是比较欠缺的。目前来讲呢，跟企业对接还是深度不够。(E-Y-1)

（二）“重眼前、轻长远”目标短视倾向

一个优秀的教师团队不是先天形成的，也不是几个优秀教师的简单组合，而是不断生成的。[②] 教师团队的发展需要长时间的孵化和培育，离不开科学的长远发展规划和每一个成员的共同努力。从目标规划来看，我国高职院校装备制造大类专业教师团队建设存在重眼前、轻长远的倾向，缺乏刚性的远景目标和长远规划，“重

① 刘建凤，武宝林．高校教学团队建设与管理探析[J]．中国大学教学，2013(04)：80-82．

② 胡恩保，沈燕．现代职业教育体系下的高职院校教学团队建设[J]．教育与职业，2015(19)：54-56．

名虚实""走一步看一步"的问题严重，主要表现在以下三个方面。

一是缺乏专门针对团队建设的长远计划。虽然大部分高职院校已经意识到教师团队建设在加强专业建设和提升师资水平方面的重要性，但由于各种原因，没有专门针对装备制造大类专业教师团队建设制定长远计划。这就导致各个阶段的任务和计划不够明确，团队成员对团队发展的总目标和阶段目标也不清晰，长此以往不利于教师团队的发展和优化。

专门的团队建设规划到现在还没有，除非是专业建设规划，那是有的。当然不会专门搞个团队建设规划，它只是专业建设规划里面的一块。其实很多时候我们称不上团队，做课题也好，做课程也好，这些团队都是临时组建的，所以有没有规划都一样。(A-P-3)

我们还没有专门制定这种团队建设的规划，目前的规划就是双高专业群建设方案中写的，涵盖在里面了。(H-Y-1)

他们这个团队建设的规划，我就不太清楚了，因为我只是关注我自己的这门课。(T-G-4)

二是团队负责人对团队未来战略发展缺乏判断，落实不到位。由于缺少有力的理论支撑和深入的调研，导致团队负责人无法围绕长远目标，建立团队的共同行为规则，也不能科学地分解团队目标、制定阶段性目标，甚至有些负责人对团队建设规划根本不了解，对于是否有规划仍处于模棱两可的状态。当前许多高职院校装备制造大类专业教师团队发展规划只为了立项而制定，在教师团队建设过程中没有发挥应有的作用。

我们对团队的定位和老师他自己对自己的定位会存在比较大的一个差距，这就导致了我们整个团队在发展的过程中会跟我们的预期断裂。(A-Z-2)

团队建设规划应该是有的，上次评校级优秀教学团队应该是有规划的，没有建设规划的话，那在上次评比的情况下就过不了关了。(E-Z-2)

三是团队成员缺少未来的职业规划。团队建设既要考虑群体的发展，也要考虑个体的发展。[①] 目前，虽然有些高职院校制定了教师团队建设规划，但是很多团队都忽视了团队成员的职业规划和发展，没有从整体性、发展性的角度来系统规划成员发展的方向、阶段目标，导致团队及所有成员无法共同成长发展。职业规划要结合团队整体规划和自身实际来制定。职业规划也是团队成员不可缺少的动力目标。职业规划的缺失，必然使得团队成员们缺少存在感和合作动力，也不能帮助团队成员在团队利益和个人利益间找到最佳结合点，在实现整体目标中追求自我发展。

---

① 吴慧，金慧. 促进高校青年教师专业发展团队建设机制研究[J]. 教育发展研究，2013，33(17)：81-84.

团队成员的职业规划我具体不知道怎么说啊，应该没有规定要制定这方面的规划，这是教师自己的事。(C-P-3)

(三)“重形式、轻内容”功利行为倾向

从目前来看，不仅仅是装备制造大类专业教师团队，大多数高职院校的教师团队建设的目的存在功利化倾向。问卷调查显示，高职院校装备制造大类专业教师团队建设很大程度上是为了获得省级及以上专业品牌、省级及以上教学成果奖等。比如，针对“我所在团队的建设是为了培育并获批省级及以上名师或教学团队”这一问题，认为非常符合的占 28.63%，比较符合的占 38.87%，一般符合的占 25.85%，而不符合和非常不符合的只占 4.74%和 1.9%，如图 7-1 所示。

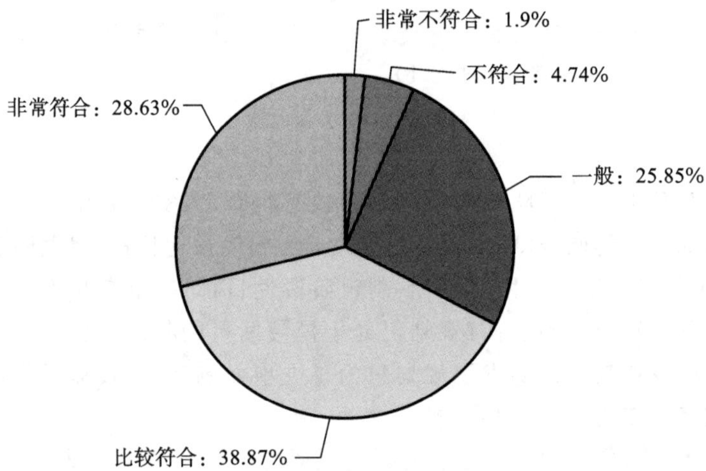

图 7-1 “团队建设是为了培育并获批省级及以上名师或教学团队”的回答占比

高职院校和教师争取团队立项的热情和积极性很高。因为这些项目一旦立项就意味着资金支持，同时也是荣誉称号，是一件名利双收的好事，因而积极争取团队立项是各高职院校的常态。这也就导致一些高职院校以获得国家级或者省级团队荣誉为出发点，通过“拉郎配”盲目组成教学团队或者科研创新团队，为了申报而申报，为了立项而立项。高职院校出于急功近利的目的，立项完成即停止教师团队建设。无论是学校还是教师团队本身，对团队的后续发展、建设工作都没有及时提上日程。团队成员基本上各自为政完成自己的教学、科研工作，团队形同虚设，并没有成为一个真正的教师团队。在访谈中还发现一些教师团队中的成员根本不清楚教师团队的情况。

虽然在学院上课，但是也没有参与过他们团队的讨论之类的，所以这个我不敢，就是也不能确切地说这个，还是不太了解。我们跟专业课老师就是基本上没有什么联系的，团队的很多情况我不太清楚。(C-G-5)

关于教师团队建设方面的制度规定，像我这边没有接触，我不太清楚，但是我觉得我不能确定地就说没有，因为我觉得这些东西有或者没有的话，其实还是应该学院的领导会比较清楚。(H-G-4)

二、团队结构尚需优化

团队不是任意组合的团体，而是由具有一定能力、能对团队整体目标有所贡献的人的集合。[①] “结构化”是《国家职业教育改革实施方案》对高职院校教师团队建设的新要求。在国家大力发展高职教育的背景下，高职院校装备制造大类专业教师团队建设取得了一定的成绩。然而，目前在结构方面仍然存在专兼职教师结构、教师职称学历结构、教师能力结构和规模结构不合理等许多问题，严重制约着教师团队向更高水平和结构化方向发展。

(一) 专兼职教师结构不尽合理

教师团队是高职院校装备制造大类专业建设的核心资源，是提高专业竞争力的基石。高职装备制造大类专业不仅需要一批高质量的专职教师，而且还需要保持一定比例的兼职教师。可以说，专职教师和兼职教师均是教师团队的重要组成部分，在改善团队结构、提高人才培养质量方面具有重要作用。2019 年，教育部印发《全国职业院校教师教学创新团队建设方案》明确提出，团队要结构科学合理，涵盖公共基础课、专业基础课、专业核心课、实习指导教师和企业兼职教师。[②] 但是，通过调查发现，高职院校大部分装备制造大类专业的专业课教师数量不是太充足，尤其是专业基础课、专业核心课教师。如图 7-2 所示，所调查的 361 个专业中，205 个专业(占 56.79%)的专业课教师只有 5～10 人，相对比较偏少；92 个专业(占 25.48%)的专业课教师有 11～15 人；专业课教师 20 人以上的专业只有 31 个，不到 10%。

兼职教师也是高职院校专业教师团队的重要组成部分，在技术技能人才培养中具有不可替代的关键作用。2006 年的《教育部关于全面提高高等职业教育教学质量的若干意见》就明确提出，要注重教师队伍的“双师”结构，加强专兼结合的专业教学团队建设，要大量聘请行业企业的专业人才和能工巧匠到学校担任兼职教师，逐步加大兼职教师的比例，逐步形成实践技能课程主要由具有相应高技能水平的兼职教师讲授的机制。如图 7-3 所示，所调查的 361 个专业中，297 个专业(占 82.27%)的兼职教师只有 5～10 人，至少有 92 个专业(占 25.5%)没有达到 1∶1

---

① 赵亚平，顾志良. 高校教学团队建设的理论思考与实践探索[J]. 现代教育管理，2011(10)：76-78.

② 教育部关于印发《全国职业院校教师教学创新团队建设方案》的通知[Z]. 教师函〔2019〕4 号，2019-05-13.

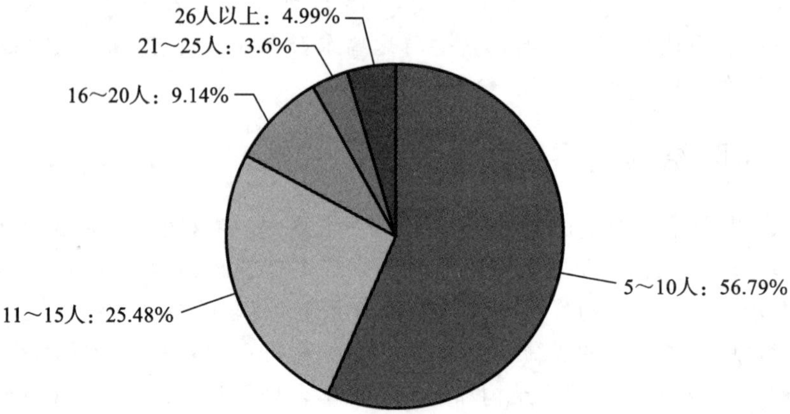

图 7-2　高职院校装备制造大类专业的专业课教师人数

的基本要求。总体来看，高职院校大部分装备制造大类专业的兼职教师聘请情况不容乐观，与形成“实践技能课程主要由具有相应高技能水平的兼职教师讲授的机制”的要求还有较大距离。兼职教师数量和比例结构不合理，其主要原因还是高职院校兼职教师课时费偏低、缺乏吸引力。此外，目前高职院校对兼职教师的管理也存在不少问题，从聘任、培训到考核都缺乏有效的监管机制，兼职教师还很少真正融入教师团队，不能有效地发挥兼职教师应有的作用。

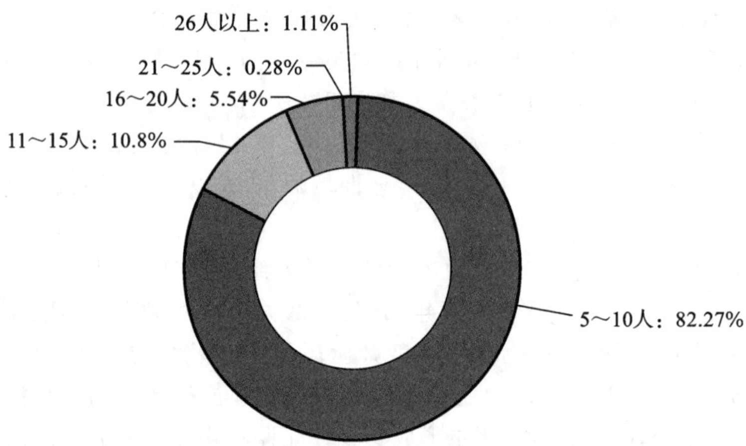

图 7-3　高职院校装备制造大类专业的兼职教师人数

（二）职称学历结构分布不均衡

教师团队必须具有合理的职称结构和学历结构，这是形成一个科学合理、有效运行团队的基础。职称和学历也是反映教师的知识和技能水平、工作能力的重要标志。但是，调查结果显示，高职院校装备制造大类专业教师团队的教师职称、学历结构总体上仍不太合理，高级职称教师比例和高学历教师比例都偏低，且存在明显的不均衡现象。

教师职称结构是教师团队建设不可忽视的问题。教师职称结构是否合理直接影响教师团队整体作用的发挥，影响专业教学、科研、社会服务的整体质量。从职称来看，如图7-4所示，所调查的361个专业中，有33.52%的专业（121个）的高级职称教师占36%以上，但25.76%的专业（93个）的高级职称教师占比在20%以下。由此可以看出，当前仍有一部分高职院校教师职称结构不合理。虽然目前很多省份将高职院校教师职称评审权直接下放至高职院校，但高级职称名额有限（即岗位比例过低）、指标过少仍是高级职称评审的一大难关。

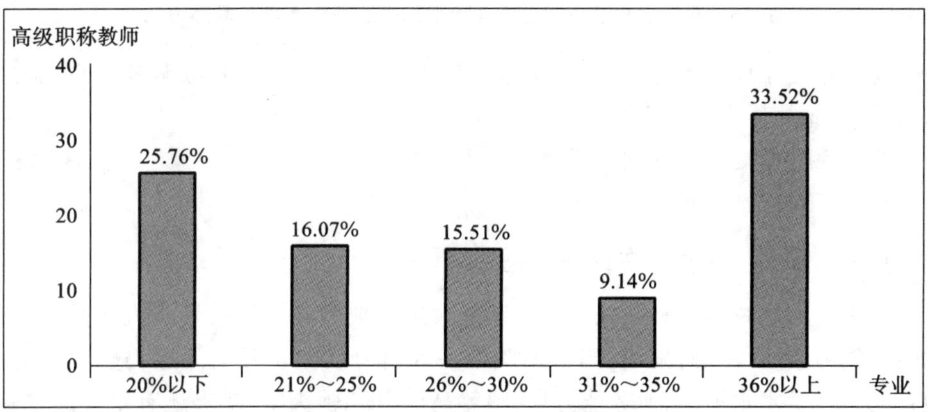

图7-4　高职院校装备制造大类专业的高级职称教师占比

教师的学历结构也是教师团队结构的重要组成部分。从学历来看，如图7-5所示，所调查的361个专业中，有30.75%的专业（111个）的硕士及以上学位教师占比在81%以上，但有26.59%的专业（96个）的硕士及以上学位教师占比甚至在50%以下。高职院校对高学历人才尤其是博士的需求迫切，近年来努力开展高学历人才引进工作，但由于区位和学校各方面因素影响，始终未能如愿以偿。

主要原因可归结如下：一是人才政策配套不到位，高职院校和地方政府引进人才的政策吸引力不够，人才的引进机制没有得到完善等；二是人才后继职业发展受限，高职院校很多是从中专升格而来，在专业建设、团队建设、平台资源、科学研究、实验设备、学术氛围等软硬件上与本科院校存在一定差距，较难满足高学历人才后继职业发展需求。

相对来说最突出的就是没有一个博士。我们非常缺博士，这是严重的短腿，对于高新技术或者完成一些科研来说，我们就会有困难。(C-Y-1)

应该是专业教师的这种配比和学历上的这种结构我觉得有一些问题，因为这

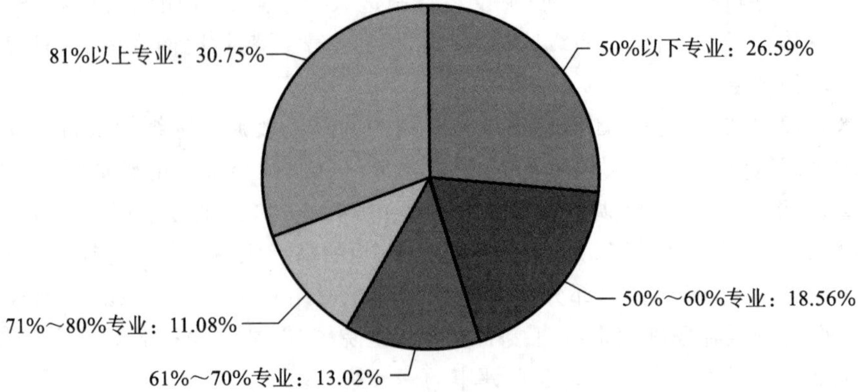

图 7-5　高职院校装备制造大类专业的硕士及以上学位教师占比

个事情有点儿像历史问题，我们学校前身是汽车厂，大部分专任教师都是企业的技术人员，比较缺博士这种高学历人才。(H-Z-2)

我们现有的这个人事政策或者体制里面这些约束，造成了高层次人才引进困难，而且留不住。(A-P-8)

(三) 成员的能力结构有待改善

能力结构反映的是高职院校装备制造大类专业教师团队的带头人和其他团队成员的能力素质。调研发现，当前团队带头人自身实力不强的问题仍然不同程度地存在，与“学术水平高、业务能力强、师德高尚”的“领头羊”要求还有很大的差距。如图 7-6 所示，在问卷调查的高职院校装备制造大类的 361 个专业中，团队带头人为国家级人才的仅占 1.66%，省级人才占 24.93%，市级人才占 17.45%，而没有人才称号的占 55.96%。也就是说，有一半以上的团队带头人都没有获得人才称号。总体上，团队带头人的个体实力不强，在队伍中的示范、带头、引领、辐射作用很容易被忽视和弱化。此外，一个教师团队的强弱，不仅取决于带头人个人能力的高低，还要看团队成员的能力。一个团队中，成员的能力参差不齐是比较普遍的现象。当前，高职院校装备制造大类专业教师团队成员能力也存在着参差不齐的现象，由于往往对能力方面的考虑不重视，一些团队成员的能力存在较大差距。

专业教师团队总有参差不齐这一点，特别是像我们这个专业，优秀的特别优秀，但也有一些人不思进取，个人业务能力不强，对工作没有太大兴趣。(T-Z-2)

你领头人很厉害，什么国家级人才呀，但是团队成员中的老师啥都没有，一堆讲师甚至成果都没有，现在团队也是有问题的。(A-Z-2)

总体来看，高职院校装备制造大类专业教师团队的教学能力相对较好，取得了

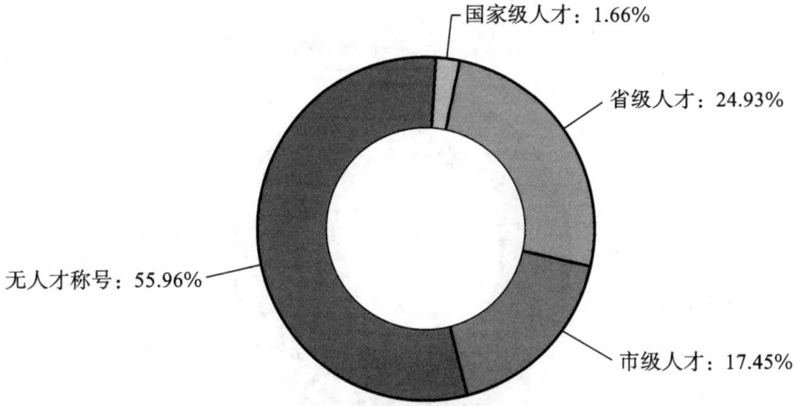

图 7-6　高职院校装备制造大类专业的教师团队带头人所属人才层次占比

一定的成绩。如图 7-7 所示，所调查的 361 个专业中，23.27％的专业（84 个）获批省级以上教学团队，其中国家级教学团队（教师教学创新团队）占 2.77％。但也有许多不足之处，如图 7-8 和图 7-9 所示，在高职院校装备制造大类专业中，仍有超过一半以上的专业没有获得教学成果奖、主持或参建教学资源库。

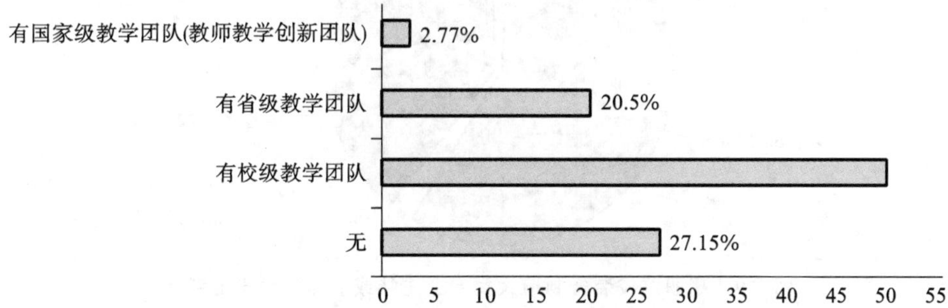

图 7-7　高职院校装备制造大类专业的教学团队层次

从调研结果来看，高职院校装备制造大类专业教师团队的科研能力还相对偏弱。如图 7-10 所示，所调查的 361 个专业中，只有 11.36％的专业（41 个）获批省级以上科研（创新）团队，其中国家级科研（创新）团队只占 0.55％。目前仍有 43.49％的专业（157 个）没有任何层次的科研（创新）团队。

团队教学、竞赛等成绩比较突出，相对来说，科研是最大的短板。其实，轨道交通方向搞科研是非常难的，因为领域非常广、专业性非常强，教学和科研的结合也比那些通用性强的专业要难得多。（T-P-3）

（四）规模小生师比结构需优化

团队规模也是重要的团队结构特征。团队规模与效能之间的研究由来已久，

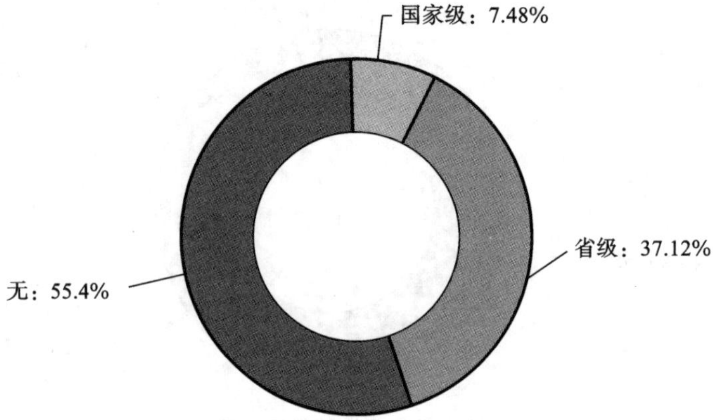

图 7-8　高职院校装备制造大类专业获得教学成果奖

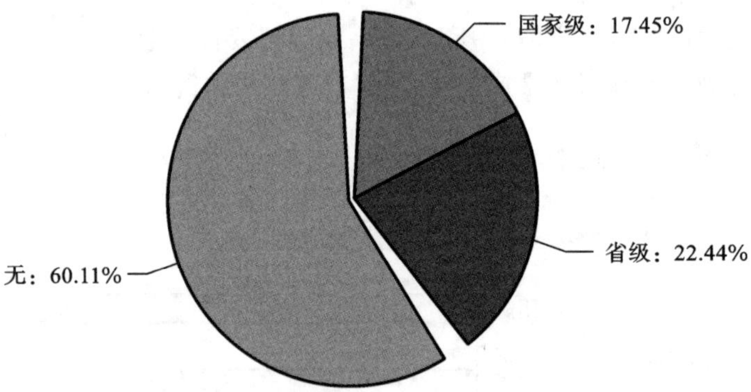

图 7-9　高职院校装备制造大类专业主持或参建的教学资源库

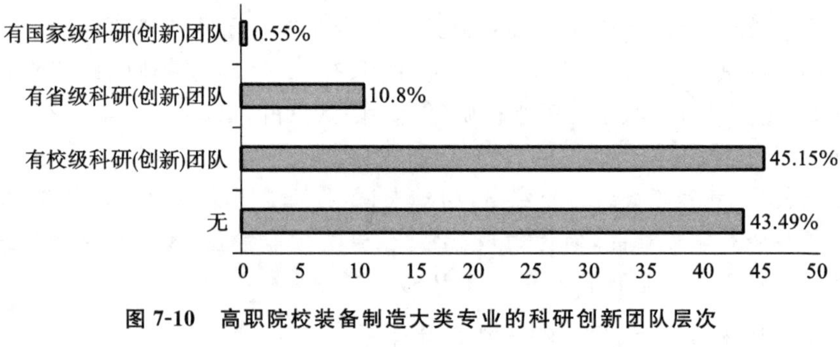

图 7-10　高职院校装备制造大类专业的科研创新团队层次

普通工作团队中规模与团队效能呈曲线或者倒 U 型关系，团队成员太多或者太少都不利于组织绩效。[①]《全国职业院校教师教学创新团队建设方案》明确提出，团队的骨干成员一般 15 至 20 人且相对稳定。[②] 但是，从高职院校装备制造大类专业总体看，我国规模较小的教师团队仍有很多，甚至有些团队成员不足 10 人。

我们的问题是现在团队人数还不太充足，因为我们学院也是新成立嘛，还都在前期，所以教师数量上还不是很充足的。(C-Z-2)

说得实在点就是干活的人不够，虽然说表面看着人是很多，比如机制专业、工业设计等专业，老师是重叠的，专业老师就 17 个。(A-Z-2)

此外，生师比偏高也是一个迫切需要关注和解决的问题。《普通高等学校基本办学条件指标(试行)》规定高职工科院校生师比的合格标准是 18。如图 7-11 所示，所调查的 361 个专业中，生师比大于 19 的专业占 53.46%，其中生师比大于 26 的竟然占 19.39%。由此可以看出，超过一半以上的高职院校装备制造大类专业的生师比远远不达标。在高职院校百万扩招的背景下，快速扩张的学生群体与教师队伍之间的供需矛盾将会更加突出。师资力量是否充沛，将是高职教育领域今后需要关注的焦点。

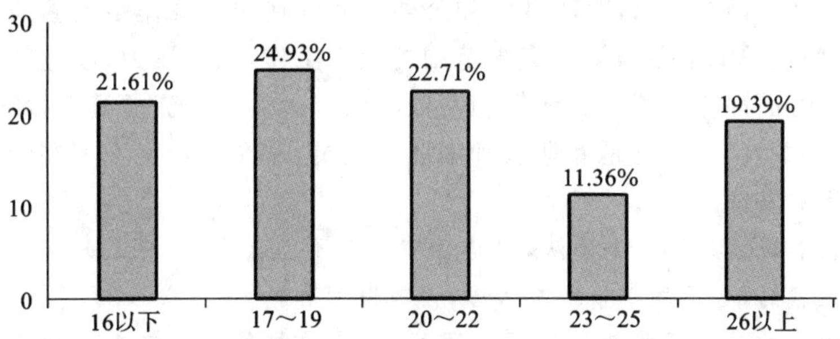

图 7-11　高职院校装备制造大类专业的生师比

三、团队整体合力不足

目标定位明确、成员分工合作、多元力量凝聚、共建共享共赢，是教师团队建设比较理想的状态。[③] 团队作为一个整体，需要的是整体的综合能力，离不开团队中每个成员的付出。不管成员个人的能力有多强，如果没有充分融入团队中，就无法

① Cohen S G, Bailey D E. What makes teams work: group effectiveness research from the shop floor to the executive suite[J]. Journal of Management, 1997, 23(3): 239 - 290.

② 教育部关于印发《全国职业院校教师教学创新团队建设方案》的通知[Z]. 教师函〔2019〕4 号, 2019-05-13.

③ 徐珍珍, 邵建东. 优化结构激发教学团队发展新动能[N]. 中国教育报, 2019-08-27(04).

在相互合作中形成合力，到了一定阶段必定会给整个团队带来致命打击。当前，高职院校尚未建立起真正的团队合作机制和工作模式，装备制造大类专业教师团队普遍面临合作意识不强、合作领域窄化、合作平台欠缺等方面的问题，无法凝聚较强的专业教师团队合力，更没有形成互利共赢的局面。

（一）合作意识不强

合作意识是合作行为产生的重要基础。[①] 根据调查显示，很多教师没有强烈的团队观念，各自比较独立，只管自己的任务，与其他成员缺乏沟通交流。而合作意识需要通过较多的交往、在共同完成一些教学任务以及分享成果和共同承担责任的过程中逐步培养。一方面，高职院校的教师们在深层的观念中奉行“专业个人主义”(professional individualism)原则，在行为上维持着“孤立地探究”的日常工作习惯。[②] 另一方面，教师团队的合作多是“人为的合作”，是通过行政力量的干预、制度的安排等自上而下的合作，并非教师真实意愿的合作，很容易造成被动、虚假及流于形式等问题。团队成员如果一直缺乏一个相同的目的和为之奋斗的动力存在，处于单打独斗状态，就会使得团队无法拧成一根绳，最终如同一盘散沙，失去了组建的真正意义。调查显示，兼职教师和公共课教师在团队合作中的参与度还是比较低的，他们只是偶尔参与学校有限范围的教学工作，在凝聚力、职业认同感与职业满足感等方面都存在不足。他们和其他团队成员彼此交流的机会少之又少，甚至有些教师并不认为自己是专业教师团队的成员，这在一定程度上制约了团队整体实力水平的发挥。

我们虽然说组建了一个团队，但是目前几乎不怎么合作，也还没有成果。因为确实就各忙各的，自己的事情实在太多，没有时间和精力。(A-Z-2)

我们现在的最大问题就是形不成团队，因为单打独斗比较多。我们现在无非就是把一些人拢在一起啊，没有把它整合成一个能够解决比较综合问题的这么一个团队。(A-P-8)

合作不够那也是有的，每个人的积极性不一样，对不对？每个人的合作需求不一样，表现出的热情啊，也是不一致的。(E-Y-1)

参加他们的这种团队合作啊什么的，这种可能会比较少一些，因为我们毕竟还是在公共基础课这一块嘛。怎么说呢，就是还没有很好地融入他们的团队里面，这个我也实话实说。(T-G-4)

团队怎么加强合作呀，这个我肯定回答不了您，因为我都不属于他们这个团队

① 邵建东，王振洪.高职院校专兼职教师互动合作及实施策略[J].中国高教研究，2011(01):70-72.

② 郭丽莹，陈莉敏.高职院校教师合作文化：内涵、现状与策略[J].教育理论与实践，2019,39(09):18-20.

里面的人啊，我也不清楚这些的。(H-G-4)

(二) 合作领域窄化

拓宽合作领域对于推动教师团队建设更上一个台阶有重要意义。然而，目前有些高职院校装备制造大类专业教师团队成员之间的合作领域仍然较为狭窄，合作水平处于低层次状态。具体体现在两个方面。

一是教学合作多于科研合作。高职院校的教师团队普遍以教学合作居多，科研合作处于相对松散的状态。科研氛围不浓、科研意识不强、科研素质不高和科研层次偏低等情况是高职院校的普遍现象。[①] 同时，由于装备制造业对专业性和技术性要求极高，很多专业属于高精尖技术范围，科研的难度比那些通用性强的专业要难得多，绝大多数老师的自然选择就是在教学和社会服务方面投入足够多的精力，而在科研方面维持过得去的状态，科研方面的合作自然被弱化了。

团队中来自企业的人员比例是比较大的，可以说大部分都是来自企业的技术人员，那么有一个突出问题就是在科研这一块有欠缺。因为工程性太强，理论性不够，而且整个团队没有一个高水平的科研人员，合作搞科研，真的挺难的。(H-Z-2)

说实话，在轨道交通方面搞科研其实是非常非常难的，主要是这个装备那么贵，所以团队中老师们就很少搞科研这块。纯粹的一个科研团队很少能组建起来，也很难组建起来，所以科研这个方向就比较零散，不像其他有些团队可以合作，这也就导致我们这个团队科研偏弱了一点。(T-P-3)

二是专兼职教师合作领域不宽泛。通过调查发现，大部分高职院校装备制造大类专业教师团队中的专兼职教师之间互动合作较少，兼职教师主要承担实践教学以及实训实习指导任务，在专业人才培养方案制定与完善、专业课程体系重构、校内外基地内涵建设、项目化课程与教材开发建设、应用技术研究以及文化交流等领域参与较少。甚至在一些高职院校中，兼职教师是可有可无的角色，承担的工作仅限于“讲座”。这不仅不利于高职院校装备制造大类专业教师团队的发展，也不利于人才的培养。从某种程度上说，这也是校企之间的合作停留在表面的表现。今后，高职院校装备制造大类专业教师团队在很多领域仍有继续深化合作的潜力，必须采取措施改变以往合作领域狭窄的不足，使之覆盖合作教学、合作研究、合作服务等多个维度，进而提高团队成员之间的合作水平。

我主要就上上课，很少参加教研活动。我们平时已经很忙了，他们也没有要求我们参加。总之不了解，是不是必须参加。(A-J-5)

我在上二手车、汽车维修店的现场管理这几门课，还做一些管理咨询，没有参

---

① 郭丽莹，陈莉敏. 高职院校教师合作文化：内涵、现状与策略[J]. 教育理论与实践，2019，39(09)：18-20.

与专业建设或者整个课程的内容设置什么的，社会服务、技术研发也暂时没有，没参与那么多东西。这块我们也不愿多参与，因为这些东西参与多了也没意思，怎么讲呢，因为现在这块学校大部分是跟科委啊、企业啊联合搞的，一般要申报项目。据我所知科委的钱一般进到企业账户上，那么企业在这块也不愿给学校分成、给老师分成。所以很多老师也不愿意搞这些东西，搞了以后也没有多少回报。(C-J-6)

兼职老师啊，就是来做做讲座，没有参与现场实训指导，只是有些时候我们开展教研活动，会运用请老师过来做讲座的这种形式。(E-Z-2)

(三) 合作平台欠缺

除了要加强团队合作意识，拓宽合作领域外，建立合作平台也是至关重要的。平台是团队互动合作、形成合力的基础条件，能增进交流的互动性、信息的交互性、感情的融合性等。[①] 当前，多数高职院校在教师团队合作平台的建设上仍不完备，绝大部分高职院校还没有意识到平台的重要性。教师团队的合作平台主要包括产教融合实训基地、技能大师工作室、科技成果产业化中心、“双师型”教师培养基地、重点实习实训基地等。从产教融合实训基地来看，如图 7-12 所示，所调查的 361 个专业中，仍有 55.96％的专业没有产教融合实训基地。从技能大师工作室来看，省级及以上技能大师工作室还比较缺乏。如图 7-13 所示，所调查的 361 个专业中，只有 1.66％的专业建有国家级技能大师工作室，18.28％的专业建有省级技能大师工作室，然而还有 80.06％的专业目前还没有技能大师工作室。从科技成果产业化中心来看，如图 7-14 所示，仍有一部分高职院校装备制造大类专业还没有建科技成果

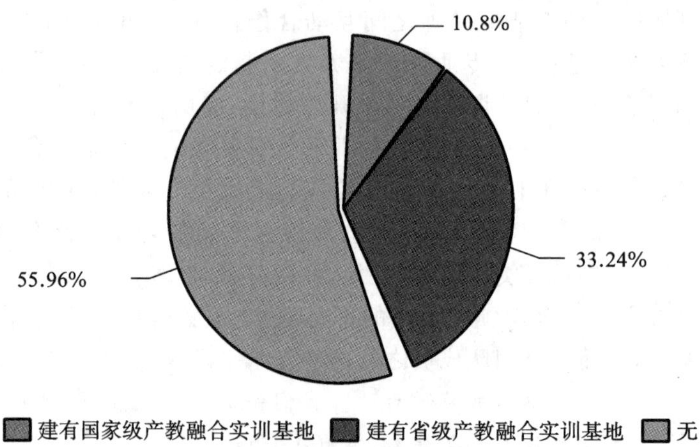

图 7-12 高职院校装备制造大类专业产教融合实训基地的占比

① 邵建东，王振洪. 高职院校专兼职教师互动合作及实施策略[J]. 中国高教研究，2011(01)：70-72.

产业化中心。从数量和质量来看，当前高职院校建设的合作平台还不够完善，不仅不利于教师的合作沟通和后续发展，也不利于吸引团队需要的高层次、高技能人才，甚至可能会造成团队教师的流失。

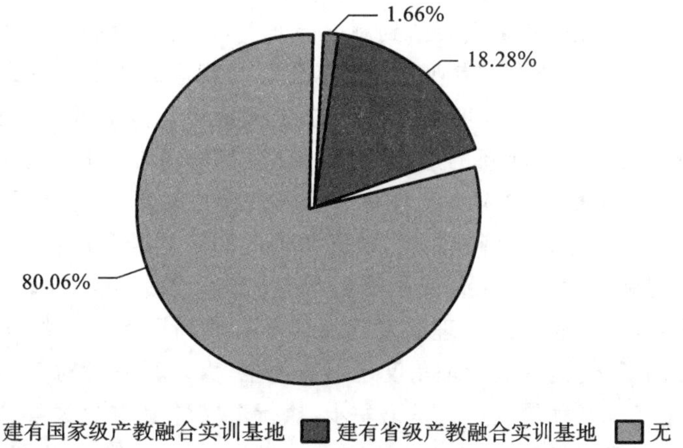

图 7-13　高职院校装备制造大类专业技能大师工作室的占比

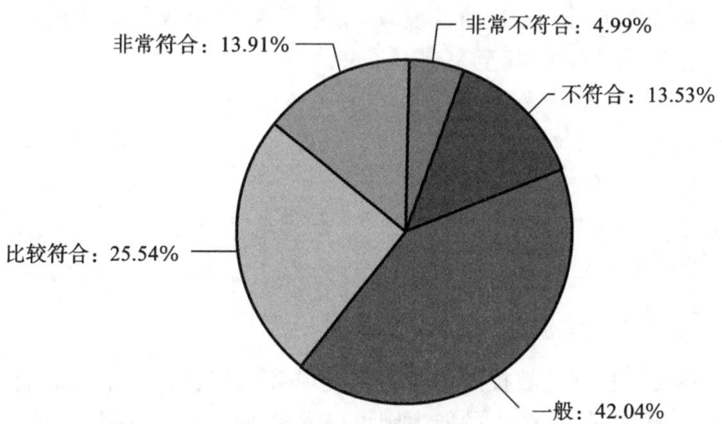

图 7-14　高职院校装备制造大类专业建有科技成果产业化中心的占比

四、团队内部治理缺位

团队的维系和成长，离不开优化治理和运作。在优化治理和运作的过程中，团队逐步形成自己独特的风格，成长为更高水平的团队。在促进职业院校内涵发展和"双高计划"建设的背景下，加强团队治理对于推动高职院校装备制造大类专业教师团队发展的重要性越来越突出。但是，当前高职院校装备制造大类专业教师团队大多数处于低效率运行状态，在团队运行、管理制度、考核激励机制等方面还存在很多亟待解决的问题。

(一) 团队规范化管理程度不够

团队建设离不开规范化管理,团队的良性运作一定是建立在科学规范的管理之上的。[①] 而规范化管理最终要落到制度层面上,通过规章制度来实施。可以说制度是高职院校装备制造大类专业教师团队建设与管理的重要依据之一。高职院校专业层面的教师团队是一种新的组织形式,它突破了传统的教研室管理制度,但很多高职院校却没有建立起新的适合团队自身运行的内部管理制度,从而导致教师团队建设只限于纸面上的人头组合状态。调查结果显示,很多高职院校还没有制定专门的教师团队建设与管理制度,缺乏明确的选聘标准和严格的选聘程序,与之相配套的管理制度大多不完善或呈滞后状态。比如教师职称评聘制度、青年教师下企业实践制度、兼职教师管理制度等。即使有些高职院校在教师团队方面制定了一些管理制度,但是这些管理制度还不够健全,大多只是针对教学团队。在团队管理中,强化规章制度的制定只是第一步,执行落实才是重中之重。正如卡尔·波普尔所言,制度好似堡垒,它们得由人来精心设计并操纵。[②] 因此,除了制定专门的教师团队建设与管理制度,制度的落实也是高职院校装备制造大类专业教师团队今后要重点考虑的问题。通过访谈发现,有些教师对于教师团队建设与管理制度文件的学习重视程度不够,甚至完全不了解。

关于团队建设的制度文件,目前我印象中还没有很明确的文件。(C-P-3)

团队建设的专门文件,学校有没有,我还不清楚。应该有的吧,反正我们自己专业应该没有。(C-Z-2)

制度性的,这个应当就是"双高计划"中专业建设规划这个文件了,然后就是学校出的一个关于教学团队建设的文件。(H-Z-2)

(二) 团队考核激励机制不健全

美国哈佛大学管理学教授詹姆斯研究发现:没有激励,一个人的能力发挥不过20%～30%;给予激励,一个人的能力则可以发挥到80%～90%。这其间的差距就是因为激励有效地调动了人们的主观能动性。[③] 合理有效的考核激励机制是优化教师团队建设、充分调动团队成员工作积极性、激发成员工作效能的重要因素,但许多高职院校却忽视了这一点。就目前高职院校教师团队建设情况来看,大部分高职院校没有根据教师团队的特点建立起完善的团队考核激励机制,教师团队考

---

① 吴慧,金慧.促进高校青年教师专业发展团队建设机制研究[J].教育发展研究,2013,33(17):81-84.

② [英]卡尔·波普尔.开放社会及其敌人[M].陆衡,等,译.北京:中国社会科学出版社,1999:237.

③ 詹姆斯·L.吉布森,约翰·M.伊凡塞维奇,小詹姆斯·H.唐纳利.组织学:行为、结构和过程(第10版)[M].王常生,译.北京:电子工业出版社,2002.35-55.

核评价方法和奖励分配办法要么缺失，要么不完善，未能较好地发挥其应有的作用。访谈中还发现，虽然有些高职院校进行了团队考核，但也仅仅是在国家级和省级教学团队等例行性检查要求下，组织材料进行面上的一个综合考核，没有形成常态化的考核机制。一方面，没有将整个教师团队的绩效考核与个人的绩效考核结合起来，另一方面，忽视了团队成员的个人价值实现与在团队创新中贡献的对等性。从整个高职院校来看，教师激励机制普遍存在激励手段单一、过度注重物质刺激和量化评价等诸多弊病，对于教师个体多重需要的满足和关注力度不够。马斯洛需求层次理论表明，激活教师团队活力，既要加强物质激励力度，又要丰富精神激励形式。[①] 因此，高职院校要想激发团队成员持续投入团队合作的热情和工作激情，还必须兼顾物质激励和精神激励。

考核主要是教师个人层面的聘期考核，非常简单，一个副教授三年只需要一个实用新型专利。实用新型专利简单，我们学生都能搞。教师个人对团队建设发挥的作用或者贡献这方面没关注到，疏忽掉了，有些人在团队中可能确实没怎么在做事情，这可能还是要从考核制度上面去驱动。(A-Z-2)

从这个激励的角度来说，应该加大对老师们的激励，这样才能激发团队教师的积极性、主动性和创造性，让老师们能够去不断提升。尤其是内部政策激励，能够推动团队效能建设。(C-Y-1)

教师激励制度啊，这是整个学校统一进行规划的。针对团队，我们还没有专门制定。(E-Y-1)

(三) 专业带头人在夹缝中生存

高职院校装备制造大类专业教师团队建设中，专业带头人应该是一个特殊的角色。高职院校缺乏高水平专业带头人仍是一个相当普遍的现象。专业带头人的工作任务重、工作压力大、工作要求高，是教学、科研、社会服务和教学管理复合型人才，还要耗费大量的时间精力在成员的沟通协调上。当前，高职院校专业带头人培养方面还处于较低水平，在专业带头人选拔标准、如何培养等方面尚未形成统一的认知与行动，有些学校甚至还未出台专业带头人选拔、管理等方面的文件，选拔过程较为随意、培养力度不够。

专业带头人，现在这块是我们一个薄弱的地方吧。目前专业带头人我们也是去挖掘，去培养了。但目前这块我们还做得不是很好，主要就是通过科研项目和培训提高他们的科研能力和教学能力，现在效果还不是很明显。目前，我们这边专业带头人的人选也不多。(C-P-3)

---

① 欧阳波仪等.高质量发展视域下高职教师教学创新团队建设研究[J].中国职业技术教育，2020(05)：88-92.

专业带头人既是教师团队建设的重要组成部分，也是管理团队建设的重要组成部分。我国高职院校在治理中存在着明显的行政科层式管理痕迹，专业带头人并没有被赋予与责任相匹配的职权，他们对于专业发展和团队建设的把控力是有限的，处于一个较为尴尬的位置。“上边千条线，下边一根针”成为高职院校专业带头人日常工作的真实写照。[①] 专业带头人要执行上级领导下达的各种指令，但不能通过行政命令的方式向成员分配相关任务，而仅仅依靠自身的人格魅力和学术影响力很难调动团队成员的工作积极性，往往只能靠单打独斗来完成工作任务。总体来看，专业带头人处于整个学校行政管理链条中最末的执行端，很难按照个人意志开展团队和专业建设工作，犹如在“夹缝”之中生存。

这个团队（专业）带头人嘛，在团队合作中要发挥最主要的作用。但是，专业带头人也没有什么权力，成员之间协调不好的话，很多时候就得自己做了。估计每个学校都有这个实际情况吧。(E-Z-2)

团队呢，好像我们也没有形成真正这个团队的概念，我们报课题也好，做课程也好，总是感觉是专业带头人一个人做的事情比较多。说实话，学院的领导或者教研室主任去分配任务这个事情就好办一点，但是专业带头人就调动不了大家，这是很麻烦的一个事情。(A-P-3)

五、团队建设环境欠佳

《企业组织与环境》一书指出，环境因素影响着一个单位的组织结构设置，即使在同一组织内，下属部门的组织结构也会因各自面临环境的不同而不同。[②] 高职院校教师团队建设是一项复杂的系统工程，不仅需要团队成员间的相互协作、共同提高，还需要院系、学校甚至各级教育主管部门在资源投入、体制氛围、政策环境等方面的支持。[③] 近年来，我国高职院校装备制造大类专业教师团队的建设环境不断优化，但仍存在政府支持力度不够、校企合作不够紧密、院系专业基础薄弱等问题，一定程度上影响了教师团队建设质量的提升和发展潜力的释放，团队环境建设仍需加力。

（一）政府支持力度不够、经费投入不足

教师团队从无到有，从有到强，都离不开经费的支持。通过问卷和访谈发现，

---

① 王亚南，邵建东．高职院校专业带头人专业化的制度制约及优化路径[J]．高等工程教育研究，2019(02)：147-153．

② 徐旦．职业院校教学团队组织结构的构建——基于团队生命周期理论的视角[J]．教育发展研究，2015，35(09)：78-84．

③ 邵建东．高职院校教学团队建设的误区及对策[J]．中国高教研究，2013(04)：99-101．

在影响高职院校装备制造大类专业教师团队建设的问题上，大部分教师认为政府支持的力度不够，主要体现在经费投入方面。一是高职教育经费投入总体偏低。近年来，虽然政府各级财政对高职教育经费投入有所提高，但是高职教育经费投入总体仍然偏低。2019 年，全国教育经费总投入为 50 175 亿元，其中全国高等教育经费总投入为 13 464 亿元，而普通高职高专教育经费总投入为 2402 亿元，仅占全国高等教育经费总投入的 18%左右。[①] 二是经费区域分配不均衡。由于部分地方政府财政困难，存在配套经费投入不足的现象，尤其在中西部地区，这种现象较为严重，致使高职院校在人才引进和科研奖励、设备更新等方面无法满足教师团队建设的要求。三是对高职院校教师团队的专项经费投入偏低。以国家级教学团队为例，国家级教学团队的专项经费有 10 万元左右，而省级教学团队的经费投入还要依据各省份的经济发展状况而不同，一般只有 5 万元左右，政府一般会要求学校按照 1∶3(政府为 1，学校配套为 3)给予配套。[②] 但是，对于教育经费本身就不足的高职院校来说，难以达到 1∶3 的配套，尤其是中西部地区的高职院校连 1∶1 都难以达到。

四川省还是比较穷，它不像广东、浙江、江苏等沿海省份经济发展得好，当地政府没有这些地方对职业教育重视。就说我们这种内陆的学校，很多时候 1∶1 配套经费根本达不到。比如国家拨 1 个亿，然后要求省里 1∶1 给你配套，但是实际上国家这 1 个亿都要给你打折扣，就不要说配套了。(H-Z-2)

我们这边教育经费不是很充足，学院这边老师的绩效奖金还要靠自己学院创收，老师就要去做培训、做社会服务，这样的话，我们的工作量大很多。(A-P-7)

此外，目前我国还没有完善的针对高职院校教师团队建设特别是教师培训方面经费的相关制度。高职院校的教师培训经费投入也远远不足，再加上生师比偏高，导致一些教师团队的教师参加培训机会较少，不仅影响了教师个体的专业成长，也不利于团队的整体优化发展。

团队经费支持力度一般吧。教师培训经费也不是很充足，也就每年尽量派一两个老师去参加省培和国培项目。(E-Z-2)

(二) 校企合作不够紧密、双向流动不畅

产业发展与高职教育是一个相互依存、相互促进的关系，产教融合、校企合作是实现两者共同发展的最佳途径，也是办好高职教育的关键所在。双向交流是以

---

① 教育部. 2019 年全国教育经费执行情况统计快报[EB/OL]. http://www.moe.gov.cn/jyb_xwfb/gzdt_gzdt/s5987/202006/t20200612_465295.html，2020-06-12.

② 李艳华，魏建华. 高校教学团队建设的博弈分析——基于政府与高校的经费投入和使用的博弈[J]. 江西科技师范大学学报，2012(06)：98-102.

校企合作为基础和前提的，而校企合作是一个双向发力、双向融合的过程。长期以来，我国高职教育在校企合作方面存在“校热企冷”的现象，这也是导致教师进企业、企业技术技能人才进校园双向流动不畅的重要原因。近年来，虽然高职院校围绕装备制造业发展战略和人才需求，积极推进校企合作，共同探索校企双向交流机制，但在实施过程中，仍存在教师企业实践流于形式、教师社会服务动力不足、能工巧匠到高职院校任教的路径不畅通等问题。

一是教师企业实践流于形式。高职院校虽然鼓励教师参与企业实践，但对教师企业实践过程监管不力，评价考核不严，很多教师把到企业实践当作走过场，导致无法达到企业实践的预期目标和成效。同时，大部分企业没有认识到教师到企业实践为自身所带来的价值，教师缺乏实践的平台。二是教师社会服务动力不足。有学者指出，除了要调动企业的积极性以外，高职院校也要提升社会服务能力，有效增强高等职业教育的吸引力。[①] 但是，由于缺乏合理有效的考核激励机制，高职院校教师开展社会服务工作的热情并不高，服务企业的能力和认识都有待提升。三是能工巧匠到高职院校任教的路径不畅通。虽然《国家职业教育改革实施方案》提出，建立健全职业院校自主聘任兼职教师的办法，推动企业工程技术人员、高技能人才和职业院校教师双向流动。近年来，高职院校越来越重视技术技能人才引进工作，但依然困难重重。目前技术技能人才引进渠道还不够通畅，通常会因为学历或其他条件受限而受阻。此外，高职院校的薪酬缺乏吸引力，很多企业的技术技能人才还是不愿意进入高职院校。即使作为技术技能人才引进后，也面临着适应性和发展性的问题。

我们很支持老师去企业实践，但还是有些老师不愿意去。在监管和考核这一块也做得不够好，基本是“放羊式”状态，流于形式，教师到企业实践没有充分发挥应有的效果。(C-Y-1)

现在，学校与企业的合作关系还没有很深入，这也是高职院校普遍面临的一个难题。教师到企业实践，企业嫌麻烦，为教师安排的都是无关紧要的岗位，要么就是不对口，不能为到企业的教师提供合适的实践岗位。(C-Z-2)

大部分教师到企业实践，都是奔着学习去的，没有服务企业的意识。说实话，有些教师的服务能力也比较弱，根本达不到企业的期望。(A-P-7)

区域产业对我们这个专业的教师团队建设，我觉得可以说几乎没有影响。因为我们的专业团队建设真正能够获得的企业支持是非常小的，校企合作都是停留在那种很初级的层面，也就是教师到企业参观、学生顶岗实习。(E-P-4)

此外，为引导和推进行业企业等参与或举办职业教育，深化产教融合，国家出

---

① 张锋.校企合作视角下高职院校师资队伍建设路径探析[J].教育理论与实践，2017，37(09)：14-15.

台了《关于加快发展现代职业教育的决定》(2014 年 6 月)、《关于鼓励社会力量兴办教育促进民办教育健康发展的若干意见》(2016 年 12 月)、《关于深化产教融合的若干意见》(2017 年 12 月)等一系列政策文件，鼓励有条件的地区探索推进职业学校股份制、混合所有制改革。但由于办学性质、治理结构和产权归属等问题错综复杂，推进比较困难。

(三) 院系专业基础薄弱、制约团队发展

高职院校装备制造大类专业教师团队建设不仅有赖于政府和区域产业的支撑，而且有赖于院系、专业教学资源的优化整合。装备制造业发展水平是一个国家综合国力的重要体现。高职院校紧紧抓住我国装备制造业蓬勃发展的战略机遇，大力支持装备制造大类相关专业建设，逐步成为省内甚至全国同类专业领先、特色明显的专业。比如访谈的 A、T、H 专业教师团队所在的专业，为 A、T、H 专业教师团队建设提供了较强的专业支撑和良好的教学基础设施条件。但是，由于一些高职院校的装备制造大类专业建设起步较晚，存在专业布局与区域产业发展不协调、基础设施相对落后、专业化水平不高等问题，总体上专业基础较为薄弱，与之相应教师团队的总体实力也相对较弱，比如访谈的 C、E 专业教师团队。在装备制造大类行业的技术升级和更新换代中，设备是关键，也是高职院校装备制造大类相关专业建设的关键要素。由于装备制造大类专业的相关设备价格昂贵，很多专业普遍存在实验实训设施不足、设备更新缓慢的问题，这就导致教师接触不到新设备、新技术、新工艺，会导致团队中教师技术技能老化，不利于教师的专业成长，不利于教师团队长远发展，更不利于院系的专业发展。访谈中很多教师反复强调投入不足和设备落后、陈旧老化，远远跟不上制造业技术更新换代的脚步。

专业基础好的专业，其实往往做的时间长。我们这个专业还比较小，因为我们学院也是新成立嘛，还都在前期，实验室建设和设备投入还有待加强。(C-Y-1)

机电一体化这边比较偏弱，因为是后面开的专业，然后设备投入也是非常不足。没有设备学生无法实训，教师技能提升也很难，我们也没有办法。(E-P-3)

第二节　专业教师团队建设的对策建议

基于装备制造大类专业教师团队建设内外部影响因素和现实困境的分析，本研究认为高职院校装备制造大类专业教师团队建设需要从内外部共同发力，形成良好的专业教师团队发展机制。

一、强化政府引导，加大政策供给力度

政府政策是专业教师团队发展的重要保障，无论是先前的国家级教学团队遴

选建设，还是当下的国家级职业教育教师教学创新团队遴选，其实都是政府政策引导和推动的结果。换言之，加大政府政策供给力度，高职院校装备制造大类专业教师团队将会获得更好更多的发展契机。

1. 完善专业教师团队遴选培育机制

国家层面要持续开展国家级职业教育教师教学创新团队遴选，并依据装备制造大类专业布局需要给予适度倾斜。省、市级层面可依据国家导向，定期开展不同层次专业教师团队的遴选培育工作，为争创国家级专业教师团队夯实基础。如山东、上海、河南和甘肃等有关专业教师团队政策的持续性较好，近年来依然陆续开展省级教学团队遴选工作，具有一定的借鉴意义。

2. 明确专业教师团队发展政策导向

多年来，从中央到地方政府都高度重视师资队伍建设，出台了系列政策文件促进高职院校师资队伍的专业化发展。但在具体实践中，长期存在注重队伍建设、忽视团队建设，注重教师个体、忽视团队整体的现象。因而，与专业教师团队相关的各级各类政策在实施导向上要有意识地注重和突出专业教师团队发展需求。团队定位要协同化，兼顾教学、科研和社会服务等；团队结构要多元化，充分发挥专业课教师、行业企业兼职教师和公共课教师等所有团队成员的作用；团队能力要综合化，不仅要增强教师个体的双师素质，还要增强团队整体的综合能力。访谈中，有教师谈到当下的教学改革和教学能力竞赛等，不仅强调教师个体的实力，更强调教师团队的力量。从导向来看，如果各级各类相关政策注重专业教师团队发展，自然能够引导更多的高职院校朝着专业教师团队建设的方向努力，为装备制造大类专业教师团队发展创设良好的外部环境。

3. 改革高职院校教师绩效工资制度

一是适当提高绩效工资标准。访谈发现，中西部地区高职院校教师的收入水平普遍不高，与当地公务员收入存在较大差距。这无形中增加了装备制造大类专业教师团队人才引进困难，而提高教师的工资待遇是吸引人才最直接也是最有效的方式。如山东省明确提出，公办职业院校绩效工资水平最高可达到所在行政区域事业单位绩效工资基准线的5倍。二是拓宽教师收入来源。社会服务是专业教师团队重要的功能，是增加教师收入的重要来源。建议政府部门明确高职院校对外开展技术开发、技术转让、技术咨询、技术服务等取得的收入结余，可按一定比例作为绩效工资来源，且明确教师依法取得的科技成果转化奖励收入不纳入绩效工资，不纳入单位工资总额基数，从根本上解决装备制造大类专业教师团队激励欠缺、发展动力不足的问题。如山东省明确规定，职业院校对外开展技术服务取得的收入结余可提取50%以上用于教师劳动报酬，不纳入单位绩效工资总量管理，教师取得的科技成果转让费也不受绩效工资总量控制。

二、深化产教融合，搭建高端发展平台

职业教育具有跨界和开放的属性，一端连着产业，一端连着教育，因而深化产教融合、校企合作始终是职业教育历久弥新的话题。《国务院办公厅关于深化产教融合的若干意见》（国办发〔2017〕95 号）、教育部等六部门关于印发《职业学校校企合作促进办法》（教职成〔2018〕1 号）、国务院关于印发《国家职业教育改革实施方案》的通知（国发〔2019〕4 号）等政策文件都特别强调，职业教育要产教融合、校企合作和工学结合，实现“专业设置与产业需求对接、课程内容与职业标准对接、教学过程与生产过程对接”的三对接。研究和实践也证明，校企合作强则专业强，专业强则专业教师团队强。因而，要想打造高水平的装备制造大类专业教师团队，可以从以下方面着手。

1. 建立校企人员双向流动机制

尝试校企兼职兼薪一体化管理模式，探索企业与学校间的人才交互共享，实现互兼、互派、互用。一方面，在企业设置访问工程师、教师企业实践流动站、技能大师工作室等，完善教师企业实践制度，加强教师企业实践的过程管理，重点考察教师参与企业技术升级和产品研发等，促进科技成果本地转化。另一方面，高职院校可选聘企业工程技术人员、高技能人才、能工巧匠等担任兼职教师，参与学生实训指导、课程建设、教材编写、教师培训等工作，切实促进装备制造大类专业的专兼职教师在专业建设、课程改革、社会培训、应用技术研究等多方面的优势互补和交流协作。

2. 拓宽政校行企深度合作领域

由于主客观因素影响，高职院校装备制造大类专业教师团队存在重教学合作、轻科研和社会服务合作的倾向，合作内容也主要停留在人才培养方案、专业课程体系、教育教学资源开发等方面。高职院校装备制造大类专业教师团队应拓宽政校行企深度合作领域，全方位地对接区域政府行业企业需求，以教学合作为基点，进一步深化技术攻关、机器设备改进、专利成果转化以及其他社会服务等方面的合作，全面发挥装备制造大类专业教师团队教学、科研和社会服务“三合一”的职责与功能。

此外，有条件的高职院校还可以联合行业企业、政府等不同主体，积极探索发展股份制、混合所有制二级学院（如 C 专业教师团队所在的笛威金桥汽车工程学院），健全多元化办学体制，激发职业教育办学活力，高效配置各类办学资源，深化产教融合，全面推进政校行企协同育人。

3. 搭建产教融合多元发展平台

产教融合平台是装备制造大类专业教师团队发展的重要依托，也是装备制造大类专业教师团队建设的重要内容。如A专业教师团队正重点打造智能化精密制造产教综合体和智能化精密制造虚拟工厂两大标志性平台。H专业教师团队也在院士工作站、名师工作室以及技术创新平台等基础上，成体系地构建国内领先的技术技能创新服务平台。因而，高职院校装备制造大类专业教师团队建设不仅要关注产教融合平台的有无，更要关注产教融合平台的影响力、代表性和系统性问题。学校可依托产教联盟、职教集团等，联合行业领军企业，共建高端产教融合平台、“双师型”教师培养基地、技术技能研发中心、大师工作室等多层级的发展平台，并以此为载体开展产、学、研、训、创一体化教育教学活动，充分彰显装备制造大类专业教师团队合作育人、合作科研与合作服务的比较优势。

需要注意的是，发展基础相对较弱的装备制造大类专业教师团队对深化产教融合的需求更迫切。通常装备制造大类专业教师团队基础差主要表现为投入不足、设备落后、校企联系不紧密不到位等，而良好的校企合作关系能够在很大程度上帮助其解决设备投入、平台搭建、学生实习和教师互派等发展难题。此外，还要加强与产业对接，健全装备制造大类专业动态调整机制，及时调整装备制造大类专业教师团队发展方向。

三、细化院系治理，完善团队建设制度

制度建设是高职院校内部治理的根本遵循。制度的第一含义是要求成员共同遵守的、按一定程序办事的规程。高职院校专业教师团队培育是一个长期、动态的过程，需要学校、专业和团队成员共同的努力，更需要制定并完善一系列可操作性较强的有效制度和作业文件，保证专业教师团队高效、有序、稳定发展。[①]

1. 建立校级团队培育制度

专业教师团队的发展根植于良好的培育机制，而校级专业教师团队又是最低起点。调查发现，大部分高职院校都没有明确的团队制度文件，仅有少部分高职院校制定了专门的校级专业教师团队培育制度并配套一定的建设经费。因而，从规范化管理的角度出发，高职院校有必要建立校级专业教师团队培育制度，并给予经费、设备和场地的支持，扎扎实实地助推装备制造大类专业教师团队建设，争创更高级别的专业教师团队荣誉，切实提升团队的整体水平。

---

① 邵建东，王振洪. 高职“双师结构”专业教学团队及其整合培育[J]. 高等工程教育研究，2012(03)：167-171.

2. 加强兼职教师队伍建设

兼职教师是专业教师团队的有机组成部分，是支撑专业教师团队高质量发展的重要力量。针对高职院校装备制造大类专业教师团队兼职教师短缺、流动性大和重引进轻管理的现状，可以从以下两方面着手。一是从源头上提高兼职教师聘用质量。装备制造大类专业教师团队应从聚焦兼职教师数量增加转向质量提升，聘用时注重兼职教师的任职资格、专业水平以及教育教学水平。二是加强兼职教师的培养和聘用管理。调查显示，多数兼职教师来自企业，没有经过规范系统的师范学习，虽然专业水平高，但在语言表达、教学管理、教学经验等方面存在不足，且由于自身忙于工作，参与教研活动有限。因而，加强兼职教师的学习培训和教学管理，能够较好地增进专兼职教师之间的交流互动，对于提升装备制造大类专业教师团队工作成效具有重要意义。

3. 推进教师分类评价改革

如何对教师做出客观、科学的评价是关系高职院校装备制造大类专业教师团队发展的重大问题。《教育部关于深化高校教师考核评价制度改革的指导意见》(教师〔2016〕7 号)、《国务院关于优化科研管理提升科研绩效若干措施的通知》(国发〔2018〕25 号)、《人力资源社会保障部关于改革完善技能人才评价制度的意见》(人社部发〔2019〕90 号)等文件明确了分类评价和多元评价的价值导向。高职院校作为评价实施主体，必须坚持类型和多元特征，深入推进教师分类评价改革。一是完善岗位聘任考核制度。建立各级各类人员岗位能力标准体系，适当提高聘期考核要求，建立能上能下(流动、转岗和退出等)的用人机制。调查发现，有些高职院校对教师的科研和社会服务没有硬性规定，因而，完善岗位聘任考核制度将无形中增加教师压力，同时也有助于教师始终保持努力精进的状态。二是完善专业技术职务评聘办法。高职院校装备制造大类专业教师团队成员类型多元、梯队发展，必须坚持分层分类原则，弹性设置专业技术职务评审条件，建立以能力和业绩成果为导向的全方位、多元化评价机制。尤其是注重国家级教学成果奖、全国职业院校技能大赛、全国职业院校教学能力比赛等标志性成果和技术服务、专利转化等高社会服务贡献的替代价值，破除“唯文凭、唯论文、唯帽子、唯身份、唯奖项”的顽瘴痼疾，从根本上解决评价指挥棒问题。

4. 健全团队考核激励机制

为充分调动装备制造大类专业教师团队成员的积极性、主动性和创造性，高职院校应将教师个人的成长与团队的发展、学校的发展融合在一起，结合岗位聘任考核加强绩效激励，建立物质、精神、专业发展等不同层面的激励机制。一是物质层面，探索优劳优酬激励机制。一方面提高科研项目与成果奖励标准，激励教师在国家级教改、科研、竞赛等项目和高水平学术成果上有所突破，助推标志性成果产出；另一方面给予装备制造大类专业教师团队中业绩贡献突出的教师，如参与国家级教学资源库建设等给予相应工作量认定，建立项目任务与绩效考核之间的关联。此外，还可以采取项目化或团队化的奖励举措，使团队集体利益由全体成员共享，而不仅仅是团队带头人个人所代表或拥有。二是精神层面，树立专业教师团队发展榜样。如通过评选优秀教师、优秀专业教师团队等方式，肯定并激励教师个体和专业教师团队整体的发展，增强装备制造大类专业教师团队集体荣誉感。三是专业发展层面，给予科研立项、职称评审、评奖评优等适当倾斜。专业发展激励将专业建设任务与教师职业生涯发展目标有机结合起来，为教师外出培训、职称评聘、课题立项等创造条件，有利于激发装备制造大类专业教师团队成员的最大潜能，同时引导教师个体为团队目标的实现而努力奋进。总之，物质激励、精神激励和专业发展激励相互关联相互作用，能够较好地避免平均主义的现象，既能激励装备制造大类专业教师团队中工作业绩突出的教师继续维持发展动力，同时，对于工作不努力的教师也是一种鞭策。

四、优化运行机制，提升整体发展水平

高职院校装备制造大类专业教师团队的运行是一项复杂系统的工程，涉及发展规划、目标定位、结构能力、协同发展、经费保障等诸多方面。高职院校需要统筹内外部资源，优化团队运行机制，提升团队整体发展水平。

1. 做好规划，明确团队目标定位

规划是对未来发展整体性、长期性、基本性问题的思考和设计未来整套行动的方案，对于高职院校装备制造大类专业教师团队建设有着举足轻重的作用。上文提及装备制造大类专业教师团队建设存在目标定位偏差问题，最根本的原因在于缺失发展规划。方向明则道路清，装备制造大类专业教师团队发展规划不仅不可或缺，而且必须结合专业发展目标、任务和要求科学制定，明确团队建设理念、共同愿景、发展定位、工作重点、目标成效等，防止纯粹为了团队而建设团队。在诸多要素中，目标定位直接决定装备制造大类专业教师团队发展方向。不同的定位需要不同的发展路径，必须明确建什么样的装备制造大类专业教师团队，以及其教学、科研和社会服务的具体定位。

2. 精准引才，优化团队教师结构

为契合新时期专业教师团队高水平、结构化建设要求，高职院校装备制造大类专业教师团队需在精准引才上下功夫，大力引进各类人才，尤其是高层次人才。一方面能够增加教师资源供给，缓解教师数量紧缺、学历职称不合理的问题；另一方

面有利于集聚优质资源、夯实能力基础，增强专业教师团队发展后劲。这里的高层次人才主要指国千省千、行业领军人才、大师名匠、博士等。他们是应用技术研发和自主创新的主力军，也是各装备制造大类专业教师团队发展的短板。因此，必须加大政策支持力度、创新人才引进机制，通过年薪制、项目工资制等灵活用人机制吸纳更多高层次人才加入专业教师团队，并充分发挥高层次人才的引领作用，打造装备制造大类专业教师团队的新标杆。

3. 系统育才，助推教师专业成长

当前，我国正在向制造业强国挺进，装备制造业发展势头迅猛、技术更新加快，不仅要求教师具备行业综合知识和能力，更要求教师始终与行业发展同步，与时俱进地更新知识和能力。因而，高职院校应积极创造条件，助推教师专业成长，助力装备制造大类专业教师团队高质量发展。一是实施教师学历提升计划。在高层次人才引进困难的情况下，引导支持一批优秀的教师攻读博士学位，能够有效优化装备制造大类专业教师团队的师资结构。二是实施专业带头人培养计划。专业带头人是装备制造大类专业教师团队建设的领导核心，需具备精深专业造诣、较大行业影响力和较强的团队管理能力。一个好的专业带头人会产生巨大的杠杆效应，引领团队成员敬业爱岗、开拓进取，带领整个团队全面履行岗位职责，切实做好教书育人、科学研究和社会服务工作。① 因而，高职院校需要完善专业带头人遴选培养制度，建立人才发展梯队，加大培养力度，优先安排其参与各级各类的专业培训和交流，同时对于入选的培养对象，每年在科学研究、学术交流、技能提升等方面给予重点资助和津贴奖励。三是实施教师"双师双能"培养计划。装备制造大类专业教师必须要有企业工作经历和工程实践能力，懂制图、懂工艺、懂材料、懂设计、懂软件和懂技能。因而，高职院校需要完善教师企业实践机制，加强教师教学实践能力培养培训，引导和支持教师立足行业企业，开展科学研究，服务企业技术升级和产品研发，系统提升装备制造大类专业教师的工程实践能力。四是实施新教师后备人才培养计划。根据新进教师、骨干教师、专业带头人、教学名师的生涯发展路径，帮助青年教师科学规划个人的专业发展方向。五是实施骨干教师国（境）外研修计划。学校每年按一定的比例递增选派优秀骨干教师到国（境）外高水平大学或研究机构进行为期 3 个月以上的访学，以提高装备制造大类专业教师团队的国际化水平，助推铁路、航空、船舶等中国装备大步向前"走出去"。

4. 协同发展，凝聚共识提升合力

斯蒂芬・P. 罗宾斯认为，团队的基本特征是实现集体绩效的目标、积极的协同

① 周建松. 重视和加强高职院校师资队伍建设中的团队建设[J]. 教育与职业，2014(36)：59-60.

配合、个体或者共同的责任、相互补充的技能，其核心是团队精神。[①] 当前，无论是学校还是教师个体，都意识到装备制造大类专业教师团队发展不能仅依靠个人“单打独斗”，必须整合团队资源优势做大做强。因为专业教师团队建设整体水平取决于所有团队成员形成的合力，来源于各个成员彼此之间的互动合作。[②] 一是建立共同愿景，引导教师树立协同发展理念。个人发展离不开团队支撑，团队发展也离不开个人努力。增强专兼教师团队认同感和归属感，使其充分认识到团队合作对于教育教学质量提升和自身专业发展的重要性和必要性。二是灵活自由组建，探索项目化、小团队组织样态。一方面专业教师团队组建要自主自愿，且管理方式要创新，真正让教师形成团队主人翁精神；另一方面装备制造大类专业方向多、服务面向广，专业教师团队建设不可能面面俱到，因而找寻并聚焦若干个突破口，探索尝试课程组、项目组、工作室等小团队组织样态，通过项目化的运作方式，能够充分发挥小团队分工协作、灵活弹性、适应性强的优势，凝心聚力打造某一领域发展标杆。三是开展多元活动，凝练特色团队文化。团队特色文化是在活动中日积月累形成的。定期常态化地开展教研、听评课、培训、党建等多元化活动，有利于密切专兼职教师以及公共课教师之间的联系。

5. 经费支持，更新设备硬件条件

刘云波和杨钋通过实证分析表明，获得央财项目资金支持院校在投入和产出方面的表现均好于未获得资助的院校；获得项目资助越多的院校表现更佳。[③] 这同样适用于装备制造大类专业教师团队建设，即经费投入多，设备硬件条件好，专业教师团队实力强，反之亦然。可见，经费投入和设备硬件条件很大程度上决定了装备制造大类专业教师团队的建设水平。深入分析，这与装备制造大类专业特性相关，与其他专业类别相比，它的设备投入高、成本大，且设备更新换代快，需要经常性地更新。因而，针对装备制造大类专业经费投入大、设备依赖性高的特点，高职院校装备制造大类专业教师团队要想做大做强，必须进一步加大经费支持力度，而且是不间断的持续的经费支持，用于设备硬件条件的升级换代。只有这样，装备制造大类专业教师团队建设才有坚实的硬件支撑。

---

① [美]斯蒂芬·P. 罗宾斯. 组织行为学(第14版)[M]. 孙健敏，等，译. 北京：中国人民大学出版社，2012：266.

② 邵建东. 高职院校教学团队建设的误区及对策[J]. 中国高教研究，2013(04)：99-101.

③ 刘云波，杨钋. 项目制下的高职院校分化研究[J]. 中国高教研究，2020(04)：98-104.

附　　录

附录A　高职院校装备制造大类专业教师团队调查问卷(初测卷)

尊敬的老师：

您好！非常感谢您在百忙中抽时间接受这次问卷调查。此次调查旨在了解您所在专业的教师团队(团队成员包括专业负责人、专业课教师、公共基础课教师、行业企业兼职教师等)的建设情况。本调查匿名实施，所得资料只作学术研究之用，问卷各题项无对错之分，请根据您所了解的实际情况，放心真实地填写。

非常感谢您的支持与合作！若有任何问题，欢迎与课题组负责人联系，电话：13506581015；邮箱：jhsjd168@163.com。

祝您身体健康，工作顺利！

"高职院校装备制造大类专业教师团队建设研究"课题组

第一部分：基本信息

性别	□男　□女
教龄	□5年以下　□6～10年　□11～15年　□16～20年　□20年以上
学历	□专科　□本科　□硕士研究生　□博士研究生
职称	□初级　□中级　□副高级　□正高级
所在学校性质	□国家级重点高职(双高、示范、骨干院校建设单位) □省级重点高职　□一般高职
所在学校类型	□行业类高职　□地方综合类高职　□其他
学校所在区域	□东部地区　□中部地区　□西部地区
所属专业类别	□机械设计制造类　□机电设备类　□自动化类　□铁道装备类 □船舶与海洋工程装备类　□航空装备类　□汽车制造类
所属专业性质	□国家级重点专业(双高、示范、骨干重点建设专业) □省级重点专业　□非重点专业

第二部分:装备制造大类专业教师团队建设情况

说明:本部分共有80道题,请您根据所在专业的教师团队建设情况进行判断,数字5代表"非常符合",数字4代表"比较符合",数字3代表"一般",数字2代表"不符合",数字1代表"非常不符合",请您在最适合的程度上打"√"。

编号	题项	非常符合	比较符合	一般	不符合	非常不符合
		5	4	3	2	1
1	我所在团队的建设是为了促进专业内涵发展					
2	我所在团队的建设是为了提高教师科研能力					
3	我所在团队的建设是为了提高教师社会服务能力					
4	我所在团队的建设是为了促进优秀教学方法、工作思路的分享交流					
5	我所在团队的建设是为了解决教师个人在工作中无法解决的问题					
6	我所在团队的建设是为了适应职业教育改革和发展形势					
7	我所在团队的建设是为了培养、激发学生学习动机					
8	我所在团队的建设是为了提高学生解决问题的综合能力					
9	我所在团队的建设是为了提高技术技能人才培养质量					
10	我所在团队的建设是为了提供参与课题项目研究的机会					
11	我所在团队的建设是为了引进教授、博士等高层次人才					
12	我所在团队的建设是为了引进行业企业高技能人才					
13	我所在团队的建设是为了团队成员能经常一起探索专业建设、课程教学改革					

续表

编号	题项	非常符合	比较符合	一般	不符合	非常不符合
		5	4	3	2	1
14	我所在团队的建设是为了团队成员能经常合作开展项目研究、解决企业技术难题					
15	我所在团队的建设是为了团队成员能经常与行业企业人员共同完成项目					
16	我所在团队的建设是为了培育并获批省级及以上专业品牌					
17	我所在团队的建设是为了培育并获得省级及以上教学成果奖					
18	我所在团队的建设是为了培育省级及以上精品课程、重点教材					
19	我所在团队的建设是为了培育并立项省级及以上科研项目					
20	我所在团队的建设是为了培育并获批省级及以上名师或教学团队					
21	各级政府给予我所在团队很多政策支持					
22	区域产业发展水平有助于团队建设					
23	行业企业对人才的重视和吸引力远远大于学校					
24	团队成员经常与行业企业人员交流专业发展					
25	团队成员普遍面临较大的工作压力					
26	学校制定有高层次人才(含高技能人才)引进专项政策					
27	学校制定有专业带头人遴选及培养制度					
28	学校制定有兼职教师聘任管理制度					

续表

编号	题项	非常符合	比较符合	一般	不符合	非常不符合
		5	4	3	2	1
29	学校制定有教师下企业实践制度					
30	学校有校级团队遴选培育和管理制度					
31	所在专业教师团队建设经费充足且可持续					
32	所在专业有良好的办公环境					
33	所在专业建有先进的实验实训场所					
34	所在专业与企业共建科技成果产业化中心					
35	所在专业能及时更新相关先进的设备					
36	专业负责人具有良好的组织与协调能力、发挥示范引领作用					
37	团队成员相互信任支持且能有效配合完成任务					
38	团队成员经常交流分享自己的教学经验、行业新知识新技术					
39	团队成员经常参加校内外各类培养培训活动					
40	企业兼职教师和公共课教师积极参与专业建设					
41	学校积极引进和培育教授、博士等高层次人才					
42	学校积极从行业企业引进高技能人才					
43	学校积极从行业企业聘请优秀的兼职教师					
44	学校引导公共课教师积极参与专业建设					
45	学校建立了校企人员双向流动机制					
46	学校完善了教师团队考核激励机制					

续表

编号	题项	非常符合	比较符合	一般	不符合	非常不符合
		5	4	3	2	1
47	学校实施了教师分类考核机制					
48	学校实施了教师职称分类评聘管理机制					
49	团队制定了建设与发展规划					
50	团队成员充分讨论后确定目标并一致认同					
51	团队有共同的发展愿景、目标明确					
52	团队目标契合实际并引领团队创新发展					
53	团队探索产、学、研、训、创一体化的教育教学活动					
54	团队建立企业技术服务中心					
55	团队搭建重点实习实训基地、技能大师工作室等平台					
56	团队以项目为载体引导团队成员聚焦研究和服务方向					
57	团队促进专任教师与兼职教师开展教学科研等全方位合作					
58	团队促进专业课教师与公共课教师沟通交流、增进教学融合					
59	团队内部建立教师间的“传、帮、带”关系					
60	团队积极凝练特色文化					
61	团队专业特色明显					
62	团队结构科学合理					
63	团队负责人能力突出					
64	团队成员能力互补					
65	团队专业辐射能力强					

续表

编号	题　　项	非常符合	比较符合	一般	不符合	非常不符合
		5	4	3	2	1
66	团队成员参与开发的专业、教学等标准获得较好评价					
67	学生技术技能习得效果好、综合能力强					
68	学生职业技能等级证书获取率高					
69	学生技能竞赛成绩在省级层面处于领先地位					
70	学生就业竞争力强、雇主满意度高					
71	团队成员承担国家级、省级科研项目					
72	团队成员获得国家级、省级科研成果奖					
73	团队成员获批发明专利					
74	团队成员专利成果成功转化应用					
75	团队成员主持或参与研制行业标准、产品标准					
76	团队成员能承担政府部门相关委托任务					
77	团队成员能为企业解决研发、生产等技术难题					
78	团队成员经常为企业开展生产工艺流程改造					
79	团队成员经常开展职教师资培训					
80	团队成员经常开展社会人员、企业职工培训					

本问卷到此结束，再次对您的合作表示衷心感谢！

（问卷链接：https://www.wjx.cn/hj/dnam6chnekwrunqx1n2oq.aspx）

附录B　高职院校装备制造大类专业教师团队调查问卷（终测卷）

尊敬的老师：

您好！非常感谢您在百忙中抽时间接受这次问卷调查。此次调查旨在了解您所在专业的教师团队(团队成员包括专业负责人、专业课教师、公共基础课教师、行业企业兼职教师等)的建设情况。本调查匿名实施,所得资料只作学术研究之用,问卷各题项无对错之分,请根据您所了解的实际情况,放心真实地填写。

非常感谢您的支持与合作!祝您身体健康,工作顺利!

第一部分:基本信息

基本信息(一)	
性别	□男 □女
教龄	□0～5年 □6～10年 □11～15年 □16～20年 □20年以上
学历	□专科 □本科 □硕士研究生 □博士研究生
职称	□初级 □中级 □副高级 □正高级
所在学校层次	□一般高职 □省级重点高职 □国家级重点高职(双高、示范、骨干院校建设单位)
所在学校类型	□行业类高职 □地方综合类高职
学校所在区域	□东部地区 □中部地区 □西部地区
所属专业类别	□机械设计制造类 □机电设备类 □自动化类 □铁道装备类 □船舶与海洋工程装备类 □航空装备类 □汽车制造类
所属专业层次	□非重点专业 □省级重点专业 □国家级重点专业(双高、示范、骨干重点建设专业)
基本信息(二)(由专业负责人填写所在专业情况)	
专业课教师人数	□5～10人 □11～15人 □16～20人 □21～25人 □26人以上
兼职教师人数	□5～10人 □11～15人 □16～20人 □21～25人 □26人以上
生师比	□16以下 □17～19 □20～22 □23～25 □26以上
双师型教师占比	□60%以下 □61%～70% □71%～80% □81%～90% □91%以上
高级职称教师占比	□20%以下 □21%～25% □26%～30% □31%～35% □36%以上
硕士以上学位教师占比	□50%以下 □50%～60% □61%～70% □71%～80% □81%以上

续表

基本信息(二)(由专业负责人填写所在专业情况)	
教学团队	□有国家级教学团队(教师教学创新团队) □有省级教学团队　□有校级教学团队　□无
科研团队	□有国家级科研(创新)团队　□有省级科研(创新)团队 □有校级科研(创新)团队　□无
专业负责人是	□国家级人才　□省级人才　□地市级人才　□无
教学名师	□有国家级教学名师　□有省级教学名师　□无
技能大师	□有国家级技能大师　□有省级技能大师　□无
曾获教学成果奖	□国家级　□省级　□无
曾获职业院校教师教学能力竞赛奖	□国家级　□省级　□无
主持或参建专业教学资源库	□国家级　□省级　□无
承担精品课程、教材开发	□国家级　□省级　□无
实训基地	□建有国家级产教融合实训基地 □建有省级产教融合实训基地　□无
大师工作室	□建有国家级技能大师工作室 □建有省级技能大师工作室　□无

第二部分:问卷 A　建设动因问卷

说明:问卷 A 共有 16 题,请您根据所在专业的教师团队建设情况进行判断,在最适合的程度上打“√”。

编号	题　项	非常不符合	不符合	一般	比较符合	非常符合
		1	2	3	4	5
1	我所在团队的建设是为了适应职业教育改革和发展形势					
2	我所在团队的建设是为了促进优秀教学方法、工作思路的分享交流					

续表

编号	题　　项	非常不符合	不符合	一般	比较符合	非常符合
		1	2	3	4	5
3	我所在团队的建设是为了教师能经常一起探讨专业建设、教学改革					
4	我所在团队的建设是为了解决教师个人在工作中无法解决的问题					
5	我所在团队的建设是为了培养、激发学生学习动机					
6	我所在团队的建设是为了提高学生解决问题的综合能力					
7	我所在团队的建设是为了提高技术技能人才培养质量					
8	我所在团队的建设是为了提高教师社会服务能力					
9	我所在团队的建设是为了提高教师科研能力					
10	我所在团队的建设是为了提供参与课题项目研究的机会					
11	我所在团队的建设是为了引进教授、博士和高技能人才等					
12	我所在团队的建设是为了培育并获批省级及以上专业品牌					
13	我所在团队的建设是为了培育并获得省级及以上教学成果奖					
14	我所在团队的建设是为了培育省级及以上精品课程、重点教材					
15	我所在团队的建设是为了培育并立项省级及以上科研项目					
16	我所在团队的建设是为了培育并获批省级及以上名师或教学团队					

第三部分:问卷B 建设环境问卷

说明:问卷B共有18题,请您根据所在专业的教师团队建设情况进行判断,在最适合的程度上打"√"。

编号	题项	非常不符合 1	不符合 2	一般 3	比较符合 4	非常符合 5
1	区域产业发展水平有助于团队建设					
2	行业企业对人才的重视和吸引力远远大于学校					
3	团队成员普遍面临较大的工作压力					
4	学校制定有高层次人才(含高技能人才)引进专项政策					
5	学校制定有专业带头人遴选及培养制度					
6	学校制定有兼职教师聘任管理制度					
7	学校制定有教师下企业实践制度					
8	学校有校级团队遴选培育和管理制度					
9	所在专业教师团队建设经费充足且可持续					
10	所在专业有良好的办公环境					
11	所在专业建有先进的实验实训场所					
12	所在专业与企业共建科技成果产业化中心					
13	所在专业能及时更新相关的先进设备					
14	专业负责人具有良好的组织与协调能力、发挥示范引领作用					
15	团队成员相互信任支持且能有效配合完成任务					
16	团队成员经常交流分享自己的教学经验、行业新知识新技术					
17	团队成员经常参加校内外各类培养培训活动					
18	行业企业兼职教师和公共课教师积极参与专业建设					

第四部分:问卷C　建设策略问卷

说明:问卷C共有15题,请您根据所在专业的教师团队建设情况进行判断,在最适合的程度上打"√"。

编号	题　项	非常不符合	不符合	一般	比较符合	非常符合
		1	2	3	4	5
1	学校积极引进培育教授、博士和高技能人才等					
2	学校积极从行业企业聘请优秀的兼职教师					
3	学校引导公共课教师积极参与专业建设					
4	学校建立校企人员双向流动机制					
5	学校完善教师团队考核激励机制					
6	学校实施教师职称分类评聘管理机制					
7	团队制定了建设与发展规划					
8	团队有共同的发展愿景、目标明确					
9	团队目标契合实际并引领团队创新发展					
10	团队探索产、学、研、训、创一体化的教育教学活动					
11	团队搭建重点实习实训基地、技能大师工作室等平台					
12	团队以项目为载体引导团队成员聚焦研究和服务方向					
13	团队成员加强交流、开展教学科研等全方位合作					
14	团队内部建立教师间的"传、帮、带"关系					
15	团队积极凝练特色文化					

第五部分:问卷D　建设成效问卷

说明:问卷D共有17题,请您根据所在专业的教师团队建设情况进行判断,在最适合的程度上打"√"。

编号	题 项	非常不符合	不符合	一般	比较符合	非常符合
		1	2	3	4	5
1	团队专业特色明显					
2	团队结构科学合理					
3	团队负责人能力突出					
4	团队成员能力互补					
5	团队专业辐射能力强					
6	学生技术技能习得效果好、综合能力强					
7	学生职业技能等级证书获取率高					
8	学生技能竞赛成绩在省级层面处于领先地位					
9	学生就业竞争力强、雇主满意度高					
10	团队成员立项国家级、省级科研项目					
11	团队成员获得国家级、省级科研成果奖或教学成果奖					
12	团队成员获批发明专利					
13	团队成员专利成果成功转化应用					
14	团队成员主持或参与研制行业标准、产品标准					
15	团队成员能承担政府部门相关委托任务					
16	团队成员经常为企业改造生产工艺流程					
17	团队成员能为企业解决研发、生产等技术难题					

对于教师团队建设，您还有何建议？

____

____

本问卷到此结束，再次对您的支持表示衷心感谢！

（问卷链接：https://www.wjx.cn/jq/64616489.aspx）

附录C　高职院校装备制造大类专业教师团队建设访谈提纲

尊敬的××：

您好！教师团队是高职院校内涵发展和高素质技术技能人才培养的关键因素。此次调研的目的在于了解当前我国高职院校装备制造大类专业教师团队的现状，尤其关注这类教师团队的特点、建设动因、建设策略、建设环境、内外部影响因素等。访谈需要1～1.5小时。您所提供的全部信息将进行匿名处理，仅用于学术研究。非常感谢您的参与和支持！

“高职院校装备制造大类专业教师团队建设研究”课题组

1. 您所在学校的××专业处于什么样的地位，请您简要介绍一下发展状况。……您觉得学校对教师团队建设的重视程度如何？学校和院系对教师团队建设都有经费支持吗？您觉得经费支持力度怎么样？学校和院系是否有专门的团队建设制度文件？学校和院系在高层次人才引进上都有什么举措？专业带头人如何遴选、培养？绩效考核和激励制度如何？教师培养培训做得怎么样？在平台建设方面有哪些举措？成效如何？……存在哪些问题？为什么会存在这些问题？您觉得学校应如何做，有哪些改进建议？

2. 您所在专业教师团队是否有团队建设规划，目标定位怎么样？……您觉得现在的目标定位是否有偏差？为什么会存在偏差？您觉得高职院校××专业教师团队应如何定位(教学团队、科研团队、社会服务团队，还是三者合一)？

3. 您所在专业主要采取哪些措施来加强团队合作，是否经常开展一些教科研活动，成效如何？您觉得自己是否较好地融入了所在团队？您主要发挥了哪些作用？您觉得不同角色的教师(专业带头人、专业课教师、行业企业兼职教师、公共基础课教师、院系领导)应该如何发挥不同的作用？……从您的角度看，在团队合作方面存在哪些问题？为什么会存在这些问题？您觉得应如何做，有哪些改进建议？

4. 您觉得所在专业教师团队近几年哪几项成果比较突出(如各类名师、团队，精品课程、教材、教学成果、资源库，科技服务，学生培养、竞赛等)？其中专业带头人发挥了怎样的作用？主要得益于哪些比较有效的管理措施？请举例说明……(假如受访者想不出，则继续追问)没有突出成果的主要原因是什么？您觉得应该从哪些方面努力去争取形成突出的、标志性的成果？

5. 您觉得所在专业教师团队的特色优势是什么？体现在哪些方面？是否形成了独特的团队文化？(假如受访者没有提出什么特色，就继续追问)特色不明显的原因是什么？您认为如何才能形成或凝练团队特色？

6. 您觉得所在专业自身基础对教师团队建设是否有影响？请举例说明。有哪些正面影响？哪些方面受到制约？存在什么问题？您有哪些改进建议？

7. 您觉得各级政府的政策制度对教师团队建设是否有影响？请举例说明。有哪些正面影响？哪些方面受到制约？存在什么问题？您有哪些政策建议？

8. 您觉得区域产业(行业企业)对教师团队建设是否有影响？请举例说明。有哪些正面影响？哪些方面受到制约？存在什么问题？您有哪些应对建议？

参考文献

一、著作

[1] 潘懋元.潘懋元论高等教育[M].福州:福建教育出版社,2000.

[2] 潘懋元,王伟廉.高等教育学[M].福州:福建教育出版社,2013.

[3] 潘懋元.高等教育研究方法[M].北京:高等教育出版社,2008.

[4] 潘懋元.理论自觉与实践建构:高等教育的历史、现实与未来[M].北京:北京师范大学出版社,2014.

[5] [美]伯顿·R.克拉克.高等教育系统——学术组织的跨国研究[M].王承绪,等,译.杭州:杭州大学出版社,1994.

[6] [美]J.理查德·哈克曼.高效团队:领导团队走向成功的5大黄金法则[M].柯祥河,译.海口:海南出版社,2006.

[7] [英]尼基·海斯.成功的团队管理[M].杨蓓,译.北京:清华大学出版社,2002.

[8] 胡建波.高职院校教师职业能力研究[M].成都:电子科技大学出版社,2012.

[9] 洪明.教师教育的理论与实践[M].福州:福建教育出版社,2002.

[10] [美]James D. Klein 等.教师能力标准[M].顾小清,译.上海:华东师范大学出版社,2007.

[11] 彭剑锋.人力资源管理概论(第二版)[M].上海:复旦大学出版社,2011.

[12] 刘明.高职院校教师能力建设与管理[M].合肥:中国科技大学出版社,2012.

[13] 马英志.教师合作与交流能力的培养与训练[M].长春:东北师范大学出版社,2010.

[14] 吴全全.职业教育"双师型"教师基本问题研究——基于跨界视域的诠释[M].北京:清华大学出版社,2011.

[15] 杨百世.师资培育的理论与实际[M].高雄:复文图书出版社,2000.

[16] 叶澜等.教师角色与教师发展新探[M].北京:教育科学出版社,2001.

[17] 叶映华.归因与教师绩效评估——基于内隐的视角[M].杭州:浙江大学出版社,2008.

[18] 王强.教师胜任力发展模式论[M].上海:华东师范大学出版社,2011.

[19] 赵志群.职业教育与培训——学习新概念[M].北京:科学出版社,2003.

[20] 詹先明."双师型"教师发展论[M].合肥:合肥工业大学出版社,2010.
[21] 张强,乔海曙等.高校教学团队建设的博弈分析——基于高等教育"质量工程"的研究[M].北京:经济科学出版社,2011.
[22] 陈万思.知识员工胜任力——理论与实践[M].上海:上海财经大学出版社,2007.
[23] 宣勇.大学组织结构研究[M].北京:高等教育出版社,2005.
[24] [美]彼得·圣吉.第五项修炼——学习型组织的艺术与实务[M].郭进隆,译.上海:上海三联书店,1998.
[25] [美]斯蒂芬·P·罗宾斯.组织行为学(第14版)[M].孙健敏等,译.北京:中国人民大学出版社,2012.
[26] 陈一星.团队建设研究:以大学生为例[M].北京:中央编译出版社,2007.
[27] [英]约翰·亨利·纽曼.大学的理念[M].高师宁,等,译.北京:北京大学出版社,2016.
[28] [美]约翰·S·布鲁贝克.高等教育哲学[M].王承绪,等,译.杭州:浙江教育出版社,2001.
[29] [美]伯顿·克拉克.高等教育新论——多学科的研究[M].王承绪,等,译.杭州:浙江教育出版社,2001.
[30] 张楚廷.高等教育哲学通论[M].北京:高等教育出版社,2010.
[31] 纪宝成.大学的探索[M].北京:中国人民大学出版社,2009.
[32] 陈向明.质的研究方法与社会科学研究[M].北京:教育科学出版社,2000.
[33] 吴明隆.SPSS统计应用实务[M].北京:中国铁道出版社,2000.
[34] [美]Matthew B. Miles,A. Michael Huberman.质性资料的分析:方法与实践(第2版)[M].张芬芬,译.重庆:重庆大学出版社,2008.
[35] 田虎伟.中国高等教育研究方法的反思与重构[M].北京:中国社会科学出版社,2009.
[36] 钱颖一.大学的改革:第一卷·学校篇[M].北京:中信出版社,2016.
[37] 钱颖一.大学的改革:第二卷·学院篇[M].北京:中信出版社,2016.
[38] 钱民辉.教育社会学概论(第三版)[M].北京:北京大学出版社,2010.
[39] 王洪才等.大学创新教学理论与实践:后现代大学来临及其回应[M].北京:科学出版社,2018.
[40] 徐岚.大学教师的学术责任:流沙之上的朝圣之路[M].厦门:厦门大学出版社,2019.
[41] 吴薇.中荷研究型大学教师信念比较研究[M].广州:广东高等教育出版社,2012.

[42] 林克松.工作场学习与专业化革新:职业教育教师专业发展路径探新[M].北京:人民出版社,2019.

二、期刊论文

[1] 潘懋元.大学教师发展论纲——理念、内涵、方式、组织、动力[J].高等教育研究,2017,38(01):62-65.

[2] 邬大光.潘懋元:高等教育学的中国符号[J].高等教育研究,2020,41(07):1-12.

[3] 胡柏翠,周良才.高职院校优秀教学团队建设的目标定位与策略[J].职业技术教育,2010,31(23):78-81.

[4] 邓小妮.高职院校专业"双带头型"教学团队基本范畴辨析[J].职业技术教育,2014,35(10):55-58.

[5] 方泽强.正确认识"教育内外部关系规律"理论[J].大学教育科学,2013(06):3-8.

[6] 孙秋高.构建高职院校课程教学团队的研究与探索[J].中国高教研究,2010(03):90-91.

[7] 徐庆国.高职高专"双师结构"专业教学团队构建策略[J].中国高等教育,2011(21):36-38.

[8] 邵建东.高职院校教学团队建设的误区及对策[J].中国高教研究,2013(04):99-101.

[9] 邵建东,王振洪.高职院校专兼职教师互动合作及实施策略[J].中国高教研究,2011(01):70-72.

[10] 邵建东,王振洪.高职"双师结构"专业教学团队及其整合培育[J].高等工程教育研究,2012(03):167-171.

[11] 邵建东.高职院校专业教学团队建设的困境及对策[J].金华职业技术学院学报,2010,10(06):8-11.

[12] 杨菊仙.高校基层教学组织创新的价值取向与途径策略[J].江苏高教,2011(06):79-81.

[13] 张旭光.基于校企合作平台的高职教学团队建设与发展[J].黑河学院学报,2017,8(01):114-115.

[14] 任志华,孙晓颖.高校专业教学团队建设多维视角探析[J].中国成人教育,2018(22):95-98.

[15] 马力.基于教学发展的教学团队建设长效机制研究[J].北华大学学报(社会科学版),2018,19(05):138-142.

[16] 徐达奇.地方工科院校的发展与定位[J].中国高等教育评估,2006(03):17-19.

[17] 陈世平,彭瑶,谭伟.高校教学团队的建设与管理[J].重庆工学院学报(社会科学版),2008(06):152-154+157.

[18] 俞祖华,赵慧峰,刘兰昌.本科高校教学团队建设的理论与实践探索[J].鲁东大学学报(哲学社会科学版),2008(02):90-96.

[19] 马宁.高职院校国家级教学团队建设的实践研究[J].教育与职业,2009(27):29-31.

[20] 马慧萍.高校教学团队制度建设研究[J].河南教育学院学报(哲学社会科学版),2014,33(02):70-73.

[21] 李鲜玲,张大田.高职院校优秀教学团队建设[J].教育与职业,2014(36):67-68.

[22] 谢昆,向朝春,陈立万.地方高校应用型教学团队建设要点和途径[J].教育与职业,2015(23):53-55.

[23] 都光珍.加强教学团队建设的思考[J].国家教育行政学院学报,2009(01):27-29+65.

[24] 金湖庭,江锦祥,柴勤芳.高职院校专业教学团队动态评价指标体系的建立[J].职业技术教育,2010,31(11):80-82.

[25] 王红玫,王志蔚.高职优秀教学团队建设的五个关键因素[J].职业教育研究,2011(07):61-62.

[26] 巩海霞,唐飞,涂俊梅.高职院校教学团队绩效影响因素研究[J].黑龙江高教研究,2012,30(10):103-106.

[27] 易璐,刘志刚.基于团队效能的高校优秀教学团队建设研究[J].江西理工大学学报,2015,36(06):90-93.

[28] 徐旦.基于 Lawler-Porter 综合激励模型的职业院校教学团队绩效评价[J].职业技术教育,2015,36(22):44-48.

[29] 谢文德,徐琳.基于团队效能的高校教学团队建设研究[J].高教探索,2016(S1):120-121.

[30] 谢平芳.高职专业教学团队绩效管理问题与解决途径[J].教育与职业,2016(17):57-59.

[31] 徐平利.工学互动组合:重构高职教育双师型教学团队的新思路[J].教育发展研究,2007(03):71-73.

[32] 盛阳荣.基于典型案例的高职院校"双师"结构教学团队建设思考[J].中国高教研究,2009(06):92-93.

[33] 张智,潘久政,姜运隆.高职院校优秀教学团队的培育与打造[J].教育与职业,2011(32):98-99.

[34] 胡柏翠,周德强,周良才.高职院校优秀教学团队建设的制度保障[J].职业技术教育,2011,32(11):62-65.

[35] 王凤珍.高职院校“双师型”教学团队建设途径探究[J].教育探索,2014(06):106-108.

[36] 谭杰.教学团队建设与教师能力提升方式探析[J].教育与职业,2015(13):76-78.

[37] 陈兰云,郑朝灿,邵建东.高职院校课程教学团队构建与管理创新[J].黑龙江高教研究,2017(08):103-106.

[38] 壮国桢,邱晓红.分布式领导:高职院校教学团队建设的基本路径[J].职业技术教育,2017,38(08):67-71.

[39] 李小燕,查道林.制度与机制:一流教学和科研团队建设的抓手[J].中国高等教育,2018(Z2):58-59.

[40] 周建松.基于高水平目标的高职院校教师队伍建设方略[J].高教探索,2018(12):92-96.

[41] 陶亦亦,胡清.基于多元课程模块的高职院校教学团队建设[J].职业技术教育,2009,30(05):56-57+69.

[42] 黄玉飞.高校教学团队的考核与管理研究[J].中国大学教学,2009(02):70-72.

[43] 赵亚平,顾志良.高校教学团队建设的理论思考与实践探索[J].现代教育管理,2011(10):76-78.

[44] 张强,乔海曙,陈志强.高校教学团队建设博弈分析——加大教学投入的视角[J].高等教育研究,2011,32(06):78-83.

[45] 蒋瑞红.高校教学团队的文化特性分析与塑造[J].宁波大学学报(教育科学版),2012,34(01):95-98.

[46] 徐旦.职业院校教学团队组织结构的构建——基于团队生命周期理论的视角[J].教育发展研究,2015,35(09):78-84.

[47] 陈远刚,符淼.高校教学团队文化培育的机遇、挑战与路径探析[J].中国成人教育,2016(10):107-109.

[48] 姜军.高职校企“双主体”教学团队建设机制创新[J].职业技术教育,2014,35(23):76-78.

[49] 崔允漷,郑东辉.论指向专业发展的教师合作[J].教育研究,2008(06):78-83.

[50] 马廷奇.高校教学团队建设的目标定位与策略探析[J].中国高等教育,2007(11):40-42.
[51] 徐毅鹏.质量观下大学教学基层组织的反思与重构——《大学运行模式》的启示[J].复旦教育论坛,2014,12(05):29-35.
[52] 陆国栋,孙健,孟琛,吴华.高校最基本的教师教学共同体:基层教学组织[J].高等工程教育研究,2014(01):58-65+91.
[53] 谭佐军,肖湘平.MOOC时代高校教学团队建设的策略[J].江苏高教,2015(01):74-75+78.
[54] 党红.地方高校教师团队建设研究[J].教育与职业,2015(28):53-56.
[55] 石巧珍,陈波.影响地方高校教学团队成功的因素分析[J].宁波大学学报(教育科学版),2014,36(05):58-62.
[56] 吕部,王科龙,王娜.国家级教学团队特征研究[J].蚌埠学院学报,2014,3(03):126-130.
[57] 薛彤,张蓉,林妍梅.关于高校教学团队执教能力提升的思考[J].教育与职业,2014(08):65-67.
[58] 金莹.创新发展模式 打造高校综合型教学团队[J].中国成人教育,2013(22):22-24.
[59] 刘建凤,武宝林.高校教学团队建设与管理探析[J].中国大学教学,2013(04):80-82.
[60] 梁松鹤,王雨连.高校教学团队建设的理论依据与价值探析[J].中国成人教育,2013(06):60-62.
[61] 侯德东,刘应开,杨卫平,严璇璇.加强教学团队建设 切实提升教学质量[J].中国高等教育,2013(05):40-41.
[62] 刘卫萍,况晓慢,赵彦彬.基于高校团队建设的青年教师业务发展研究[J].教育与职业,2012(32):81-82.
[63] 张学洪.基于精品课程的地方高校特色教学团队建设[J].中国高等教育,2012(08):31-33.
[64] 杨志刚,陈海忠,顾金孚.高职双师结构教学团队建设实践——以嘉兴职业技术学院为例[J].职业技术教育,2012,33(05):66-68.
[65] 刘松先.基于MBO的高绩效教学团队建设研究[J].高等财经教育研究,2011,14(04):77-80.
[66] 全国教育科学规划领导小组办公室"高等教育'质量工程'中教学团队建设的博弈分析"成果报告[J].大学(学术版),2011(12):87-91+80.
[67] 熊英.论高校教学团队运行保障体系的构建[J].中国成人教育,2011(22):31-33.

[68] 赵亚平,顾志良.高校教学团队建设的理论思考与实践探索[J].现代教育管理,2011(10):76-78.

[69] 姜桂石,卢少志.谈高校教学团队的几个问题[J].内蒙古民族大学学报(社会科学版),2011,37(05):97-99.

[70] 陈晓琳.基于课程组的教学团队建设模式探索[J].中国大学教学,2011(07):72-74.

[71] 王正斌,汪涛.高校教学团队的内涵及其建设策略探讨——西北大学教学团队建设的探索与思考[J].中国大学教学,2011(03):75-77+86.

[72] 李俊龙,王升,徐翔,王恬.对农林高校国家级本科教学团队建设的理性思考[J].江苏高教,2011(02):59-60.

[73] 艾娇.浅析高校教学团队建设[J].辽宁教育行政学院学报,2011,28(01):109-110.

[74] 方成智.高校教师教学团队建设的探讨[J].中国成人教育,2010(24):13-15.

[75] 杜天真,郭晓敏,刘苑秋,张露.高校教学团队建设的路径探索[J].中国高等教育,2010(Z3):45-46.

[76] 张彩云.高校教学团队的概念与特征研究综述[J].安徽工业大学学报(社会科学版),2010,27(04):158-160.

[77] 汪泳.对高校基层教学组织形式改革的思考——教学团队建设的若干问题分析[J].长春工业大学学报(高教研究版),2010,31(02):68-70.

[78] 李淑芝,兰红,杨书新.以学生为中心理念在教学团队建设中的应用研究[J].黑龙江高教研究,2010(06):41-43.

[79] 叶如意.民办本科院校应用型教学团队建设探索[J].中国高等教育,2010(10):38-40.

[80] 郭长华.高校教学团队建设的制度环境分析及对策研究[J].高等农业教育,2010(05):3-6+88.

[81] 岳慧君,高协平.教师教育教学发展视角下的高校教学团队建设探讨[J].中国大学教学,2010(05):13-16.

[82] 张安富,涂娟娟.以教学团队建设为契机 创新高校教学基层组织[J].中国高等教育,2010(08):38-39.

[83] 付永昌.合作文化视阈下高校教学团队建设研究[J].江苏高教,2008(02):93-95.

[84] 黄玉飞.分享合作:高校教学团队的理想模型[J].中国高教研究,2010(03):88-89.

[85] 滕祥东,任伟宁,杨冰.地方高校教学团队建设路径与管理策略探析[J].北京联合大学学报(人文社会科学版),2009,7(04):115-119.

[86] 李红卫,张丽云.高校教学团队建设的思考——以2007、2008年国家级教学团队为例[J].大学(研究与评价),2009(Z1):57-61.

[87] 刘勇兵.高校教学团队特征及建设目标分析[J].职教论坛,2009(S1):232-235.

[88] 李淑芳.高校教学团队建设探究[J].黑龙江高教研究,2009(06):104-106.

[89] 陈汉辉.基于SCP范式下高绩效团队建设——以高校教学管理团队为对象[J].管理观察,2009(09):125-127.

[90] 刘昌安,温勤能.高校教学团队建设策略探析[J].中国成人教育,2009(04):31-33.

[91] 黄玉飞.高校教学团队的考核与管理研究[J].中国大学教学,2009(02):70-72.

[92] 都光珍.加强教学团队建设的思考[J].国家教育行政学院学报,2009(01):27-29+65.

[93] 田恩舜.建设高水平教学团队 切实提高教学质量[J].中国高等教育,2008(Z3):20-22.

[94] 李昌新,刘国瑜.基于教师教育专业发展的高校教学团队建设探讨[J].中国高教研究,2008(06):49-51.

[95] 徐涌金,高秋艳.试析高校教学团队的基本特征[J].宁波大学学报(教育科学版),2008(02):62-64+74.

[96] 禹奇才,张灵.准确把握内涵 破解教学团队建设中的问题[J].中国高等教育,2008(08):25-27.

[97] 金建生.教师领导的实践样态及动因探析[J].教育发展研究,2008(10):33-36.

[98] 丁钢.教师的专业领导:专业团队计划[J].教育发展研究,2004(10):5-10.

[99] 邵建东.学习型组织视阈下的高职院校专业教学团队建设[J].教育与职业,2011(18):59-60.

[100] 邓小妮,邓院方.组织视域下高职院校专业"双带头型"教学团队建设[J].职业技术教育,2015,36(11):63-66.

[101] 任晓光.高等学校高绩效教学团队建设初探——以北京石油化工学院化工原理教学团队建设为例[J].国家教育行政学院学报,2008(05):43-45.

[102] 王亚南,邵建东.高职院校专业带头人专业化的制度制约及优化路径[J].高等工程教育研究,2019(02):147-153.

[103] 王亚南.高职院校专业带头人身份认同的体制困境——基于对J省3所高职院校的个案研究[J].机械职业教育,2018(06):1-9.

[104] 王亚南.高职院校“教练型”专业带头人能力模型构建——基于扎根理论的质性研究[J].职教通讯,2018(09):15-23.

[105] 周建松.高职院校专业带头人建设机制研究[J].高等工程教育研究,2011(06):150-154.

[106] 耿秀荣.高职高专院校专业带头人的角色定位与培养[J].高教论坛,2011(04):20-21+30.

[107] 刘祥柏.论高职院校专业带头人的培养与管理[J].教育科学,2009,25(04):90-93.

[108] 董伟武.高校优秀教学团队建设的多重需要探究[J].当代教育理论与实践,2014,6(03):53-55.

[109] 李秋新,蓝士英.有特色优秀教学团队建设研究——以江苏理工学院“中国古代文学”教学团队为例[J].江苏理工学院学报,2018,24(06):77-79.

[110] 郭英德.教学与科研的双向互动——国家级优秀教学团队建设经验谈[J].中国大学教学,2011(11):58-62.

[111] 房喻,陈亚芍,胡道道,王文亮,刘守信.建设高水平教学团队 不断提升课程教学质量[J].中国大学教学,2012(01):49-52.

[112] 董伟武,罗宗火.高校优秀教学团队孵化论析[J].中国成人教育,2012(07):15-19.

[113] 文春晖,李维,任国良.独立学院高水平教学团队建设——基于空谈博弈的一个分析框架[J].湖南科技大学学报(社会科学版),2013,16(05):171-174.

[114] 吴志娟.基于马克思主义大众化的高职院校优秀教学团队建设[J].教育与职业,2013(23):77-78.

[115] 严云洋,胡荣林,朱全银,高尚兵,陈伯伦.地方应用型本科院校优秀教学团队建设思考[J].大学教育,2019(05):43-45.

[116] 李梦卿,陈佩云.“双高计划”背景下“双师型”教师教学创新团队建设研究[J].教育与职业,2020(08):79-84.

[117] 欧阳波仪等.高质量发展视域下高职教师教学创新团队建设研究[J].中国职业技术教育,2020(05):88-92.

[118] 卢晖临,李雪.如何走出个案——从个案研究到扩展个案研究[J].中国社会科学,2007(01):118-130+207-208.

三、学位论文

[1] 王军.学科交叉型高校科研创新团队建设与管理研究[D].武汉:华中师范大

学,2012.
[2] 左彦鹏.高职院校“双师型”教师专业素质研究[D].沈阳:辽宁师范大学,2016.
[3] 宋明江.高职院校“双师型”教师教学能力发展研究——基于行动学习理论的视角[D].重庆:西南大学,2015.
[4] 朱建柳.高职院校专业教师职业能力模型建构及其应用[D].上海:华东师范大学,2016.
[5] 刘慧.高校创新团队绩效影响因素及评价研究[D].天津:天津大学,2014.
[6] 邓显勇.领导者特征与团队类型的匹配研究[D].厦门:厦门大学,2009.
[7] 徐旦.中等职业学校教学团队建设研究[D].杭州:浙江大学,2017.
[8] 王俊.跨学科教学团队中的大学教师发展——基于扎根理论的探索[D].南京:南京大学,2017.
[9] 王亚南.高职院校专业带头人能力模型构建及发展研究[D].上海:华东师范大学,2018.
[10] 匡薇.高职院校教学团队建设研究[D].武汉:华中科技大学,2014.
[11] 贺毅.高职院校专业教学团队建设研究[D].南宁:广西大学,2012.
[12] 解玉鹏.高校教学团队建设研究[D].长沙:湖南大学,2010.
[13] 李漫.高等院校优秀教学团队的构建和运行模式研究[D].南京:南京理工大学,2008.
[14] 王希琼.高等职业院校专业教学团队建设问题研究[D].重庆:西南大学,2008.
[15] 吕改玲.我国高校教学团队建设研究[D].武汉:中南民族大学,2008.

四、政策文件

[1] 国务院关于大力推进职业教育改革与发展的决定[Z].国发〔2002〕16号.
[2] 国务院关于大力发展职业教育的决定[Z].国发〔2005〕35号.
[3] 中共中央国务院关于印发《国家中长期人才发展规划纲要(2010—2020年)》的通知[Z].中发〔2010〕6号.
[4] 国家中长期教育改革和发展规划纲要(2010—2020年)[Z].2010-07-29.
[5] 国务院关于加快发展现代职业教育的决定[Z].国发〔2014〕19号.
[6] 中共中央 国务院关于深化体制机制改革加快实施创新驱动发展战略的若干意见[Z].2015-03-13.
[7] 国务院办公厅关于深化产教融合的若干意见[Z].国办发〔2017〕95号.
[8] 中共中央办公厅国务院办公厅印发《关于深化教育体制机制改革的意见》

[Z]. 2017-09-24.
[9] 中共中央国务院关于全面深化新时代教师队伍建设改革的意见[Z]. 2018-01-20.
[10] 中共中央国务院印发《中国教育现代化 2035》[Z]. 2019-02-23.
[11] 中共中央办公厅、国务院办公厅印发《加快推进教育现代化实施方案(2018—2022 年)》[Z]. 2019-02-23.
[12] 国务院关于印发国家职业教育改革实施方案的通知[Z]. 国发〔2019〕4 号.
[13] 中共中央办公厅国务院办公厅印发《关于提高技术工人待遇的意见》[Z]. 2018-03-22.
[14] 国务院关于推行终身职业技能培训制度的意见[Z]. 国发〔2018〕11 号.
[15] 国务院办公厅关于印发职业技能提升行动方案(2019—2021 年)的通知[Z]. 国办发〔2019〕24 号.
[16] 习近平. 决胜全面建成小康社会 夺取新时代中国特色社会主义伟大胜利——在中国共产党第十九次全国代表大会上的报告[Z]. 2017-10-18.
[17] 李克强. 政府工作报告——2019 年 3 月 5 日在第十三届全国人民代表大会第二次会议上[Z]. 2019-03-05.
[18] 中央军委办公厅印发《关于加快推进军事职业教育的若干意见》[Z]. 2019-05-05.
[19] 农业农村部办公厅 教育部办公厅关于做好高职扩招培养高素质农民有关工作的通知[Z]. 农办科〔2019〕24 号.
[20] 教育部关于印发《国家教育事业发展第十二个五年规划》的通知[Z]. 教发〔2012〕9 号.
[21] 教育部等六部门关于印发《现代职业教育体系建设规划(2014—2020 年)》的通知[Z]. 教发〔2014〕6 号.
[22] 教育部 财政部关于实施国家示范性高等职业院校建设计划加快高等职业教育改革与发展的意见[Z]. 教高〔2006〕14 号.
[23] 教育部关于全面提高高等职业教育教学质量的若干意见[Z]. 教高〔2006〕16 号.
[24] 教育部 财政部关于进一步推进“国家示范性高等职业院校建设计划”实施工作的通知[Z]. 教高〔2010〕8 号.
[25] 教育部关于充分发挥行业指导作用推进职业教育改革发展的意见[Z]. 教职成〔2011〕6 号.
[26] 教育部关于推进高等职业教育改革创新引领职业教育科学发展的若干意见[Z]. 教职成〔2011〕12 号.

[27] 教育部 财政部关于实施职业院校教师素质提高计划的意见[Z]. 教职成〔2011〕14 号.
[28] 教育部关于进一步完善职业教育教师培养培训制度的意见[Z]. 教职成〔2011〕16 号.
[29] 教育部等关于印发《职业学校兼职教师管理办法》的通知[Z]. 教师〔2012〕14 号.
[30] 教育部 人力资源社会保障部关于推进职业院校服务经济转型升级 面向行业企业开展职工继续教育的意见[Z]. 教职成〔2015〕3 号.
[31] 教育部关于深入推进职业教育集团化办学的意见[Z]. 教职成〔2015〕4 号
[32] 教育部关于深化职业教育教学改革全面提高人才培养质量的若干意见[Z]. 教职成〔2015〕6 号.
[33] 教育部关于印发《职业院校管理水平提升行动计划(2015—2018 年)》的通知[Z]. 教职成〔2015〕7 号.
[34] 教育部关于印发《高等职业教育创新发展行动计划(2015—2018 年)》的通知[Z]. 教职成〔2015〕9 号.
[35] 教育部办公厅关于全面推进现代学徒制工作的通知[Z]. 教职成厅函〔2019〕12 号.
[36] 教育部关于深化高校教师考核评价制度改革的指导意见[Z]. 教师〔2016〕7 号.
[37] 教育部 财政部关于实施职业院校教师素质提高计划(2017—2020 年)的意见[Z]. 教师〔2016〕10 号.
[38] 教育部 人力资源社会保障部 工业和信息化部关于印发《制造业人才发展规划指南》的通知[Z]. 教职成〔2016〕9 号.
[39] 教育部等五部门关于深化高等教育领域简政放权放管结合优化服务改革的若干意见[Z]. 教政法〔2017〕7 号.
[40] 教育部关于印发《新时代高校教师职业行为十项准则》《新时代中小学教师职业行为十项准则》《新时代幼儿园教师职业行为十项准则》的通知[Z]. 教师〔2018〕16 号.
[41] 教育部 财政部关于实施中国特色高水平高职学校和专业建设计划的意见[Z]教职成〔2019〕5 号.
[42] 教育部关于印发《全国职业院校教师教学创新团队建设方案》的通知[Z]. 教师函〔2019〕4 号.
[43] 教育部等六部门关于印发《高职扩招专项工作实施方案》的通知[Z]. 教职成〔2019〕12 号.

[44] 教育部关于职业院校专业人才培养方案制订与实施工作的指导意见[Z]. 教职成〔2019〕13 号.

[45] 教育部教师工作司关于遴选首批国家级职业教育教师教学创新团队的通知[Z]. 教师司函〔2019〕35 号.

[46] 中共中央国务院关于全面深化新时代教师队伍建设改革的意见[Z]. 2018-01-20.

[47] 教育部等四部门关于印发《深化新时代职业教育"双师型"教师队伍建设改革实施方案》的通知[Z]. 教师〔2019〕6 号.

[48] 教育部办公厅等十四部门关于印发《职业院校全面开展职业培训 促进就业创业行动计划》的通知[Z]. 教职成厅〔2019〕5 号.

五、外文文献

[1] Mckenzie J. Enhancing university teaching with teaching enhancement teams [J]. Innovations in Education and Training International, 1998, 35(2): 140-149.

[2] Ian Macdonald, Meaghan Walsh. Educating engineering academics in the work place through teaching communities[J]. International Conference on Engineering Education, 2001(8): 17-22.

[3] Gladman A. Team teaching is not just for teachers! Student perspectives on the collaborative classroom[J]. Tesol Journal, 2014, 6(1): 130-148.

[4] Rebecca S, Anderson, Bruce W. Speck. "Oh what a difference a team makes": why team teaching makes a difference[J]. Teaching and Teacher Education, 1998, 14(7): 671-686.

[5] Jack R. Fraenkel. A comparison of achievement between students taught by a teaching team and students taught in traditional classes on a standardized examination in United States history [J]. The Journal of Educational Research, 2015, 61(1): 43-46.

[6] Krammer M, Rossmann P, Gastager A, Gasteiger-Klicpera B. Ways of composing teaching teams and their impact on teachers' perceptions about collaboration[J]. European Journal of Teacher Education, 2018, 41(4): 463-478.

[7] Liebel G, Burden H, Heldal R. For free: continuity and change by team teaching[J]. Teaching in Higher Education, 2017, 22(1): 62-77.

后　记

本书在我的厦门大学教育研究院博士学位论文基础上修改完善而成，是浙江省哲学社会科学规划课题“高职院校优秀教学团队建设与管理研究”的最终成果。

2007 年以来，我先后任职于金华职业技术学院高职教育研究所、科技服务与职教研究中心和现代职业教育研究院，主要从事高职教育研究工作。2012 年 5 月，浙江省现代职业教育研究中心（2015 年 2 月，获批成为浙江省哲学社会科学重点研究基地）成立后，由我具体负责日常管理工作。这期间，我虽然主持了全国教科规、浙江省哲社规等几个省部级以上项目，在《教育研究》《教育发展研究》《中国高教研究》《光明日报》等刊物发表了一些论文，但由于自己大学本科是历史专业，没有接受过教育学方面的专门训练，感觉工作和研究都遇到了天花板和瓶颈，研究思路、研究视野、研究方法、研究能力等都亟待突破，尤其迫切需要提升教育理论水平。为此，我于 2016 年底决定继续学习，攻读厦门大学教育研究院的教育学博士学位。2017 年，我非常有幸能够到高等教育研究的高地——厦门大学教育研究院深造，而且非常幸运地成为潘懋元先生的学生，正式追随先生学习。

潘先生是中国教育学界泰斗、我国高等教育学学科的创建者和奠基人之一，是中国高等教育的思想引领者和实践推动者，被评为“全国教书育人楷模”“当代教育名家”。他数十年如一日，至今躬耕教学科研第一线。他“敢为天下先”，创造了高等教育学领域的一系列“第一”，组建了一支高等教育研究的“国家队”，使厦门大学教育研究院成为高等教育研究的高地。先生非常关注和重视职业教育研究，很早就提出职业教育是一种特殊的教育类型。先生鼓励我们学校要努力把浙江省社科重点研究基地建设好，并欣然答应担任学术顾问、题写“浙江省现代职业教育研究中心”，这对我们是极大的鼓舞和支持。先生对高等教育研究的见解精辟独到，“高等教育学专题研究”系列课程以及教育内外部关系规律等使我深受启发，如醍醐灌顶。先生深厚的学识、高尚的情操、宽广的胸怀、不懈的追求、坚强的意志等深深地、潜移默化地影响着我。四年来，在先生悉心指导下，我如饥似渴地学习教育理论，扎扎实实地开展相关职教研究；同时暗暗下决心，一定要对标厦门大学教育研究院，努力打造职业教育的研究高地。今年过五天，就是先生一百零一岁华诞，在此谨向先生致以诚挚的谢意和崇高的敬意！

我十分珍惜在厦门大学教育研究院的学习机会。我认真上好研究院安排的各门课程，主要有邬大光老师的“中国高等教育问题专题研究”、刘海峰老师的“院校发展专题”、史秋衡老师的“教育领导和管理专题”“高等教育质量与评估专题”、张亚群老师的“著名校长研究”、王洪才老师的“教育研究方法论”、徐岚老师的“质性的教育研究方法”、李德元老师的“中国马克思主义与当代”、吴薇老师的“教育专业英语”等；同时还积极聆听钟秉林、张德祥、郭齐家、黄达人、熊庆年、秦惠民、别敦荣等专家的高等教育改革与发展高级讲座。这一系列学术盛宴开拓了我的研究视野，拓展了我的研究思路，提升了我的问题意识和研究能力，也为博士论文研究的撰写奠定了较好的理论基础。史秋衡老师、王洪才老师、郭建鹏老师、陈兴德老师、杨广云老师、张彤老师、李国强老师、徐岚老师、石慧霞师姐、郑宏师姐、陈斌师兄、王琪师兄、陈春梅师姐、朱乐平师兄等，在我论文开题以及问卷调查、访谈等研究过程中，给予了很多指导，提出了很多宝贵的意见和建议。此外，郑冰冰书记、陈文书记、林金辉老师、武毅英老师、郑若玲老师、陈武元老师、覃红霞老师、乔连全老师、周序老师、冯波老师、叶燕老师、吴晓君老师、郑雯倩老师、王玉梅老师、魏艳老师、肖娟群老师、刘胜老师等也给予了我很多的帮助。在这里对各位专家、各位老师和同门师友表示衷心的感谢！

我要感谢厦门大学教育研究院2017级教育学博士生叶美金、宋丽丽、李子华、刘恩贤、汤智、王春、张启富、刘亮军、陈庆文、罗润锋、叶怀凡等同学。在四年的学习生活中，大家结伴游学、交流切磋、相互砥砺，结下了深厚的友谊。

我要感谢金华职业技术学院各位领导对我的指导和帮助，使我有机会能够继续学习深造，本书还获得金华职业技术学院专著出版基金的资助。感谢现代职业教育研究院的同事们：王亚南博士在研究框架、研究设计等方面提出了很多建设性意见；杨剑静、徐珍珍、孙凤敏、王斌等在完成岗位工作的同时，在问卷调查、访谈、资料整理等方面帮助我做了大量基础性工作。

我要感谢所有给予无私帮助的领导和老师。相关省份教育厅职成处处长及有关老师帮我发送了调查问卷；全国12个省份、207所高职院校的1843位装备制造大类专业教师填写了调查问卷。5所案例学校的32位老师接受了访谈。由于老师们实在太忙，有的老师在端午、周末等节假日，甚至晚上接受访谈。由于需要严格遵守研究的伦理道德规范，在此不便一一列出老师们的姓名。没有他们的鼎力相助，我就无法获取翔实的资料，不能深入了解高职院校装备制造大类专业教师团队建设的实然状态，我的课题研究也就很难顺利完成。感谢华中科技大学出版社张毅等老师为完善本书提出了中肯的意见。

最后，还要感恩我的家人。学校的岗位工作任务重、要求高，同时还要在职学习，对我是一个很大的挑战。假期、周末、晚上，大部分业余时间基本上都在工作和学习，对家人关心很不够。父母、爱人和小孩承担了几乎全部的家务。没有他们的默默关心和大力支持，我无法长期承受双重的压力。

由于笔者学识水平有限，书中难免有疏漏和不足，敬请各位专家和读者给予批评指正。

邵建东

2021年1月31日 浙江省金华市金色海塘